1 MONTH OF
FREE
READING

at

www.ForgottenBooks.com

By purchasing this book you are eligible for one month membership to ForgottenBooks.com, giving you unlimited access to our entire collection of over 700,000 titles via our web site and mobile apps.

To claim your free month visit:

www.forgottenbooks.com/free413773

ISBN 978-0-428-98716-9
PIBN 10413773

This book is a reproduction of an important historical work. Forgotten Books uses
state-of-the-art technology to digitally reconstruct the work, preserving the original format
whilst repairing imperfections present in the aged copy. In rare cases, an imperfection in
the original, such as a blemish or missing page, may be replicated in our edition. We do,
however, repair the vast majority of imperfections successfully; any imperfections that
remain are intentionally left to preserve the state of such historical works.

OBRAS DEL MISMO AUTOR

Pepita Jiménez; un vol. en 8.º, Ptas. 3.

Doña Luz; un vol en 8.º, 3.

El comendador Mendoza; un vol. en 8.º, 3.

Algo de todo; un vol. en 12.º, 2,50.

Las ilusiones del doctor Faustino; dos vols. en 12.º, 5.

Pasarse de listo; un vol. en 12.º, 2,50.

La buena fama; un vol en 16.º con grabados, 2,50.

El hechicero. El bermejino prehistórico. Las salamandras azules; un vol. en 16.º con grabados, 2,50.

Dafnis y Cloe (traducción del griego); un vol. en 12.º, 3.

Estudios críticos; tres vols. en 12.º, 9.

Disertaciones y juicios literarios; dos vols. en 12.º, 6.

Cuentos y diálogos; un vol. en 12.º, 2,50.

Poesía y arte de los árabes en España y Sicilia; tres volúmenes en 12.º, 9.

Tentativas dramáticas; un vol. en 12.º, 2,50.

Canciones, romances y poemas; un vol. en 12.º, 5.

Cuentos, diálogos y fantasías; un vol en 12.º, 5.

Nuevos estudios críticos; un vol. en 12.º, 5.

Cartas americanas (primera serie); un vol. en 12.º, 1.

Nuevas cartas americanas (segunda scrie); un vol. en 8.º, 3.

Morsamor; un vol. en 8.º, 4.

La Metafísica y la poesía. Polémica con D. Ramón de Campoamor, 3.

Pequeñeces... Currita Albornoz al P. Luis Coloma; un folleto en 8.º, 1.

Las mujeres y las Academias, cuestión social inocente; un folleto en 8.º, 1.

Ventura de la Vega, biografía y estudio crítico; un vol. en 8.º con el retrato del biografiado, 1.

A vuela pluma, artículos literarios y artísticos; un vol. en 8.º, 4.

Genio y figura; un vol. en 8.º, 3.

De varios colores; un vol. en 8.º, 3.

Juanita la larga (3.ª edición); un vol. en 8.º mayor con grabados, 6.

JUAN VALERA

ECOS ARGENTINOS

APUNTES

PARA LA HISTORIA LITERARIA DE ESPAÑA
en los últimos años del siglo XIX

MADRID
LIBRERÍA DE FERNANDO FÉ
Carrera de San Jerónimo, 2

1901

Est. tipográfico de Ricardo Fé, Olmo, 4.

PRÓLOGO

AUTOR hay que, al dar á la estampa alguna obra suya, nos asegura que él
no quería publicarla; pero varios amigos
indulgentes y benévolos pusieron tal empeño en que la publicase, que él, si bien
se resistió al principio como si fuese un
Wamba literario, hubo al cabo de rendirse,
y el libro se imprimió. De esta suerte, dicho
autor, no sólo se presenta como modesto,
sino también como complaciente y dócil.
Bien quisiera yo valerme hoy de tan inocente estratagema, pero no quiero apelar á
enredos y ficciones, sobre todo en este caso,
en el cual me ocurre enteramente lo contrario.

No reuno yo en un volumen estas cartas
ó artículos literarios porque á ello me exci-
ten mis amigos, que ya los han leído y celebrado, sino porque, ni los ha leído, ni

los ha celebrado, ni tal vez sabe que los he escrito ningún amigo mío. Publico, pues, los artículos para que los lean, para que los celebren, si su bondad llega á tanto, ó para que sepan al menos que yo me tomé la molestia de escribirlos.

Yo los envié muy lejos, á la hermosa ciudad de Buenos Aires, y en los periódicos de allí se insertaron. Y como estos periódicos apenas llegan á España, y si llegan, apenas nadie los hojea, ha venido á resultar que en esta ocasión he sido yo un escritor español que no ha escrito para el público español, y que ha encomiado, sin duda con sinceridad y con justicia, á no pocos escritores españoles, sin que casi ninguno lea el eucomio, le agradezca ó sepa al menos que se le he dado.

Creo que con lo expuesto hay razón suficiente ó semi-suficiente siquiera, para reunir los artículos en un tomo. Añadiré, además, algunas otras razones.

Es una de ellas la lástima que me daba de que estos hijos de mi pobre ingenio siguieran expatriados, sin volver jamás á España, y fuesen sepultados en las regiones antárticas, entre el inmenso fárrago de unos periódicos enormes.

Y es otra razón, y la más poderosa, que,

si bien mis artículos no forman ordenado conjunto y distan no poco de dar idea completa del movimiento. intelectual y de la literatura de nuestra patria á fines del siglo XIX, todavía pueden valer para que alguien, más hábil que yo y con estilo más sintético, lo abarque todo y nos ofrezca un cuadro cabal de nuestro pensamiento y de nuestra cultura en la época ya mencionada.

Cuadro sería éste, á lo que yo presumo é infiero del mal trazado y parcial bosquejo mío, que podría consolarnos en nuestras grandes desventuras, alentarnos un. poco y persuadirnos de que no es total el eclipse ni omnímoda nuestra decadencia.

Harto poco lucidos, política, económica y militarmente, quedamos al terminar el siglo XIX. No echemos la culpa á nadie. Lo más prudente y quizás lo más justo, es achacarlo todo á ciertas leyes ineludibles de la filosofía de la historia, ciencia harto inexacta aún y en la que queda por descubrir muchísimo. Lo cierto es, y esto debe servir para que cobremos ánimo y no andemos muy abatidos y atribulados, que en el día, y lo digo como lo siento, sin el menor asomo irónico, sin nada de eso que se califica de *humarístico*, no se nota que seamos menos capaces que los ciudadanos de otras naciones ahora más prósperas y ricas, ni menos hábiles por el entendimiento y por la voluntad que lo que fuimos en otras edades en que España predominaba en el mundo. Hasta en aquellas cosas, para las cuales mostramos hoy deplorable ineptitud, sospecho yo que no hemos sido más aptos en épocas antiguas. Los primores elegantes, trajes y adornos de mujeres, etc., vienen hoy de fuera. ¿Pero no ha ocurrido siempre lo mismo desde los tiempos del conde Fernán González? Aquí, por lo común, se guisa muy mal; ¿pero cuándo se guisó mejor aunque pese á Ruperto de Nola? El telégrafo eléctrico, la fotografía, el teléfono, las aplicaciones del vapor y de la electricidad á la locomoción y á otros usos, y en suma, hasta las máquinas de coser, se han inventado en tierra extranjera, pero no veo yo que hayamos sido antes muy brillantes inventores de cosas parecidas. En un momento, no sé si para nosotros venturoso ó desventurado, aunque con el auxilio de un hombre extraño á nuestra casta, inventamos á la verdad algo de superior magnitud y trascendencia: inventamos un Nnevo Mundo y salimos de nuestra invención con las manos en la cabeza.

Como quiera que ello sea, y prescindiendo de tales invenciones, me parece que no se puede negar que en bellas artes, en elo-cuencia hablada y escrita y en amena lite-ratura, en todo lo cual casi siempre desco-llamos, no nos hemos desnivelado aún ni nos hemos quedado á la zaga, ni nos hemos puesto por bajo de Francia, de Inglaterra, de Alemania y de otros países del Norte.

No digo yo que los artículos que aquí pu-blico reunidos basten á probar esta verdad, pero contribuyen á probarla. Y así, aunque no sea más que por esto, no es inoportuno ni fuera de propósito el que yo los publique, y alguna utilidad, agrado y consuelo, me lisonjeo de que ha de prestar su lectura.

CARTAS

Á

«EL CORREO DE ESPAÑA»

EN BUENOS AIRES

I

Madrid, 28 de Agosto de 1896.

Sr. Director.

Muy estimado señor mío: Como he aceptado
con gusto el encargo que usted me hace, y he
prometido escribir cada mes una extensa carta, tratando de los sucesos de esta Península,
y singularmente de los literarios y artísticos,
empiezo hoy mi tarea, sin que me pese empezar en este mes de Agosto, en el rigor del verano, cuando hay menos de qué tratar que en
los demás meses. Para la primera carta casi
conviene esta escasez de asunto dentro del mes
mismo, ya que no huelga hablar de todo en
general, por vía de introducción, y dirigir una
rápida ojeada retrospectiva para que se entienda mejor lo que más tarde en otras cartas
digamos.

No es mi propósito dar noticias ni discurrir
sobre la situación política y económica de Es-

paña. Quede esto al cuidado de otros escritores. Yo diré sólo que, en mi sentir, no ahora, sino desde hace bastantes años, el florecimiento literario y artístico de nuestra nación tiene poco ó nada que envidiar al de las naciones más cultas y prósperas del resto de Europa. Esto, á par que nos consuela de las graves dificultades con que ahora luchamos, nos da esperanza é indicio de mejor fortuna. Mientras una nación conserva fecunda actividad en el pensamiento no es de temer que por la acción decaiga y mucho menos que se hunda. En todas partes, en estos últimos tiempos, los grandes pensadores y escritores y los eminentes é inspirados poetas han sido, en el pueblo que los poseía, como anuncio y señal de altas venturas, de renacimientos políticos y de extraordinarios triunfos en la vida práctica. A la formación de la unidad italiana, soñada y deseada en balde durante tantos siglos, precedió una rica y brillante actividad intelectual, donde dieron gallardas pruebas de su valer Parini, Alfieri, Casti, Monti, Fóscolo, Manzoni, Leopardi, Mamiani, Rosmini, Nicolini, Giusti, Gioberti, Galuppi, Tosti, César Balbo y muchos otros. Fueron éstos como los profetas y precursores de ¡Víctor Manuel, de Cavour y de Garibaldi. Y á las victorias de Prusia sobre Francia, y á la formación del nuevo imperio alemán precedió también, en Alemania, un gran movimiento filosófico y literario, acaso en su mayor auge cuando Alemania parecía más en peligro y más abatida bajo el imperio de Napoleón I. Göethe, Schiller, Kant, Fichte, Schelling, Hegel y una bueste luminosa de otros ilustres filósofos, historiadores y poetas fueron los precursores del príncipe de Bismarck y los profetas de su éxito y de su gloria.

No afirmaré yo, con jactancia que tal vez se preste á la censura, que la vida del espíritu valga hoy en España tanto y signifique y augure lo mismo que la vida intelectual de Alemania y de Italia en el período de que hemos hablado. Las comparaciones son odiosas, y cuando no son odiosas, son difíciles. Lo que sí sostengo, sin entrar en comparaciones, es que nuestro valer en letras y en artes, disipa el recelo que de nuestra decadencia pudiéramos tener. Aun en medio de los esfuerzos que hacemos á causa de la insurrección de Cuba y á pesar de la tristeza que nos infunden los que, sin el menor motivo, porque son tan libres como nosotros y pagan menos contribución que nosotros, reniegan de su casta, de su sangre y de su pasado y aspiran, más que á la independencia y al divorcio, á ser *yankees* ó á ser negros, todavía esperamos días dichosos y que vuelva á sonreirnos y á encumbrarnos la fortuna.

No decidiré yo si es un bien ó es un mal el regionalismo filológico que hoy se nota. Bueno ó malo es un hecho. Y si no va más allá de ciertas modestas proporciones, y si no trasciende de la filología á la política, hasta puede con-

siderarse como prueba y manifestación de extensa cultura y de vital energía.

En Cataluña revivió, años ha, la literatura
y la lengua catalanas, y hoy tiene Cataluña
notables poetas, novelistas, historiadores, dramaturgos y críticos, la mayor parte de los cuales escriben en la lengua propia de aquella región, lengua, sino olvidada como lengua literaria, muy descuidada desde fines del siglo xv.
Hoy puede Cataluña envanecerse con razón de
poseer un gran poeta épico y lírico en Mosén
Jacinto Verdaguer, ingeniosos novelistas, descollando Narciso Oller entre todos, y un rico
teatro regional, ilustrado por las notabilísimas
producciones de Angel Guimerá, de Víctor
Balaguer y de no pocos otros.

En Galicia, si bien con mucho menos motivo
y fundamento que en Cataluña, priva y pros-
pera también el regionalismo. Sin embargo sus
más eminentes escritores, á cuya cabeza casi
nos atrevemos á asegurar que está hoy una
mujer, D.ª Emilia Pardo Bazán, escriben en
lengua castellana, siguen las huellas de Feijóo
y de Pastor Díaz, enriquecen con nuevas joyas
el tesoro de la lengua castellana y recogen
frescos laureles.

La literatura plenamente nacional y española, la escrita en castellano, es hoy bastante
fecunda. No prometo, pues, dar noticia en mis
cartas de todo cuanto vaya apareciendo. La
daré sólo de lo que yo juzgue más importante.

El papel de censores y detractores no es di-

fícil. El enojo y la envidia excitan á muchos á
hacer este papel. No hago caso de ellos y me ˎ
atrevo á afirmar que el extranjero y que el
hombre de mundo aunque sea español, si no
es literato de profesión ó muy aficionado á los
estudios, tienen dos buenos libros á que acudir para enterarse de la historia de nuestra literatura en los siglos XVIII y XIX. Escrita y
publicada la del siglo XVIII, como introducción á las obras de los poetas de dicha época
de la biblioteca de Rivadeneira, ha aparecido después, corregida y aumentada en la
Biblioteca de autores castellanos, de que es
editor D. Mariano Catalina. De nuestra historia literaria hasta el día presente y como complemento del interesante libro ya citado, debido á la pluma del Excmo. Sr. D. Leopoldo
Augusto de Cueto, Marqués de Valmar, puede
valer y vale, en mi sentir, *La literatura española en el siglo XIX* por el Padre Agustino
Fray Francisco Blanco García. Hace ya tres
años que aparecieron los dos primeros tomos
de esta obra. El tomo III ha aparecido recientemente. En este tomo III trata el Padre con
bastante extensión de las literaturas regionales, catalana, gallega y hable, hasta nuestros
días, y más ligeramente de todas las literaturas
hispano-americanas, que no podemos menos
de considerar en España como parte de la española.

Sin duda los prólogos ó introducciones que
don Marcelino Menéndez y Pelayo ha puesto

á los cuatro tomos de la *Antología de poetas hispano-americanos* publicada por la Real Academia Española, llevan gran ventaja á la obra del Padre Agustino, como historia literaria de toda la América hispano-parlante; pero el libro del Padre, aunque en breve resumen, completa el del Sr. Menéndez, quien sólo habla de los muertos, mientras que el Padre Blanco García habla también de los vivos y llega hasta el momento presente.

Conviene advertir aquí que, á pesar de lo mal que en España se hace el comercio de libros, los autores hispano-americanos empiezan á ser entre nosotros bastante conocidos, mueven nuestra curiosidad y alcanzan nuestra simpatía y á menudo nuestro aplauso.

Desde hace tiempo logran en España favor, crédito y cierta popularidad entre los doctos, los literatos hispano-americanos. Así, años ha, el dramaturgo mejicano Gorostiza; después don Rafael María Baralt y D. José Eriberto García de Quevedo; y recientemente, el argentino Sr. Estrada, que publicó sus obras completas en Barcelona; el uruguayo D. Juan Zorrilla de San Martín, que reimprimió en Madrid su poema *Tabaré*, y que es muy celebrado entre nosotros como poeta y como orador elocuentísimo; el ecuatoriano Sr. Mera, cuya linda novela *Cumandá* también se ha reimpreso en España, mereciendo y recibiendo justísimas alabanzas; el General y Ministro mejicano don Vicente Riva Palacio, muy estimado como crí-

tico, historiador y poeta y que ha publicado en
Barcelona una magnífica historia de Méjico en
lujosa edición, ilustrada con muchos grabados;
el Sr. Icaza, Secretario de la Legación de Méjico en Madrid, cuyas lindas poesías se oyen ó
se leen con gusto y en cuya crítica reconocen
todos agudeza, saber y elevado juicio, por más
que á veces, impulsado el autor por su genio
satírico y polemista, trate con sobrada dureza
á algunos autores que nos son muy caros; el
Secretario de la Legación de Colombia en esta
Corte, D. Antonio Gómez Restrepo, cuyas excelentes poesías son apreciadas aquí, entre los
inteligentes, como limpio y hermoso dechado
de corrección y de elegancia en la forma, como
perfecto modelo de castizo lenguaje poético y
como sazonado fruto y gentil manifestación de
una viva fantasía y de un sentimiento delicado
y profundo; el Sr. D. Vicente G. Quesada, Ministro en Madrid de esa República, y cuyos
trabajos y conocimientos literarios le valen en
nuestros Ateneos y Academias no menor estimación que en la sociedad elegante y entre las
damas, la esplendidez, la afabilidad y el buen
gusto con que, en la casa de la Legación, recibe y agasaja á las personas más distinguidas,
dando bailes y banquetes; y por último el Secretario de la misma Legación D. Carlos María Ocantos, á quien ponemos en España al
nivel de nuestros buenos novelistas, y que recientemente, en este mismo año, ha dado á la
estampa en Madrid una novela titulada *Tobi*.

Ya se entiende que no es por olvido por lo que no entra en el recuento que acabamos de hacer el nombre de D. Ventura de la Vega, sino porque á este autor, que es una de nuestras mayores glorias literarias en este siglo, le consideramos enteramente español, como criado en España desde muy pequeño, aunque nacido en esa República.

Volviendo ahora á hablar en general de los autores de la Península, lo primero que se me ocurre decir es que entre nosotros no hay acaso la debida proporción entre lo que se lee y lo que se escribe. A mi ver se escribe más que se lee. Fenómeno es este que en todas partes se nota, y en España más que en todas partes, porque en España se lee poco, fuerza es confesarlo.

No falta quien sostenga que los periódicos tienen la culpa de esto y hacen competencia á los libros. Yo creo todo lo contrario. Quien no lee más que periódicos no leería nada si no hubiera periódicos que leer. Y no pocos de los que leen libros los leen porque los periódicos han despertado su afición á la lectura, y porque tal vez dando noticias de algunos libros han hecho nacer en no pocos sujetos la curiosidad y el deseo de leerlos y de saber lo que dicen.

De todos modos conviene que haya lectores, aunque sea de periódicos sólo. Y en este punto podemos felicitarnos de haber llegado hasta donde, hará doce ó quince años, nadie soñaba que se pudiese llegar. Hoy tenemos en Madrid periódicos como *El Liberal, El Imparcial*, el *Heraldo* y *La Correspondencia* cuya ordinaria tirada pasa de cien mil ejemplares.

En círculo más reducido tienen también brillante éxito y muchos miles de suscriptores algunos semanarios ilustrados, entre los cuales descuellan el que publica en Madrid el señor De Carlos y el que publican los Sres. Montaner y Simón en Barcelona.

El descontento, natural y amargo fruto de las calamidades que la adversa fortuna, al volvernos la espalda, deja caer sobre España, nuestra propensión á burlarnos de todo y á rebajar y á humillar á cuantos sobresalen, y cierto gracejo que entre los españoles abunda y que es siempre muy celebrado por los españoles, dan constante origen y suelen sostener con honra y provecho, así en Madrid como en Barcelona, nuestros dos principales centros de movimiento intelectual, multitud de periódicos satíricos. Hoy, tal vez se adelanta á todos y es más que todos celebrado el que se publica en Madrid con el título de *Gedeón.* Lleva ya publicados cuarenta y dos números y cada día tiene más lectores y compradores y son más reidos sus chistes y sus graciosas caricaturas.

Como hay excelentes é ingeniosos dibujantes, muchos de ellos buscan empleo, reputación y ganancia en periodiquitos ilustrados y muy baratos que suelen venderse por calles y plazas. El mejor de este género y el más celebrado y buscado por el público, mereciendo serlo singularmente por la parte artística, es el *Blanco y Negro.*

Las *Revistas* son las que casi nunca ó nunca logran en España vencer el desdén y la apatía literaria de la generalidad de la gente, que se aburre ó bosteza con largas y serias lecturas y que gusta de que le propinen las letras y las ciencias en dosis infinitesimales, como los globulillos homeopáticos. De aquí que las pocas *Revistas* que hay, lleven una vida dificultosa, apurada y anémica, y que, si algunas duran años, es por la abnegación, la fe incansable y la tenaz perseverancia de sus editores. Así, por ejemplo, la *España Moderna*, á pesar de que en ella aparecen las mejores firmas, y á menudo muy interesantes trabajos, como son novelas y cuentos de D.ª Emilia Pardo Bazán y del Sr. Valbuena, y artículos de Castelar, de Echegaray y de Menéndez Pelayo. Nada, sin embargo, de lo que en *Revistas* se publica logra completa popularidad por interesante que sea. Díganlo si no varios artículos de los últimos números de la *España Moderna*, donde han aparecido una descripción, á modo de memorias, de las recepciones, fiestas y sociedad de la famosa Condesa de Montijo, madre de la Emperatriz Eugenia; las aventuras y desventuras de un soldado viejo, apuntes curiosísimos y muy originales de un General muy conocido que atina á retratar con fidelidad y viveza las costumbres sociales y políticas de España desde el comienzo del reinado de Isabel II; y un artículo sobre *El progreso científico en Méjico* del Sr. D. Rafael Delorme Salto.

Entre las *Revistas*, que sospecho poco venturosas y que merecen serlo, no quiero dejar de citar la que se titula *Revista Crítica de Historia y Literatura, Españolas, Portuguesas é Hispano-Americanas.*

De esta Revista que sin duda llegará ahí y tendrá ahí algunos suscriptores, se han publicado ya ocho números. Su utilidad es evidente. Está dirigida por D. Rafael Altamira, cuya inteligencia, celo y entusiasmo merecen todo elogio. Su *Revista*, si logra vencer las dificultades con que lucha y adquiere los suscriptores de que es digna, podrá servir de mucho para conservar y aumentar el comercio literario y las relaciones intelectuales de España con las repúblicas hispano-americanas y de estas repúblicas entre sí. La *Revista Crítica* pudiera ser, por último, lazo de unión entre las tres literaturas, expresadas en las tres lenguas de la Península; la catalana, la castellana y la que se habla en Portugal y en la Gran República Brasileña.

Por dicha el poco éxito que hasta ahora tienen las Revistas entre nosotros no se extiende á los libros. Es cierto que ningún libro español, por popular que su autor sea y por entusiasmo y simpatía que el libro despierte, obtiene entre nosotros ni la décima parte de la venta de los libros franceses é ingleses que estén en semejante caso. Hay, sin embargo, autores que se han creado ya un numeroso público, que viven ó que pueden vivir con el producto de lo que escriben, y que venden no pocos miles de ejemplares de cada uno de los libros que publican.

Entre estos autores, favorecidos del público, acaso figure como el primero, el célebre tribuno D. Emilio Castelar, ya por su valer como escritor, ya por el prestigio que como orador pasmoso y hombre de Estado probo, entusiasta y patriota, merece y alcanza. Yo no dudo de que debe tener muchos suscriptores su *Historia de Europa* desde la Revolución francesa hasta nuestros días, que en edición profusamente ilustrada aparece ahora en Madrid y de la que ya han salido treinta y dos entregas.

Después de Castelar, los novelistas son los que tienen en España más lectores y compradores. Independientemente del mérito de cada uno, tal vez en lo tocante á la aceptación de sus obras por el público, puedan los principales colocarse en este orden: Pérez Galdós, Pereda, Emilia Pardo Bazán, Armando Palacio Valdés, Jacinto Octavio Picón y Leopoldo Alas. Para mi gusto es grande el mérito del último que cito, y si el aplauso y el provecho no corresponden, culpa debe ser de los muchos enemigos que Leopoldo Alas, militando como crítico con el pseudónimo de *Clarín*, se ha suscitado por sus censuras y juicios, ya muy severos, ya excesivamente apasionados y rayando por su acritud en sátira y en burla. Alguien

podrá observar y suponer que yo elogio mucho
á *Clarín* porque él también me elogia; ¿pero
qué he de responder á esto? ¿Aunque los escritos de Clarín me parezcan bien, he de poner-
me á denigrarlos porque él aplauda los míos?
Lo único que en este punto acierto á decir en
mi defensa, es que si yo no gustase de las obras
de *Clarín*, no las elogiaría, aunque él me elo-
giase; procuraría hablar de ellas lo menos posible.

Como casi todos los teatros están cerrados
ahora, poco ó nada puedo decir de novedades
teatrales. Lo que llama más la atención es una
á modo de farsa *aristofánica*, titulada *Cuadros
disolventes*, donde se cantan coplas satíricas
contra varios elevados personajes políticos á
quienes se designa con claridad y se ofende
con muy pesadas burlas. El Gobernador de
Madrid, Conde de Peña Ramiro, tuvo la ocu-
rrencia de prohibir las tales coplas. Acaso le
hubiera validó más no prohibirlas. En vez de
las que ha prohibido se cantan ahora otras dirigidas contra él, y los *Cuadros disolventes*
siguen representándose con grandes entradas y
mayores aplausos.

Me parece que el teatro en España no puede
ser más libre. Y sin embargo, en *El Imparcial*, se ha abierto una sección titulada *Tribuna Literaria,* y se ha puesto por tema, pidiendo parecer á no pocos escritores, el de si conviene ó no que se cree en España un *Teatro
libre.* Yo también he dado mi opinión sobre

esto, pero como no comprendo mayor libertad teatral que la de que gozamos, en vez de teatro libre, pido teatro normal ó modelo; un teatro español, digno templo de nuestra Melpómene y de nuestra Talía, donde haya excelentes actores, mucho esmero, riqueza y elegancia en decoraciones, muebles y trajes, y donde hasta el edificio sea propio de su alto empleo por la magnificencia y belleza de su arquitectura. Claro está que pedir esto, en el día de hoy, en que todo se necesita para la guerra de Cuba, es pedir cotufas en el golfo. Bueno es, no obstante, ir haciendo atmósfera, como suele decirse, para cuando amanezcan mejores días.

En España florece siempre el teatro. Hoy mismo contamos con muy celebrados dramaturgos, descollando entre todos D. José de Echegaray, cuyos dramas se traducen y representan en los teatros de Francia y de Alemania. D. Manuel Tamayo y Baus, el inspirado autor de *Locura de amor* y de *El drama nuevo,* vive aunque ya no escribe. Los dramas de Angel Guimerá, como *Mar y cielo,* se traducen al castellano, se representan en Madrid y alcanzan estrepitoso y merecido aplauso. Eugenio Sellés vuelve á su antigua actividad dramática y es muy aplaudido en *Los domadores.* Y como flamante dramaturgo en castellano aparece por último el Sr. Feliú y Codina y conquista el favor del público. Mas el mayor éxito de todos en esta última temporada, ha sido el del Sr. Dicenta con su drama titulado *Juan*

José, que en Madrid y en provincias ha tenido extraordinario número de representaciones.

Prueba lo expuesto, ya que entre nosotros no se extingue el fuego sagrado de la inspiracion dramática y hay siempre buenos autores, que debemos tener un teatro donde se representen con todo el aparato escénico y con todo el primor que merecen, así las obras de los autores contemporáneos como las de los antiguos, fecundos y gloriosísimos autores.

Los teatros pequeños suelen estar en España, y singularmente en Madrid, mucho mejor que los grandes. En ellos hay actores y actrices de primer orden. Hablo de esto desapasionadamente, porque no conozco ni trato á ninguno. El mejor teatro de este género que ahora llaman *chico* es el teatro Lara; en él, entre los demás actores, que todos me parecen buenos, resplandece la señora Valverde, actriz en mi opinión de las más graciosas y discretas que he visto y he oído en mis peregrinaciones por esos mundos.

Contamos hoy como poetas dramáticos de este género que llaman *chico* no pocos de mérito singular y que á veces compiten con don Ramón de la Cruz en agudeza, gracia y dichosa facilidad para pintar costumbres, lances, escenas y caracteres de la gente del vulgo: tales son Ricardo de la Vega, Javier de Burgos, Vital Aza, Ramos Carrión, Miguel Echegaray y otros.

No pocas de las farsas ó sainetes que escriben, van acompañados de música y se llaman entonces zarzuelas.

No hace mucho, hemos perdido á dos de nuestros más ilustres compositores musicales de la clase referida: Arrieta y Barbieri; pero antes de morir nos han dejado excelentes y legítimos sucesores en Chapí, Bretón, Caballero y otros varios.

Como ya creo haber dicho, los dos centros principales que hay en España de producción literaria, de especulación editorial y de publicación de libros, son Madrid y Barcelona; pero todavía hay algunas ciudades de provincia, Sevilla la primera, que deben considerarse como foco de cultura castiza, donde se escriben libros y se dan á la estampa, en esmeradas ediciones, así obras de autores antiguos como algunas de los modernos. En Sevilla hoy se distingue entre los poetas y literatos de valer el Sr. D. Francisco Rodríguez Marín, cuyos versos, ya elegantes, ya graciosos, parecen obra de un autor del siglo XVI, y cuyos trabajos críticos y de *folk-lore* son muy estimables. También puede jactarse Sevilla de su Sociedad de bibliófilos andaluces y de las interesantes reimpresiones que ha hecho, así como de los dos hermanos el Duque de Tserclaes y el Marqués de Jerez de los Caballeros, quienes, con fervoroso amor á las letras patrias y con generosidad de príncipes, costean primorosas ediciones de obras antiguas y modernas.

Fuerza es confesar que en Madrid, en este

año sin duda por que los espíritus están muy embargados por la política, el *bibliofilismo* ha decaído no poco ó se muestra inactivo. *La Sociedad de bibliófilos* no ha dado á luz nada nuevo. Los *Libros de antaño* que publica don Fernando Fe, no aumentan tampoco. Y la preciosa *Colección de libros raros y curiosos*, que iban publicando los señores Sancho Rayón y el Marqués de la Fuensanta del Valle, está en suspenso y hasta temo que ha concluído. El Marqués de la Fuensanta del Valle, á cuyo entusiasmo por la literatura española se debía principalmente esta publicación, ha muerto poco ha, dejando un sillón vacío en la Real Academia de la Historia. A más de lamentar su muerte que nos priva de un excelente amigo, debemos lamentar que no continúe la serie que iba publicando de obras tan importantes como el *Cancionero de Stúñiga*, *La lozana andaluza*, *Las andanzas de Pero Tafur* y la graciosísima aunque por demás desenfrenada y obscena *Comedia Serafina*.

La costumbre del veraneo, observada en España acaso con más puntualidad que en otros países, hace que, de Madrid y de las demás grandes ciudades de España salgan, durante el verano, las personas de más cuenta y vayan á solazarse ó á tomar baños en lugares amenos y frescos, en puertos de mar ó en puntos donde hay aguas medicinales. Madrid queda pues huérfano de su aristocracia de sangre, dinero y talento. En esta temporada, por consiguiente, apenas se publican libros. No hay vida ni novedades literarias, y tampoco las habría políticas, sino fuese por lo grave de las circunstancias, que obliga á que continúen aún las sesiones de Cortes. No puedo, pues, hablar de inmediatas y muy recientes publicaciones de algún valer. Hablaré sólo de un libro importantísimo que don Marcelino Menéndez y Pelayo dejó publicado al irse, después de vacaciones, á veranear en Santander, su patria.

Es este libro el tomo VI de la *Antología de poetas líricos castellanos*, obra que está saliendo en la Biblioteca Clásica, colección de autores que consta ya de más de un centenar de volúmenes.

El que no conozca la dicha *Antología* no podrá inferir del título su carácter y su importancia. Es, sin duda, una reunión ordenada cronológicamente de las mejores poesías castellanas desde el origen de la lengua hasta ahora; pero esto da pretexto ó motivo al señor Menéndez para componer y publicar extensísimos prólogos, que forman juntos la mejor historia de nuestra literatura, y, por coincidencia de nuestras costumbres y vida social, que hasta hoy se ha publicado. El tomo VI, que todo se vuelve prólogo y que tiene más de 400 páginas, es un cuadro fiel y admirablemente pintado de la situación de España en la segunda mitad del siglo xv y singularmente en el glorioso reinado de los Reyes Católicos, cuando se elevó España sobre las demás naciones del mundo y, en las artes de la guerra y de la paz, por el pensamiento y por la acción fué la primera de todas.

De los escritores españoles que no escriben obras de mero pasatiempo, el señor Menéndez y Pelayo es hoy el mejor y el más celebrado. Su mérito se halla tan universalmente reconocido que bien puedo hacer la rotunda afirmación que antecede sin recelar contradicción ó protesta.

A su extraordinaria erudición, á su sereno, recto y elevado juicio y á la elegante facilidad de su estilo y lenguaje, une el señor Menéndez una actividad infatigable y fecunda. Es muy joven aún, y, aunque sus obras son ya muchas é importantes, bien se puede conjeturar como probable que no ha escrito aún ni la mitad de lo que dejará escrito. Su *Historia de las ideas estéticas*, aún no terminada, sigue adelante, y en ella da muestra el autor de su variado y profundo saber y de la imparcialidad elevada con que comprende y juzga la literatura universal y la civilización europea. Y no sólo trabaja el señor Menéndez en obras de lucimiento y gloria, sino también en obras que requieren mucha fatiga y que son muy ingratas para quien en ellas se emplea. Así, por ejemplo, la magnífica edición, que, por orden y á expensas de la Real Academia Española, está haciendo de las obras completas de Lope de Vega; estudiar, compulsar y comparar manuscritos y antiguas ediciones, depurar los textos, aclararlos é ilustrarlos con notas históricas y críticas, corregir las pruebas, buscar lo inédito y reunirlo y ordenarlo todo, es enorme y meritoria tarea que el señor Menéndez desempeña con prontitud y habilidad muy raras. Cinco grandes y lujosos volúmenes van ya publicados; y acaso lleguen á cuarenta los que han de componer toda la obra de aquel monstruo de fecundidad literaria y los que han de formar con su conjunto espléndido monumento que la Real Academia está erigiendo á la gloria del Príncipe de nuestra escena.

Voy á terminar esta carta, que tal vez peque ya de sobrado larga, no porque no pueda yo hablar de muchos libros nuevos y recientes, sino porque, según he dicho ya, mi intento es sólo hablar de los pocos que me parezcan dignos de detenido examen y de grandes alabanzas. La censura acerba, el fustigar despiadadamente lo malo ó lo mediano trae corta ó ninguna ventaja. Lo malo y hasta lo mediano, nace muerto y no es menester que nadie lo mate.

Para terminar y sin dictar fallo, ni favorable ni adverso, citaré aquí los títulos de algunas obras publicadas en lo que va de este año de 1896.

Oro oculto, novela, de Hernández Villaescusa.

Sevilla, poema, de Luis Montoto.

A Granel, Libro de pasatiempo y deporte, por Víctor Balaguer.

La festa del Blat, drama, de Angel Guimerá.

Camino del pecado, novela, de A. Larrubiera.

Mar de batalla, por Abdón de Paz.

Los Jesuítas de puertas adentro ó un barrido hacia fuera en la Compañía de Jesús, libro anónimo atribuído al Padre Miguel Mir, ex-jesuíta.

Cuentos de mi tiempo, por Jacinto Octavio Picón.

Novelas cortas, por Emilia Pardo Bazán.

Pachín González, por José María de Pereda.

Flor de Mayo, por V. Blasco Ibáñez.

Cuentos morales, por Leopoldo Alas (*Clarín*).

Los majos de Cádiz, por Armando Palacio Valdés.

De la batalla, por J. Dicenta.

Madrigales, por Francisco Rodríguez Marín.

Veinte días en Italia, por Federico Urrecha.

Desde el surco, por Arturo Reyes; bonito tomo de poesías de autor novel, que sale apadrinado por un prólogo de don Gaspar Núñez de Arce.

Juanita la Larga, novela de quien firma esta carta, y que no por eso ha de prescindir de ponerla en lista.

Cuentos y chascarrillos andaluces, tomados de boca del vulgo, etc., etc., por Fulano, Zutano Mengano y Perengano.

Y por último, los *Ripios ultramarinos*, donde el señor Antonio de Valbuena sigue tratando de demostrar que casi todos cuantos escribimos en español, en verso y en prosa, de éste y del otro lado del Atlántico, somos, menos él, unos ignorantes y unos majaderos de siete suelas. Como yo soy optimista y además extremadamente benigno, creo que el señor Valbuena casi nunca tiene razón, pero, al mismo tiempo y como prueba evidente de mi optimismo y de benignidad, hallo á veces divertido y chistoso lo que él escribe, aunque ni el chiste ni la diversión brillen por su urbanidad ni por su aticismo.

II

Madrid 27 de Octubre de 1896.

Desde que escribí á usted mi carta del 28 de Agosto, que ya ha aparecido en su apreciable periódico, he pasado no pocos días fuera de esta villa y corte, faltándome el humor y el tiempo para escribir á usted de nuevo. De aquí ha nacido una falta que yo haré cuanto esté á mi alcance para que no se repita. Si aunque sea muy someramente he de informar á usted del movimiento intelectual de España, necesito no descuidarme y escribir todos los meses.

A pesar de las tristes circunstancias en que no puede negarse que nos hallamos á causa de las dos costosas guerras civiles de Cuba y de Filipinas, el ánimo español dista mucho de abatirse, y la gente, no á pesar, sino por lo mismo que tiene que hacer tantos sacrificios, procura distraer la atención de enojosos y mayores cuidados, aplicando parte de ella y mucha actividad mental á la literatura y al arte.

Los teatros, en Madrid proporcionalmente más numerosos que en las demás capitales de Europa, se han abierto ya y están bastante concurridos.

El teatro Real, que era el que más tardaba en abrirse, se inaugurará esta noche con *El buque fantasma* de Wagner.

En los otros teatros se dan no pocas representaciones que el público oye con gusto, celebra y aplaude. La musa dramática, tan generosa siempre con el ingenio español, no le abandona y acude aún á sus evocaciones y llamamientos, solícita y fecunda como hace tres siglos.

Lo nuevo, no obstante, no nos hace olvidar lo antiguo y apenas hay teatro, donde alternando con dramas y comedias recién escritos, no se representen con aplauso obras antiguas de nuestros inmortales.

En la Comedia han dado *El sí de las niñas* de Moratín: en Novedades, donde Vico ha formado una buena compañía y trabaja ahora, acaba de representarse con buen éxito *El Alcalde de Zalamea:* y en el teatro Español, donde el señor Díaz de Mendoza y su mujer la linda y simpática María Guerrero, ganan más cada día la estimación del auditorio, acude la gente á oir y ver con agradable pasmo el fantástico drama de Calderón titulado *Semiramis ó la hija del aire*, refundido por Echegaray, y entremeses y sainetes, cuadros fieles de los usos y costumbres de nuestro pueblo en otras edades, reproducidos ahora con exactitud, primor y esmero.

No obsta lo dicho á que se reciban con gusto las obras nuevas. No se seca ni mengua en España la fuente de la inspiración. Melpómene y Talía siguen queriéndonos bien; y la lista de los autores dramáticos aplaudidos y el inmenso catálogo de sus obras no cesan de aumentarse.

En el teatro de la Comedia acrecienta hoy su fama de poeta cómico el señor Benavente, hijo de un ilustre médico que fué en sus días estimadísimo y famoso. La nueva comedia del señor Benavente que hoy se aplaude en extremo y sobre la que los críticos y el público discuten mucho, se titula *Gente conocida*.

Tal vez se note en esta comedia, harto en demasía, la propensión actual y el gusto de los autores franceses; cierta acerba censura, más ó menos consciente, contra las clases superiores de la sociedad, elegantes y mejor acomodadas; y, la manía de denigrar acciones y pasiones, pensamientos y sentimientos, calificándolos de *fin de siglo*, como si en todos los siglos, así en el fin como en el principio, no fuesen siempre los hombres sobre poco más ó menos de la misma manera, y como si, en todo caso, no se pudiese sostener y probar que hasta moralmente los hombres del día son mejo-

res que los de antaño, en cualquiera otra edad
que se elija para la comparación, y que el progreso por fortuna se nota en todo. No concedo
yo tampoco que los mejor educados, los dichosos y los ricos del mundo sean tan·ruines y
perversos como es moda pintarlos, porque entonces será necesario suponer una de dos cosas
á cual más desconsoladora y absurda: ó
bien que los más pobres, infelices y peor
educados no tienen por donde el diablo los
agarre y que el mundo está podrido, ó bien
que la mejor educación, el bienestar, las co-
modidades y goces de la vida corrompen y de-
gradan á los seres humanos, y que para que
resplandezca la virtud y se mejoren las buenas
costumbres, conviene volver al estado salvaje:
mientras más rudos, sucios, pobres y zafios,
seremos más virtuosos. Pero prescindiendo de
todo esto, (y nadie prescinde con más facilidad
que yo, por lo poco que creo en la poesía docente y por lo mucho que creo en la *divirtiente*),
no puedo negar y me complazco en declarar
que en *Gente conocida*, hay gran abundancia
de chistes donde lo picante se combina con el
aticismo, y hay diálogos ingeniosos y muy bien
parlados. Lo que se echa de menos en esta
comedia es la unidad que lo enlace todo: una
acción que excite la curiosidad, cuyo desenvolvimiento y desenlace interesen y suspendan el
ánimo de los espectadores, y una fábula, en
suma, que produzca el conjunto armónico indispensable á la belleza y á la relativa perfec-

ción en lo humano de cualquiera obra de arte.

Gente conocida, pues, apenas si puede calificarse de comedia. Más bien es una serie de
cuadros graciosos de costumbres, ó mejor dicho
de malas costumbres, llegando el prurito del
autor á decir chistes crudos hasta el extremo
de hacer inverosímil, cuando no imposible,
que puedan decirlos los personajes, que los
dicen á su propia costa, á no suponer en ellos
el cinismo más monstruoso.

A pesar de los defectos indicados, nadie niega ni desconoce el gran talento y la notable
aptitud del señor Benavente, muy joven aún á
lo que entiendo, por donde puede augurarse,
que, si ya no es, será uno de nuestros más celebrados y discretos autores dramáticos.

En los pequeños teatros, y singularmente en
Lara, siguen estrenándose muy bonitos sainetes ó piececitas en un acto. En ellas hay que
celebrar siempre la pintura exacta y graciosísima de la clase media inferior, digámoslo así.
Su lenguaje, sus lances de amor y fortuna y su
modo de sentir y de pensar, suelen estar siempre tomados de la naturaleza con acierto pasmoso. A veces estas pinturas de dicha clase
media inferior están realzadas por una música
ligera y popular que suele ser dichosamente
inspirada. Esto es lo que constituye la zarzuela.
El teatro que lleva dicho nombre, y los de Apolo, Eslava, Martín, Romea, Parish y otros,
prestan su escena á continuas representaciones
del citado género cómico-lírico.

Para dar abasto al constante pedido de obras nuevas, no se ha de negar que se estrena mucho ó mediano ó enteramente malo; pero también hay no poco que celebrar por lo jocoso y divertido.

En estos momentos, la obra nueva que mejor merece la anterior calificación y que tiene además cierto valor literario y artístico, es la zarzuela que lleva por título *Las mujeres*, producción del aplaudido é ingenioso poeta Javier de Burgos.

Los que escriben se quejan mucho de que en España se leen y se compran pocos libros. Algún fundamento tienen estas quejas; pero justo es declarar que, si hay poca afición á leer, hay muchísima afición á oir, por donde los oradores son en España más estimados y obtienen más ruidoso éxito que los escritores.

Cuando las Cortes están abiertas, las tribunas de uno y otro cuerpo colegislador están llenas casi siempre. El senador ó el diputado que habla bien, adquiere pronto más lisonjera popularidad que el más inspirado poeta, ó que el más ameno escritor en prosa. De aquí que la juventud se ejercite tanto en cultivar sus facultades oratorias, y en que haya institutos, establecimientos ó como queramos llamarlos, consagrados á este ejercicio. Así, por ejemplo, la *Academia de Jurisprudencia*, y, desde fecha mucho más antigua, el *Ateneo Científico y Literario de Madrid*. Está el Ateneo dividido en varias secciones con su presidente y sus dos secretarios. Cada una de ellas tiene una junta semanal. Y elegido un tema, y escrita á veces una extensa memoria sosteniéndole, el tema se pone á discusión, se pronuncian en pro y en contra muchos discursos por espacio de semanas, aun de meses, y se da ocasión á desenvolver y á lucir el talento, la instrucción y la facundia en esta divertida y animada gimnasia de la palabra. Las juntas más concurridas y donde con más calor y brío se discute son las de las secciones de política y de literatura.

En el Ateneo además, que hoy posee casa propia muy capaz y construída á propósito, cómodo gabinete de lectura con diarios y revistas de todos los países, y una muy rica, excelente y bien ordenada biblioteca, ha habido siempre cátedras, donde los mejores maestros han dado pruebas de su saber y de su facilidad y arte en el manejo de nuestro idioma. En dichas cátedras, ya dando cursos completos, ya en discursos inaugurales ó en conferencias aisladas, han brillado, desde que el Ateneo se fundó, varones eminentes, cuya fama casi siempre es mayor por la política y por los altos puestos que ellos como políticos han ocupado.

En el Ateneo han dado lecciones ó han pronunciado discursos Alcalá Galiano, Olózaga, Donoso Cortés, Castelar, Gonzalo Morón, Pastor Díaz, Pacheco y muchos otros.

Aun sin subir á las cátedras, ó subiendo á ellas raras veces, se han hecho aplaudir en las secciones y han alcanzado envidiable celebridad, no sólo en el Ateneo, sino por toda España, personajes que han escrito poco ó que son entre el vulgo apenas conocidos como escritores aunque no hayan dejado de escribir. De esta clase de personajes, aquellos cuyos nombres tuvieron más resonancia y hoy acuden con´ más facilidad á la memoria son, á mi ver, el presbítero D. Miguel Sánchez, ardiente y brioso polemista, político y teólogo ultramontano, cuya memoria custodiaba un tesoro pasmoso de doctrina, de cuya boca brotaba un raudal de elocuencia y cuya sencillez y bondad de carácter cautivaban las voluntades de sus más acérrimos adversarios; el médico filósofo don Pedro Mata, por la sencillez, por el candor y por la facundia, muy parecido al citado presbítero, y por la doctrina su perpetuo y más contrapuesto enemigo, porque era poco ó nada religioso y decidido materialista; y, por último, el más abundante en palabras y en conceptos de cuantos oradores he oído en mi vida, el extremeño D. José Moreno Nieto, á quien la gratitud y la admiración de sus compatricios acaba de erigir en Badajoz una hermosa estatua. Moreno Nieto era notable por su conocimiento en las lenguas semíticas, y enseñó árabe en la Universidad de Granada y después en la Central de Madrid, dejando escritos y publicados varios y estimables trabajos filológicos. La causa principal, no obstante, de la extensión y persistencia de su gloriosa nombradía es la

multitud, rica y varia, de sus discursos hablados donde la palabra se derramaba con ímpetu
como desbordado torrente, arrastrando en sus
ondas hechos, opiniones, doctrinas, sistemas
religiosos, políticos y filosóficos, y todo cuanto
se sabe, se inventa ó se sueña, lo cual estaba
contenido en su memoria como en inmenso
archivo.

Algo había decaído el Ateneo en estos años
últimos, elevándose por momentos al antiguo
nivel por virtud de algunos discursos de los
señores Gumersindo Azcárate, Cánovas del
Castillo y Moret, cuando alternativamente le
han presidido. También tuvo el Ateneo un año
de grandísimo esplendor cuando el Centenario
del descubrimiento de América, pues se dió en
él una serie de interesantes conferencias, que
se reunieron luego y que corren impresas, formando una obra instructiva y amena.

Pronto recayó el Ateneo en el antiguo marasmo, complicado con dificultades económicas
y síntomas deplorables y ominosos de inanición mortal.

De tan triste estado aspira á sacarle ahora,
y no sin esperanza de buen éxito, su actual
presidente D. Segismundo Moret y Prendergast, considerado hoy por muchos como el
príncipe de nuestros oradores, y en quien lo
abundante y florido del estilo, la fácil elegancia de la dicción, el saber y hasta la dulce sonoridad de la voz, la nobleza del gesto y de los
ademanes y la gentil presencia que persiste

aunque la vejez va llegando, concurren á que la gente se complazca en oirle, le celebre y le aplauda.

El Presidente del Consejo de Ministros, don Antonio Cánovas del Castillo, que también ha sido presidente del Ateneo, ha prestado poderoso auxilio á los planes del Sr. Moret, concediendo por parte del gobierno á dicho establecimiento científico una subvención, aunque modesta, muy de estimar y de agradecer en las actuales difíciles circunstancias. Habilitado con esta subvención, el Ateneo acaba de abrir sus cátedras, en este año, con desusada solemnidad, rica en promesas y esperanzas, y llamando mucho la atención de la parte del público aficionado á las ciencias y á las letras.

La abundancia de lecciones que en el Ateneo van á darse, permite que sin extremada jactancia haya podido titularse el conjunto: *Escuela de Estudios Superiores.*

Pocas noches ha, el Sr. Moret inauguró la Escuela con un discurso bellísimo, estrepitosamente aplaudido por la multitud de socios y de público que llenaba el espacioso salón principal, cuya capacidad iguala á la de no pocos teatros. Muchas damas luciendo su hermosura y la elegancia y lujo de sus trajes, asistieron á la sesión inaugural, y asistirán también á las cátedras, ansiosas de divertirse y de instruirse, y de probar, valiéndonos de expresiones mitológicas, aunque la mitología no esté ya de moda, que Apolo y Minerva están de acuerdo con

Venus y Cupido, y que el monte Parnaso y la fuente Hipócrene, aunque no están, pudieran estar en Citeres, en Pafos ó en Amatunte.

Algunas cátedras han empezado ya, y probablemente cada profesor dará una lección por semana.

Las cátedras que más prometen y excitan la curiosidad, cada una por su estilo, son las siguientes:

La del Sr. D. Manuel Orti y Lara, que enseñará la filosofía de Santo Tomás, y que es tan fervoroso católico, que ha escrito un libro, muy por lo serio, defendiendo la inquisición y hallando muy puesto en razón y muy útil el quemar vivo á quien no piense y crea lo que él cree y piensa.

La de la señora doña Emilia Pardo Bazán, cuyo despejo, valor y desenfado, unidos á su clarísimo entendimiento, lozanía y facilidad de palabra y sereno y resuelto juicio para fallar sin contemplaciones ni disimulos, nos inducen á creer que tratará su asunto, *la literatura contemporánea*, con tanto tino y franqueza como discreción é ingenio. Esta cátedra tendrá además el atractivo de ser la profesora una mujer, que como novelista compite ya con las mejores que ha habido en el mundo, y que ahora, con generoso aliento, aspira á rivalizar con Hipatia.

La del Sr. Pedrell, excelente músico y profundo conocedor, según afirman, de la antigua música española. Como compositor he oído elogiar mucho á este maestro. Creo que es él quien ha escrito ó está acabando de escribir la música para el extraño é inspirado drama de don Víctor Balaguer, titulado *Los Pirineos*. El señor Pedrell ha tomado la *Historia y estética de la música* para asunto de sus lecciones.

Don Jose Echegaray mostrará su rara aptitud para divulgar las más difíciles doctrinas y conseguir que hasta los más rudos las comprendan y se deleiten. El asunto que ha elegido para sus lecciones es *la resolución de las ecuaciones de grado superior*.

Don Eduardo Saavedra, celebradísimo en España por sus variados y profundos conocimientos en ciencias exactas, en filología, en erudición histórica y singularmente en lenguas orientales, enseñará la *Historia de las matemáticas*.

De la *Historia crítica del arte griego*, se ha encargado D. Juan Facundo Riaño, muy apreciado en la Gran Bretaña por el libro que escribió y publicó en inglés sobre las bellas artes españolas; y de *la arquitectura de la Edad media* en nuestra Península tratará el Sr. Velázquez, acreditado arquitecto y autor del Obelisco que España erigió á Cristobal Colón, cerca de Palos, para solemnizar el cuarto centenario del descubrimiento del nuevo mundo.

Todavía se anuncian veintiuna asignaturas más, encomendadas todas á personas ilustres por su saber ó por su elocuencia, como lo son los señores Montero Ríos, Azcárate y Labra.

Si todas estas lecciones llegan á darse, son

recogidas por los taquígrafos y se publican luego, no hay duda de que en el término de un año vamos á tener una biblioteca científica muy estimable.

Al frente, como introducción de toda esta biblioteca, será menester colocar el volumen que contenga las lecciones que se propone dar don Marcelino Menéndez y Pelayo. Estas lecciones tendrán por objeto la historia de la alta cultura española, ó dígase del desarrollo del pensamiento humano, en nuestra Península, en lo que hay de más transcendental y especulativo en dicho pensamiento. Vendrá á ser como la historia de la filosofía en España. El Sr. Menéndez la expondrá de un modo muy artístico y propio de esta clase de conferencias. Como proemio, presentará en la primera lección un comprensivo cuadro sinóptico de la marcha y progreso de las ideas en España á través de los siglos. Y en las lecciones sucesivas irá presentando, por orden cronológico, una figura capital, que descuelle sobre todas las otras de su tiempo, y sea como centro y núcleo en torno del cual se agrupen y aparezcan así los pensadores que la siguen como los pensadores que la contradicen. Claro está, pues, que el Sr. Menéndez consagrará sucesivamente sus lecciones á Séneca, en la época del gentilismo; á San Isidoro, en torno del cual figurarán San Leandro, San Ildefonso y otros padres de la iglesia en tiempo de los visigodos; á Maimónides que, acompañado de Ibn Gebirol, Jebuda Levi de

Toledo y los Ben Ezrrá mostrará la sublimidad de la especulación metafísica á que se elevaron en la Edad media los judíos españoles; y á Averroes seguido de otros sabios, el cual manifestará todos los atrevimientos y grandezas del pensamiento filosófico, que á pesar del Koran tuvieron en España los mahometanos. Para hacernos formar adecuado concepto del saber y de la inspiración filosófica de la España medioeval y cristiana, es probable que el señor Menéndez elija al iluminado doctor Raimundo Lulio. Como representante de la renovación de los estudios clásicos, en la época del renacimiento, tal vez haga un estudio de Simón Abril, de Antonio de Nebrija, ó de Fernán Pérez de Oliva y de su discípulo Ambrosio de Morales. A fin de pintar el florecimiento filosófico y teológico de España en el siglo xvi, en la edad de oro de nuestra nación y en su mayor auge, por la acción y por el pensamiento, elegirá sin duda al Doctor eximio Suárez, circundándole, como brillante comitiva de Melchor Cano, Francisco Vitoria, Domingo de Soto, Alfonso de Castro, Foxo Morcillo y otros gloriosos pensadores. Y al llegar al siglo xviii, tal vez vacile el Sr. Menéndez entre Feijóo, extirpador de supersticiones y errores, y el jesuíta D. Lorenzo Hervás y Panduro, creador de una nueva Ciencia que nos habilita para penetrar con los ojos del alma en los orígenes del linaje humano y para comprender el parentesco y las relaciones de las razas y cómo se han difundido y se han combinado sobre la haz de la tierra. Entiendo por último que el Sr. Menéndez terminará su curso estudiando á Jovellanos, como representante del siglo XIX y discurriendo tal vez sobre Donoso Cortés y sobre Balmes.

Algo melancólica, menester es confesarlo, resultará la conclusión de este trabajo del señor Menéndez, á no valerse él de todo su ingenio para desechar melancolías é infundir esperauzas. Porque es lo cierto que, á pesar de lo estimables y dignos de encomio que son Feijóo y Jovellanos y Balmes y Donoso, todos ellos están muy por bajo de la altura á donde llegaron los sabios eminentes de los anteriores siglos.

Ya se verá por cuanto queda expuesto que la Escuela, abierta este año en el Ateneo, promete excelentes frutos. A lo que parece, el público lo cree así; y, según se cuenta, es muy grande el número de las personas que han acudido á matricularse para las diferentes asignaturas.

En punto á libros nuevos no tendría yo poco que escribir si me creyese obligado á tratar de todos. En comparación de lo que se escribe y publica en Francia, Alemania é Inglaterra, es poco lo que en España se escribe y se publica; pero aun así, sorprende la abundancia de nuestra producción intelectual y nos da indicio de que va habiendo lectores y compradores, ya que no es de presumir que se gaste el dinero en imprimir libros por el solo gusto de verlos impresos.

Muy cansado sería tratar aquí de muchos de estos libros y hasta limitarse á citar sus títulos. Baste para esta tarea ó la *Revista Crítica* de D. Rafael Altamira, que creo haber ya citado en mi carta anterior, ó el *Catálogo* que el librero D. Fernando Fé publica cada dos meses. Quien consulte las mencionadas publicaciones verá que en España aparecen de continuo muchos libros de jurisprudencia, administración, política é historia y más aún de poesías, novelas y cuentos.

Aunque los hispano-americanos que vienen á Europa suelen preferir para residencia á Londres, y sobre todo á París, como brillante foco de cultura y elegancia, y aunque en dichos puntos suelen dar á la estampa lo que escriben, todavía hay algunos que gustan de imprimir sus escritos en Madrid ó en Barcelona. Recientemente, por ejemplo, el Sr. D. Ricardo Palma ha hecho en Barcelona, en casa de los señores Montaner y Simón, una lujosa edición, ricamente ilustrada, de sus interesantes *Tradiciones Peruanas*. La obra consta de cuatro tomos en cuarto. Nada digo aquí de su contenido porque en América se conoce muy bien y porque yo mismo escribí, años há, un extenso artículo sobre dichas «Tradiciones».

No pocos otros libros hispano-americanos se imprimen asimismo ó se reimprimen en Europa, pero más en París que en nuestra Península. Así, entre los más recientes, citaré la *Obra póstuma,* del ecuatoriano Juan Montalvo, que verdaderamente me ha sorprendido. Yo he admirado siempre el raro talento, la erudición pasmosa y la singular maestría en el manejo de nuestra lengua, que luce Juan Montalvo en los *Siete tratados,* en *El Espectador* y en otras obras suyas; pero, en mi sentir, en esta su imitación del *Quijote*, que comprende nada menos que sesenta capítulos, me parece que ha hecho un solemne *fiasco.* Y no porque no se adviertan y aun se admiren en todas las páginas de este libro la grande erudición del autor y el arte y la habilidad con que domina nuestro idioma, bordando un dechado admirable con sus vocablos, frases y giros, sino porque la gracia, el chiste, la espontaneidad y la inspiración inconsciente, y por lo mismo divina de Miguel Cervantes, no aparecen en una sola página del libro de Montalvo, tan lleno de afectación, y tan rebuscado y violento en su estilo, que se cae de las manos y no hay paciencia ni para leerle.

Otras producciones literarias, menos presuntuosas y mucho más recomendables, han impreso en París algunos hijos de la América que fué española. Citaré aquí los *Escritos Varios* del colombiano Enrique Cortés, donde hay estudios de verdadero mérito sobre diversos puntos de ciencia social, y singularmente una curiosa descripción de los Estados Unidos que abunda en agudas y juiciosas consideraciones; y citaré también una novela histórica del chileno D. Alberto Blest Gana, que aún no he tenido tiempo de leer, pero cuyo título ha excitado mucho mi curiosidad, porque se titula *Durante la Reconquista*. Porque yo me pregunto: ¿qué reconquista será ésta? ¿Acaso los araucanos y otros indios de por allá han logrado arrojar de Chile á los descendientes de los españoles que los conquistaron? Como quiera que sea y haya habido ó no reconquista, posible es que la novela del Sr. Blest Gana sea muy interesante. Y lo que es á mí me importa poquísimo que un novelista trabuque ó desfigure la historia, con tal de que me divierta y me interese, pues no creo que nadie deba aprender la historia en las novelas, si bien prefiero que la novela que se llama histórica se ajuste á la historia. Entonces la novela histórica me agrada, y no digo como D. Bartolomé José Gallardo que no es ni historia ni novela, condenándola por ende.

De libros españoles originales publicados en estos últimos días, sólo citaré aquí para no fatigar al lector con muy larga lista, las novelitas de D. Jacinto Octavio Picón, tituladas *La recompensa, Prueba de un alma y Amores románticos*, que bajo el epígrafe común de *Tres mujeres,* forma el tomo VIII de la pequeña colección de que es editor é ilustrador D. Ensebio Calonge; los *Diálogos y artículos* de don Francisco Pí Margall, cuya fama fuera de esta Península tal vez se funde sólo en sus impor-

tantes actos políticos y en sus extremadas opiniones libre-pensadoras, republicanas y algo
socialistas, pero que merece ser conocido, alabado y estimado como escritor erudito, elegante y fácil, como buen historiador y como
persona de gusto acendrado y grande inteligencia en bellas artes; y por último los *Poemas
paganos* de Manuel Reina, vate de Puente Genil, á quien por su elegancia pudiéramos calificar de parnasiano y colocarle, prescindiendo
de algunos descuidos suyos, al nivel de Emilio Ferrari. He de advertir aquí que yo disto
mucho de tener ó de adoptar la severidad
de *Clarín;* hallo que en España hay más de
dos poetas y medio, y pongo á Ferrari y á
Reina, á Velarde, á Querol, y á otros que aún
viven ó que murieron hace poco tiempo, en el
número de nuestros buenos poetas líricos. Y
esto sin contar á los catalanes, entre los que
descuella Mosén Jacinto Verdaguer. Bueno es
advertir asimismo que todos ó casi todos estos
poetas líricos han escrito narraciones, por donde deben también ser considerados como
épicos.

Aunque las lides parlamentarias, la política
y el ejercicio de la abogacía, que dan poder,
nombradía y provecho, absorben entre nosotros las facultades y consumen gran parte de
la actividad de muchos de nuestros hombres
de más valer, todavía éstos suelen no desechar
sus aficiones literarias, aspiran á la fama de
literatos y de poetas, se alegran en extremo si

la alcanzan, y en los ratos de ocio, ó tal vez
robando tiempo á mayores cuidados, han escrito ó escriben para el público.

Brillante ejemplo de esto dieron Martínez
de la Rosa, el Conde de Toreno, el Marqués
de Pidal, Pacheco, Pastor Díaz, Escosura,
Alonso Martínez, Olózaga, y Ayala, y hoy don
Antonio Cánovas del Castillo y D. Francisco
Silvela.

Este último acaba de escribir y publicar un
precioso folletito, digno de toda alabanza por
su sentida elocuencia y por la primorosa sencillez del estilo. Es el elogio fúnebre de la señora doña Trinidad Grund de Heredia, muerta no há mucho y cuyo recuerdo no morirá
nunca en la memoria de la gente de Málaga,
así por algunos trágicos lances de su vida,
como por los nobilísimos actos de caridad en
que se ejercitó durante muchos años ganándo-
se por la gratitud todos los corazones.

No es esta la primera vez que el señor don
Francisco Silvela escribe para el público con
merecido aplauso y sobre asuntos extraños á
la profesión que ejerce. Ya, siendo muy mozo
y en compañía de D. Santiago de Liniers, nieto
del heroico defensor de la ciudad de Buenos
Aires contra los ingleses, dió á la estampa un
gracioso librito satírico sobre la afectación de
estilo y modales. Y más tarde ha publicado un
libro de muchísima mayor importancia, ilus-
trándolo con bella introducción histórico-crí-
tica. Me refiero á la curiosa é interesante co-

rrespondencia epistolar, antes inédita, de Sor María de Agreda y del rey Felipe IV.

Ya he dicho en mi carta anterior, y repito ahora, que cunde mucho entre nosotros, en el día, la afición á imprimir obras antiguas nunca impresas antes y á reimprimir otras de las que es difícil y muy raro hallar algún ejemplar de antiguas ediciones. Esta restauración y divulgación de las ya casi perdidas ó sepultadas joyas literarias ó de documentos históricos de gran valer, da motivo á que bastantes personas eruditas y de buen gusto, luzcan su saber y su ingenio, ilustrando con notas, comentarios y discursos preliminares así las obras mencionadas como no pocos puntos obscuros de nuestra historia política, literaria y artística.

Se señalan en este ejercicio, en primer lugar, don Marcelino Menéndez y Pelayo, quien, entre otros trabajos, dirige hoy la magnífica edición de las Obras completas de Lope de Vega, que costea la Real Academia Española y que él enriquece con estudios críticos, notabilísimos, como todo cuanto escribe. De este hermoso monumento, que bien puede llamarse tal, van publicados cinco tomos, y ya están impresos y se repartirán en estos días los tomos VI y VII.

Otro de los hombres más estudiosos que hay en Madrid y que consagra sus ocios á dichas tareas, con buen éxito y aplauso, es D. Antonio María Fahié.

Nunca cesan de aparecer publicaciones de este género, particularmente en Madrid y en Sevilla, donde siempre persiste un centro brillante de actividad literaria.

Poco há, se han publicado en Sevilla en dos tomos de impresión esmeradísima y con el retrato del autor, las obras de Gutierre de Cetina, ilustradas con introducción y notas por el doctor D. Joaquín Hazañas y la Rua. Y el infatigable crítico y poeta D. Francisco Rodríguez Marín, sevillano también, no descansa nunca, enriqueciendo, ya con producciones suyas, ya con las antiguas que ilustra y renueva, el tesoro literario de su patria. Sólo en este año ha publicado el Sr. Rodríguez Marín, que yo recuerde, los refranes del almanaque, una colección de madrigales suyos y ajenos, y *Flores de poetas ilustres*, primera parte ordenada por D. Pedro Espinosa y segunda parte ordenada por D. Juan Antonio Calderón. Ambas partes contienen ilustraciones críticas é históricas de D. Juan Quirós de los Ríos y del mencionado D. Francisco Rodríguez Marín. Este prepara, en el día de hoy, una magnífica edición de las obras completas de Quevedo.

Aunque esta carta peca ya de larguísima no me decido á terminarla sin hablar aquí de un precioso librito, recientemente publicado en Madrid por el docto bibliófilo D. Francisco de Uhagón. El título del librito es como sigue:

Relación de los festines que se celebraron en

*el Vaticano con motivo de las bodas de Lucre-
cia Borgia con Alonso de Aragón, Príncipe de
Salerno, Duque de Biseglia, hijo natural de
Alonso II rey de Nápoles.*

Las músicas y danzas, los banquetes y sa-
raos, las corridas de toros y otros ejercicios
caballerescos, las galanterías y obsequios entre
damas y galanes y sus lucidísimas cabalgatas,
todo está descripto por una dama de la familia
que fué testigo ocular y tomó parte en todo.
Y trae la descripción, tan raros pormenores, y
está hecha con tanta viveza que el lector cree
vivir en aquella época y asistir en la corte del
tan elegante como poco escrupuloso Pontífice
Alejandro VI. Parecía que el diligente y amenísimo historiador Gregorovius nada se había
dejado por decir de cuanto se sabe, se entrevé
ó se sospecha, en la vida que escribió de la
famosa hija del Papa; y sin embargo, en la
relación de que aquí tratamos, hay no pocas
cosas de gran novedad por Gregorovius nunca
apuntadas. Da mayor realce al librito que publica el Sr. Uhagón, un lucido y auténtico retrato de la señora doña Lucrecia, cuyo original,
que en nuestra Biblioteca Nacional se conserva, aparece reproducido en un buen grabado.

III

Madrid 1.º de Diciembre de 1896.

No diré yo que, desde que escribí á usted mi última carta, no ha habido en España acontecimientos literarios dignos de memoria. Lo que sí diré es que los acontecimientos han pasado sin resonancia, llamando poco la atención y muy á la sordina. La gente anda y no puede menos de andar preocupada con las dos guerras que tenemos que sostener, que nos cuestan grandes sacrificios de hombres y de dinero, y para cuya terminación, sobre todo en Cuba, no ha querido el cielo hasta el día suscitar un caudillo inspirado y dichoso. Por fortuna la nación española tiene paciencia, sufrimiento, abnegación y entusiasmo. Y aunque las cosas estuvieran mucho peor de lo que están, no cejaría en el propósito de conservar en su poder á Filipinas y á Cuba, á despecho de hijos ingratos y rebeldes y de codiciosos extranjeros. España acaba de dar notable prueba de vitalidad y de patriotismo subscribiéndose al empréstito por cerca de 600 millones. La misma subscripción abierta y continuada por *El Imparcial* para socorrer á los heridos, y que pasará pronto de quinientas mil pesetas, está demostrando que España no es tan pobre como en algunos países se cree, y que en todo caso es muy rica en caridad y en simpatía generosa hacia los valientes que combaten por ella.

Todo lo expuesto distrae no poco al público y aparta su consideración de las letras y de las artes, cuyos objetos se diría que interesan poco en medio de las graves y solemnes circunstancias que nos rodean ahora.

No vaya á creerse, sin embargo, que la gente esté muy retraída y sólo valga para entristecerse y rezar. Al contrario, Madrid está alegre y tan animado como siempre. Quien no lo supiese no adivinaría por el aspecto público que estamos empeñados en una lucha costosa que nos fuerza á mandar á Ultramar á los más jóvencs y briosos de nuestros hermanos, más para arrostrar las fiebres y otros males de un clima insalubre, que las balas traidoras de un enemigo fugitivo y artero.

En proporción de los habitantes, hay en Madrid más espectáculos y fiestas que en cualquiera otra capital del mundo. Sin contar con los juegos de pelota, con los circos, con los reñideros de gallos y con las plazas de toros, donde, apesar de los rigores de la estación, acaba de haber una corrida magnífica á benefieio de los heridos en la guerra, cuyo producto se elevó á 90.000 pesetas, tenemos abiertos once ó doce teatros, concurridos todos singularmente en los días de moda que tiene cada uno.

En dichos días, que en el teatro Español son los lunes y los viernes, es casi imposible adquirir un palco que no esté abonado, ó tomar una butaca, sin pagar por ella doble ó triple de lo que vale en contaduría.

Como no hay mal que por bien no venga, el poco afecto y el ningún apoyo que nos han mostrado y dado en los momentos presentes las naciones extranjeras se diría que han hecho retoñar y reverdecer en el corazón de nuestra *higlife*, algo inficionada antes de *anglomanía* y de *galomanía*, el amor de lo castizo y propio. Jamás, desde hace medio siglo, ha acudido con tanto fervor al teatro Español la sociedad elegante de Madrid, ha oído con mayor interés y ha dado más aplauso que en el día, á las obras maestras del antiguo teatro. Los entremeses de Cervantes, los sainetes de don Ramón de la Cruz y los dramas de Tirso, Rojas, Calderón, Lope y Moreto, son escuchados ahora con mayor deleite y son más celebrados que cuando se escribieron. Esto no obsta para que á menudo se presenten novedades y estrenos en todos nuestros teatros. La producción dramática sigue siendo abundante entre nosotros. En el drama elevado sigue descollando don José Echegaray, ya que Tamayo se ha retirado del todo. Y en pos de Echegaray, van Eugenio Sellés, Feliú y Codina, Dicenta y el mismo Pérez Galdós que gusta de transformar en dramas algunas de sus novelas. El notable dramaturgo catalán Angel Guimerá abastece también nues-

tro *teatro*. Ya, años pasados, alcanzó aquí brillante y merecido triunfo con *Mar y cielo*.
Dentro de poco se representará en el teatro
Español otro drama suyo titulado *Tierra baja*,
traducido por Echegaray.

Más fecunda aún que Melpómene es hoy en
España Talía. Los saineteros abundan, y algunos de ellos, como Ricardo de la Vega, Javier
de Burgos y Vital Aza son ingeniosísimos y
graciosos en la pintura.de la más inferior clase
media y de la clase baja. Esta literatura, que
sin el menor propósito de ofender á los que en
ella se emplean puede en ocasiones calificarse
de *tabernaria*, trasciende del teatro á la narración en prosa y verso aspirando á competir y tal
vez compitiendo con éxito con las antiguas novelas picarescas y con las jácaras y romances
de germanía. El hampa, la vida rufianesca, las
casas de tócame Roque y del señor Monipodio,
todo aparece hoy con nuevas formas y variaciones hasta en los chistes y frases de los *barbia-
nes*, *chulos* y *chulapas* y de las demás personas
que yo no sé por qué se llaman *flamencas*. En la
misma buena sociedad, ó.en la que de tal se
jacta, han penetrado no pocos giros de la mencionada gerigonza. Y á veces, por más que di-
suene algo, se oyen en los salones, hasta en
boca de damas distinguidas, palabras como
estas: *dar una lata, hacer una plancha, tomar
el pelo, estar al pelo, dar la hora, dar el opio,
ser de mistó, tener la mar de infundios, pi-
torrearse de alguien, tener poca lacha*, etc., etc.

No seré yo quien censure este género de literatura que así enriquece con nuevas frases y floridos tropos nuestro idioma. Sólo diré que cada cosa conviene que se quede en su lugar; que no está bien que dicho lenguaje se use en los salones, pero que está bien y es muy gracioso en el mercado, en la taberna y en otros lugares de la misma laya, así como en el sainete y en las narraciones donde se representan tales sitios y figuran y hablan las personas que á ellos asisten. No son pocos los poe*tas* épico-populares de esta índole que hay ahora en España. Para ser severos con éllos sin inconsecuencia sería menester serlo también con el Arcipreste de Hita, Fernando de Rojas, Hurtado de Mendoza, Cervantes, Quevedo, Góngora, Mateo Alemán y muchos otros, condenando por innoble, sucia y grosera no escasa porción de nuestra antigua amena literatura. Aplaudamos, pues, sin escrúpulo á los que en el día se dedican á dicho género. Entre ellos no diré que sea el mejor porque las comparaciones son odiosas, pero sobresale y se gana la simpatía del público D. José López Silva. Tres libros, que yo sepa, lleva publicados hasta ahora: *Migajas*, *Los Barrios Bajos* y el más reciente titulado *Los Madriles*. Los majos, los pícaros, los *golfos* y granujas, las más desaforadas chulapas, y en suma la hez de la sociedad, todo está en dichos libros hábil y graciosamente retratado, más por el lado cómico que por el lado trágico, sin prestar alambicados sentimientos y raras virtudes á los personajes, pero sin negarles el autor cierto aprecio y simpatía. No les calza el coturno, pero tampoco los degrada y humilla hasta el punto de que inspireu compasión ó repugnancia, destruyendo el efecto cómico y alegre que el poeta intenta producir y que sin duda produce.

En las breves narraciones en verso, del señor López Silva, hay mucho de dramático, ó sea bastantes diálogos, algunos de los cuales se han puesto en escena en los teatros con general aplauso y regocijo. Estas narraciones divierten leídas y en nada desmerecen de cuanto por el mismo estilo se ha escrito en España en otras edades. Menester es, por consiguiente, perdonar al señor López Silva sus desenfados frecuentes, la verdura en que abundan sus escritos, y la sal y pimienta con que los sazona.

El excelente crítico y novelista don Jacinto Octavio Picón cuyo es el prólogo de *Los Madriles*, ó sea el más reciente de los tres libros que hemos citado, celebra como es justo, y con su natural discreción, toda la obra del señor López Silva. En ella, no obstante, halla una falta, que yo no sé hasta qué punto debo convenir en que existe. El señor Picón dice: «El señor López Silva pinta admirablemente la escoria, la hez, el hampa de Madrid... y en Madrid hay más. Junto á la chulapería y gentuza hay virtud y hombría de bien; junto al rebajamiento y la podre hay alteza y poesía. Siga en buen hora presentando ratas, gandules, *chupa-*

charcos y *estrozonas*, carne de presidio y galera, que si hace reir por su ingenio da pena por su condición; pero acuérdese también alguna vez del menestral, que sólo come de lo que trabaja, y de la mujer que quiere á un solo hombre.»

Mirando el asunto de cierto modo, tal vez podríamos acusar al Sr. Picón de que *llora por lo que queda*, ó sea de que pretende ó casi exige del Sr. López Silva que pinte cosas distintas de las que quiere pintar y que cultive género distinto del que cultiva. Para mí es evidente que el Sr. López Silva está tan convencido como el Sr. Picón y como yo de que en **Madrid**, en las más ínfimas capas sociales, hay honradez, castidad, sufrimiento, paciencia y hasta heroísmo, todo lo cual resplandece en medio de la miseria mejor que en los palacios, y se aquilata y se purifica con los trabajos y los apuros de los que viven desvalidos y menesterosos. Pero á fin de pintar todo esto sería menester tocar otro registro, y sin negar aquí ni afirmar que el Sr. López Silva acertaría á tocarle, no creo que se le pueda censurar porque no lo haya tocado hasta ahora.

Lo que sí merecería censura sería el cargar demasiado la mano, el atribuir con exageración maldades, vicios y hasta crímenes, á ciertos personajes. Esto los haría aborrecibles y no cómicos. El Sr. López Silva peca en esto, pero, en mi sentir, sólo en apariencia. En sus composiciones hay dos tonos, ó mejor diremos dos métodos: uno consiste en copiar la realidad tal como es, y otro consiste en valerse de la pintura de la realidad para hacer la parodia de lo .trágico y de lo sublime. En este caso, que se da muy á menudo en las composiciones del señor López Silva, los delitos y las maldades, hasta los robos y los asesinatos, no pueden tomarse por lo serio. Son meros juegos de la imaginación, bromas grotescas sin la menor realidad, como en las tragedias de *Manolo*, *El Muñuelo* y *Pancho y Mendrugo*.

Como quiera que sea, el tomar por lo serio y por lo trágico los lances de amor y fortuna de sujetos de la ínfima plebe presenta mil dificultades y expone á errores en los que el señor López Silva nunca incurre. Yo al menos no hallo en ninguno de sus cuadros falsa *sensiblería* ni la propensión más ó menos consciente de justificar atentados y desmanes, echando la culpa de ello al organismo social que pone á quien los comete en el resbaladero por donde indefectiblemente tiene que deslizarse y descender á cometerlos. En suma, en la obra del Sr. López Silva, nada hay de antisocial ni de seriamente inmoral. De lo único de que tal vez los rígidos censores podrían acusarle es de sobrada desenvoltura.

No faltan en España escritores que empleen hoy su talento poético en pintar cuadros de la gente más baja y menesterosa de la sociedad, por lo sentimental y por lo trágico, y con tendencias *sociológicas* más ó menos marcadas. Yo reconozco el ingenio y la inspiración de los que tal hacen y no declaro que me desagrada ese género de literatura. Me limito á afirmar que es en extremo difícil y muy ocasionado á que incurra quien á él se consagra en afectación, en falsedad de sentimientos y de ideas en defender, acaso sin proponérselo, doctrinas inmorales y antisociales y en presentar en sus dramas ó en sus narraciones figuras contrahechas é inverosímiles, que en el mundo real no pueden existir ni existen.

Para salir airoso de empeño tan arduo, para crear en este género obras que persistan y vivan y que no alcancen sólo aplausos efímeros aunque sean estrepitosos, se requieren prendas extraordinarias y nada comunes. No decidiré yo aquí si las poseen ó no los autores de *Juan José*, de *La Dolores* y de otras producciones por el estilo.

Mi excelente amigo el joven don Salvador Rueda muestra inclinación muy decidida á este género sentimental plebeyo. Poco há, ya con la fecha de 1897, acaba de publicar un poemita, que califica de religioso y que se titula *Flora*. Lástima es, á mi ver, que las brillantes facultades del señor Rueda tropiecen, cuando no se pierden, al ir por camino tan erizado de obstáculos y de tropiezos. Riqueza de imaginación, maestría en el manejo del idioma, pasmosa facilidad para versificar, entusiasta amor á todo lo noble y moralmente hermoso, apenas hay facultad de las que se requieren para que sea un hombre poeta verdadero que

no adornen el espíritu del señor Rueda, y, sin
embargo, cierta carencia de reflexión y de crítica lo menoscaba todo, impulsando al señor
Rueda en el poema de Flora á crear unos personajes inverosímiles y absurdos llenos del
más falso sentimentalismo. La historia misma,
en que los personajes figuran, está completamente fuera de la realidad. Si el padre men-
digo logra que su hija ramera sea encerrada
en las *recogidas* y allí se haga una santa, ¿como
es que no la busca luego para complacerse al
ver á su hija regenerada y purificada? ¿Cómo
es que Flora que halla en la noble dama fun-
dadora del convento en que está, la más cariñosa y benéfica de las protectoras, vive dos ó
tres años sin acordarse de su padre y sin su-
plicar á la dama que le socorra y que busque
para él un asilo? Cuando Flora, después de su
conversión, vuelve al mundo ¿por qué ha de
serle tan difícil el encontrar de nuevo á su padre? Lo natural hubiera sido que hubiera pensado en él, no ya tan tarde, sino desde que empezó á convertirse. Choca también bastante
y es prueba de la exageración irreflexiva del
señor Rueda la pintura que hace de Madrid y
de la sociedad tal como se ofrece á los ojos de
Flora cuando sale del convento. Este sería ó
será todo lo bueno que se quiera, un trasunto en
la tierra del propio paraíso, mas para realzar la
santidad y pureza del mencionado convento me
parece que están algo de sobra los espantables
horrores que el poeta dice de cuanto fuera del

convento vive, siente y piensa. Por fortuna se
conoce que es declamatorio, vano y no sentido
todo el horror de insultos y diatribas que el
poeta vierte sobre Madrid y sobre sus morado-
res. No se oyen por todas partes más que palabras obscenas, no se vé rostro sin cinismo ni se
halla en torno corazón que no sea egoísta, envi-
dioso, traidor é infame. En suma, Flora, y no
parece sino que el poeta se pone de su lado, considera á Madrid como un gran presidio suelto y
á cada uno de sus habitantes como un presidia-
rio ó ser inmundo.

Si no creyese yo que el señor Rueda, cuando
sea natural y cuando no aspire á ser más moral,
más religioso y más severo de lo que es, puede
ser un agradabilísimo, fácil, ameno é ingenioso poeta, no haría notar aquí esos delirios á
donde le llevan una religiosidad y una severidad completamente equivocadas y atropellada-
mente fingidas para que sirvan de deslumbran-
tes adornos retóricos, vacíos de verdad y de
substancia. Yo doy por seguro que el día en
que Salvador Rueda escriba lo que siente y no
lo que finge sentir, sin reflexionar que lo finge,
y el día que se decida á ser completamente natural como Dios lo ha hecho, sin ser un austero
moralista místico como quiere ser en Flora, ni
un endiablado sibarita como quiso ser en el
Himno á la carne, Salvador Rueda será uno de
los más estimables poetas españoles de nuestros días.

Hablando en genenal, es innegable que nos-

otros mismos con nuestra afición, fingida á
veces y exageradá siempre, á lo *flamenco*, á lo
chulo, al toreo y á otras cosas del mismo jaez,
damos ocasión á los extranjeros que vienen á
España para que en las impresiones que de sus
viajes escriben viertan raudales de color local, -
y hasta sin intento de ofendernos, sino de elo-
giarnos, nos pongan en caricatura.

Hará ya seis meses estuvo en Madrid un an-
glo-americano llamado H. C. Chatfield-Taylor.
Un amigo mío me le presentó y trajo á mi
casa, donde tuve el gusto de conocerle. Me pareció sujeto amable, discreto é ilustrado, y
muy entusiasta de nuestro país. Pronto volvió
al suyo dicho señor, escribió un libro sobre
España, le imprimió en Chicago, exornándole
con bonitas estampas y tuvo la bondad de en-
viarme un ejemplar que recibí hace pocos días.
Confieso que el título del libro me desagradó
bastante. El libro se titula *El país de la castañeta*. Ya en el título hay una ofensa. Es
como si un español escribiese un libro sobre
los Estados Unidos y sin acordarse de Washington, de Franklin, de Lincoln, de Grant,
de Prescott, de Longfellon, de Emerson, de
Poe, de Edison, de Chaning, de Whitter, y de
otros muchos ilustres personajes; de sus nobles
y hermosas mujeres, de sus grandes ciudades,
de sus monumentos, de su riqueza, de sus pros-
peridades, de las bellezas naturales de su territorio, de la anchura del Hudson y del Misi-
sipí y del salto del Niágara, recordase la abun-

dancia de cerdos que se crían y se matan en Chicago, y titulase su libro: *El país del cerdo.*

A menudo el señor Taylor nos acusa en su libro de orgullosos. Yo creo que no lo somos ni que lo hemos sido nunca; mas no por eso nuestra humildad ha de llegar hasta el extremo de resignarnos á creer que el objeto que más nos caracteriza y distingue de las otras naciones del mundo es la *castañeta.*

Hace ya muchos años, cuando el rey de Sajonia, que había sido partidario de don Carlos, reconoció por Reina á Isabel II, envió á esta Corte á un elegante y rico enviado Extraordinario, llamado el Barón Fabrice. Trajo este señor consigo á un hábil cocinero, que además era literato, y que al volver á su tierra compuso un libro de sus impresiones de viaje en España y le tituló *Puchero.* Nadie entre nosotros podía ver la menor ofensa en este título. Para una persona cuyo principal oficio y arte es la cocina, el puchero no puede menos de ser la idea capital y como el centro en cuyos alrededores se agrupan las demás cosas. De la misma suerte, si el señor Taylor hubiera sido bailarín la *castañeta* hubiera sido también naturalmente el núcleo de sus impresiones, la la piedra angular de todo caramillo de ideas que sobre España formase; pero como yo no creo que el señor Taylor sea bailarín de oficio, hallo raro que califique á España de *país de la castañeta.*

Hecho ya este inevitable reparo, no he de negar yo que el libro del señor Taylor es de muy amena lectura, contiene muchas noticias, y á veces encomia hasta con entusiasmo á no pocas personas y bastantes cosas de España. Nuestra noble, discreta y bondadosa Reina Regente le arranca merecidos elogios, declarando que, «*el que á ella es presentado siente la fuerza de la palabra* REGIO, *por ser la que la describe con exactitud en sus modales, en su aspecto y en todo su porte.*» No menos justos y atinados son los elogios que da el señor Taylor á la muy simpática y popular Infanta doña Isabel y á varios de los más notables de nuestros políticos y literatos, como Castelar, Moret, Echegaray, Emilia Pardo Bazán, Cánovas y Sagasta. Del conjunto del libro se infiere que el señor Taylor desea sernos favorable, pero á pesar suyo el prisma engañoso del protestante y del *yankee*, al través del cual nos mira, hace que á menudo, ya nos calumnie y nos injurie involuntaria y candorosamente, ya lance sobre nosotros ó contra nosotros, profecías, agüeros y juicios á mi ver, disparatados.

Dice, por ejemplo, que nosotros en nuestro orgullo tenemos peor opinión de los *yankees* que los *yankees* de nosotros. Nada más inexacto. Lo único que se ha hecho en España es contestar con algunas injurias que yo encuentro de pésimo gusto, á las de un gusto mil y mil veces más depravado y ruín, que nos han dirigido y que nos dirigen de continuo senadores, diputados, escritores graves, ó que pretenden serlo,

y periodistas de la Gran República. Si fuésemos á contestar á los *yankees* con suma igual
de injurias á las que les debemos, nos parece-
ríamos á dos enjambres de verduleras que se
ponen como hoja de perejil con el Atlántico de
por medio. Y las injurias de los escritores de
los Estados Unidos contra nosotros no son de
ahora, con ocasión de la guerra de Cuba, sino
que vienen de muy atrás. Sólo Guillermo Draper ha dicho más ferocidades contra España y
ha mostrado más profundo aborrecimiento contra nosotros que el que podrían atesorar todos
los españoles juntos, si se decidiesen á denigrar, á escarnecer y á insultar á los anglo-ame-
ricanos.

El mismo señor Taylor, que pretende, que
desea, que aspira de buena fe á hacer nuestra
apología, ya desde el segundo renglón de su libro nos califica de indolentes y de crueles. La
acusación de fanatismo y de superstición que
el señor Taylor lanza á menudo contra nosotros
casi no nos ofende, y, de puro poco razonable
y fundada nos parece chistosa. Si fuésemos á
hacer la estadística de los ajusticiados, quema-
dos y asesinados por motivos religiosos, de fijo
que resultaría, á pesar de Torquemada y de
todos los inquisidores, doble ó triple número
que en nuestra cuenta, en la cuenta de la sentimental y piadosísima raza anglo-sajona.

En lo tocante á superstición declaro que no
me explico que nos acuse de ella ningún cristiano de distinta Iglesia que la católica. Libre

es todo hombre de aceptar y creer por completo lo dogmático de nuestra religión ó sólo una parte, modificándola algo ó no modificandola; pero desde el momento en que se cree una parte, no hay razón ni motivo para llamar supersticioso al que lo cree todo. Cuando dijo Sancho que no bien él y su amo se remontaron al cielo, se apeó él de Clavileño y se puso á jugar con las *siete cabrillas*, don Quijote tuvo sobrada razón en decirle que no se allanaría á creer en su jugueteo con las estrellas si él no creía tampoco en nada de lo que contó don Quijote que en la cueva de Montesinos le había pasado. Para un impío racionalista tan absurdos son los retozos de Sancho con los Pléyades,— como la conversación y los lances del hidalgo manchego con Montesinos, Durandarte y Belerma. ¿Por qué para un espíritu religioso han de ser fanáticos el doctor Eximio Suarez, el glorioso Ignacio de Loyola, Melchor Cano y Domingo de Soto, y han de ser unas criaturas muy juiciosas y razonables Wiclef, Knox, Lutero y Calvino? O todos igualmente locos y fanáticos, ó todos igualmente dignos de consideración y respeto.

Otra terrible manía del Sr. Taylor es la que muestra contra las corridas de toros, á las que fué no obstante y se divirtió viéndolas. Lo que es yo gusto tan poco de dichas corridas que nunca voy á presenciarlas, como no he ido en los Estados Unidos á divertirme en ver á dos ciudadanos romperse á puñetazos el esternón y las quijadas para deleite de los cultos espectadores; mas no por eso diré que mientras entre los *yankees* se estilen tales juegos no será posible que se civilicen y seguirán siendo bárbaros y feroces. El Sr. Taylor declara en cambio que nosotros sólo porque toleramos las corridas de toros somos *incapaces de civilización* en su más alto sentido.

Diré, por último, que el Sr. Taylor, que varias veces nos acusa de crueles, es cruelísimo con el pueblo español cuando le compara con un hidalgo empobrecido y casi hambriento, que lleno de vanidad y por seguir alternando con otros hidalgos ricos, es manirroto y despilfarrado, gasta más de lo que tiene y va derecho á la más espantosa ruina. Pues qué ¿entiende el Sr. Taylor que sea vanidad y despilfarro que procuremos conservar aun á costa de los mayores sacrificios, una isla que nos pertenece, y donde nadie ó pocos se sublevarían si desde los Estados Unidos no los alentasen y no les enviasen armas y dinero? Cuba es nuestra propiedad legítima, y no es vanidad ni soberbia nuestro empeño en conservarla. Cuba es además como la prenda y el testimonio visible y monumental de que este pueblo de la *castañeta* fué el que descubrió el Nuevo Mundo é implantó en él las artes y la civilización de Europa.

Madrid y las demás ciudades de España distan mucho por ahora de convidar á los extranjeros para que vengan á divertirse en ellas, como van, por ejemplo, á París, á Niza y hasta

á Biarritz. Pero ya vienen por aquí algunos
extranjeros, atraídos por tres incentivos diversos. Unos vienen para negocios de comercio é
industria de quienes no nos incumbe hablar
aquí: otros, en busca de lo pintoresco y extraño,
como vino Teófilo Gauthier tiempo ha, y recientemente el ya mencionado Sr. Taylor: y
otros vienen por último, á estudiar seriamente
nuestra historia, nuestras instituciones y nuestra literatura, y á buscar noticias, datos y documentos en nuestras bibliotecas y archivos.
De esta última clase de extranjeros debo citar
aquí, por haber estado recientemente en España, al Sr. Fizmaurice Kelly, gran conocedor
y discreto admirador de nuestras obras literarias, como lo prueba en los muchos y estimables trabajos que ha dado á la estampa.
Sobresalen entre ellos las nuevas ediciones,
que ha hecho en Londres, de la traducción de
La Celestina por Jaime Mabbe y de la de *El
Quijote* por Tomás Shelton, quien fué el primero que tradujo en idioma extraño el libro
inmortal de Cervantes. El señor Fizmaurice
Kelly ha ilustrado ambas ediciones, que son
elegantísimas, con extensos prólogos tan eruditos como juiciosos y llenos de atinada crítica.
Ahora tenemos, ya en Madrid ya en el Escorial, á un sabio helenista alemán profesor de
la Universidad de Cracovia, que estudia los
manuscritos griegos que se custodian en el
Real convento y palacio de San Lorenzo, en esta Biblioteca Nacional de Madrid y en la rica y

selecta biblioteca particular del Rey. El señor
Sternbach ha publicado ya muchos trebajos y
es muy celebrado entre los filólogos de todos
los países por los descubrimientos que ha hecho. Esperemos que sea abundante el fruto de
sus estudios en España. Por lo pronto, y según
dicho señor me dijo el otro día, ha hallado en
el Escorial un manuscrito, cuyo contenido podrá no ser literariamente muy bello, pero que
es en extremo curioso. Contiene unos diálogos
imitando los de los muertos de Luciano, y escritos en latín y en griego por dos hermanos
llamados Rocaberti. Los interlocutores de los
diálogos son célebres personajes españoles de
los siglos xv y xvi.

En trabajos de erudición para dar á conocer
mejor la historia de la cultura española y las
vidas y obras de nuestros sabios literatos y
poetas, hay en el día grande actividad entre
nosotros, y no pocas personas inteligentes y la-
boriosas que merecen elogio. Entre ellas se
distingue ventajosamente don Emilio Cotarelo
y Mori que escribió, algunos años ha, un libro
sobre el Conde de Villamediana y otro sobre
Tirso de Molina, conteniendo ambos mil interesantes noticias. El Sr. Cotarelo ha escrito en
este año otro libro interesantísimo acerca del
famoso don Enrique de Villena, donde nos
cuenta la vida de aquel sabio prócer, que pasó
por hechicero ó por mago en otras edades y de
quien se dice que, hecho jigote, se hizo encerrar en una redoma, para volver al mundo y á

la vida después de algunos siglos. El Sr. Cotarelo examina y analiza bien las obras de este autor y expone con lucidez cuanto en ellas se contiene.

Otro libro del Sr. Cotarelo, más reciente aún, pues acaba de publicarse, es la vida de María Ladvenant y Quiramte, celebérrima y aplaudida actriz española, que floreció á mediados del siglo XVIII, y que responde en España á lo que Adriana Lecouvreur fué en Francia. La vida de María Ladvenant, escrita por el Sr. Cotarelo, está llena del más novelesco interés, por retratar al vivo á aquella mujer apasionada y vehemente que encantó y enamoró á tantos contemporáneos suyos, que vivió ·tan depriesa que murió á los veinticinco años, y que todavía entusiasmó, arrancó muchas lágrimas y hasta edificó al morir á las gentes piadosas de entonces que imaginaron ver en ella una santa: una Magdalena arrepentida. El libro del Sr. Cotarelo es el primero de una serie que se propone dar á la estampa bajo el título común de: *Estudios sobre la historia del arte escénico de España.*

En España se lee poco y además se hace muy mal el comercio de libros. No es, pues, de extrañar, aunque es de lamentar, que los autores hispano-americanos sean poco conocidos entre nosotros y que sus libros nuevos rara vez se hallen en nuestras librerías. De aquí que la comunicación intelectual entre España y las repúblicas que nacieron de su seno sea harto menguada. Casi se puede afirmar que la que existe se debe principalmente á la Real Academia Española, á las Academias que á semejanza de la Española se han fundado en América, y al trato y correspondencia epistolar que se ha establecido y fomentado entre los escritores *castellanos* de allende el mar y de la Península. Los de allende el mar se muestran con frecuencia generosos con nosotros, nos envían sus producciones, y por esto las conocemos. De mucho tengo yo que dar cuenta en estas cartas, mas no por eso dejaré de hablar de los más importantes libros americanos que reciba. Y empiezo desde ahora diciendo que acabo de recibir *El Paraiso perdido* (Tomo I, que contiene los seis primeros libros) traducción del colombiano don Enrique Alvarez Bonilla, obra, á mi ver, digna de alabanza por la aptitud que muestra el traductor para comprender y expresar en nuestro idioma las grandes bellezas poéticas de Milton. Desde luego debe afirmarse que la traducción del señor Alvarez Bonilla aventaja muchísimo á la prosaica y ramplona que hizo el canónigo Escoíquiz.

No me atrevo á censurar que el Sr. Alvarez Bonilla se haya impuesto innecesarias dificultades y trabas traduciendo en octavas el poema y no en verso libre como está en el original.

Casi inevitable es así que sea muy parafrástica la traducción, obligando al traductor, á fin de hallar los consonantes, ya á buscar rodeos, ya á añadir epítetos que en el original no hay. De todos modos el Sr. Alvarez Bonilla maneja bien la lengua castellana, conoce y sabe emplear castizamente su rico vocabulario, frases y giros, y versifica con soltura y sin desaliño, no humillando mucho la dicción poética con maneras de decir prosaicas y pedestres. Acaso cuando reciba yo el tomo II y lea y conozca la obra completa, haré de ella más detenido estudio y la juzgaré con más datos y fundamento.

Dejaré de hablar hoy de muchas cosas para no hacer interminable esta carta. No puedo prescindir, sin embargo, de hablar aquí, aunque sea de pasada y sin toda la detención que merece, de los últimos trabajos del infatigable Sr. D. Marcelino Menéndez y Pelayo. Tal vez sean sus lecciones en el Ateneo las que más atraen la atención del público y las que mayores aplausos obtienen.

En mi carta anterior puse en resúmen el plan de las lecciones que está dando. Es la Historia del pensamiento español en lo que tiene de más fundamental. En las lecciones que ya ha dado el Sr. Menéndez, ha expuesto dicho plan y ha tratado de Séneca, el gran filósofo cordobés.

El Sr. Menéndez, entre tanto, no descuida los otros importantísimos trabajos que le están confiados. Sólo hará dos ó tres días que se ha dado al público el tomo VI de la magnífica edición de Lope de Vega que hace la Real

Academia Española. Contiene este tomo las comedias mitológicas, que son ocho, y las históricas de asunto extranjero, que son nueve; en todo diecisiete comedias. Las *observaciones preliminares* con que el Sr. Menéndez las ilustra son tan eruditas como amenas, entretienen é instruyen al lector y le hacen admirar los vastos conocimientos, la prodigiosa memoria, la serenidad y elevación de juicio y la facilidad y lozanía del estilo del Sr. Menéndez. Se diría que todo está escrito sin el menor esfuerzo y al correr de la pluma. El origen de cada fábula, sus transformaciones y emigraciones, desde el centro del Asia, desde Frigia ó Fenicia hasta Grecia y Roma, los elementos, ya naturalistas ya históricos, que han entrado en la composición de la fábula, y los poetas griegos y latinos que la han expuesto, todo está clara, metódica y agradablemente referido. El señor Menéndez demuestra además, infundiéndonos plena convicción de ello, cual fué el texto, ya de Ovidio, ya de Justino, ya de Plutarco, ya de otro historiador ó poeta, de donde Lope sacó la fábula y la hizo argumento de su drama, llevándola á la escena. Habla asimismo el Sr. Menéndez de los principales dramas y poemas, que, así en España como en países é idiomas extranjeros, se han escrito sobre cada uno de los asuntos que Lope trata, comparando con la obra de éste las obras de los otros.

Sobre las comedias históricas pone el señor

Menéndez observaciones análogas á las que pone sobre las mitológicas, de suerte que este tomo VI queda bella y agradablemente ilustrado con profunda crítica, raro saber y atinadísima diligencia. Si á esto se añade el estudio y comparación de los antiguos originales de Lope mal impresos y llenos de erratas ó manuscritos á veces, la depuración del texto para buscar y hallar su mejor lectura y hasta la material y fatigosa corrección de las pruebas, se formará concepto de la enorme tarea que va desempeñando el Sr. Menéndez para que al fin se logre y se dé por completo cima á la erección del gran monumento que la Real Academia Española está consagrando al Fenix de los ingenios. Es de presumir que toda la obra constará de más de treinta tomos sobre los seis ya publicados. Pero como el Sr. Menéndez tiene alientos y esperanzas de publicar tres cada año, confiamos en que la obra habrá ya aparecido toda dentro de diez años, ó sea hacia fines del 1906.

IV

Madrid 20 de Diciembre de 1896.

Voy á empezar esta carta hablando de un libro, elegantemente impreso en esa ciudad, y que en los primeros días del mes corriente llegó á mis manos. El libro tiene por título *Los Raros.* Su autor es Ruben Darío. Me sugiere este libro multitud de pensamientos y de consideraciones que no quiero dejar de exponer, aunque sea en resumen.

Varias veces he citado yo el chistosísimo tratado ó curso de crotalogía, compuesto, hará un siglo, por un fraile bromista. El fraile, antes de decidir si es bueno, ó malo, ó indiferente tocar las castañuelas, pone el siguiente axioma:

Ya que las castañuelas se toquen, deben tocarse bien.

De la misma suerte, antes de decidir yo hasta qué punto debemos admirar é idolatrar á los escritores franceses, y antes de determinar, y tal vez sin determinar nunca, hasta qué punto debemos imitarlos, pondré aquí este axioma: ya que los idolatremos é imitemos, debemos conocerlos bien é imitarlos lo mejor que se pueda.

No sé en qué consistirá: acaso en que el elemento castizo está con mayor abundancia en la savia de nuestro espíritu; acaso en que en España, la generalidad de las gentes aprende menos de lengua y de literatura francesas que en otros países; acaso en que nuestro ser de españoles es tan radicalmente y por naturaleza tan repulsivo de todo lo extraño que, aun á despecho nuestro, no se lo asimila, y lo expulsa.

Sea por lo que sea, lo cierto es que en España admiramos menos, celebramos menos é imitamos muchísimo menos la literatura francesa que los portugueses y que los hispano-americanos. Esto me inclino yo á creer que es un bien, y tímidamente lo declaro. En cambio, nuestros imitadores de lo francés lo hacen siempre con menos maña, saber y tino, que los portugueses y que los hispano-americanos, lo cual indudablemente es un mal, según se infiere del axioma de la crotalogía, aplicado y adaptado á nuestro asunto. El pensamiento literario francés, las modas, los primores y las extravagancias de estilo, las triquiñuelas y *ficelles* de que se valen en París prosistas y poetas, nada de esto penetra bien y se cuela en nuestro caletre, en lo que tiene de más sustancial. Se diría que, si pasa á nuestra mente, es al través de un filtro ó de un muy tupido cedazo, quedando allí, sin penetrar en nosotros, lo más característico, lo que imprime ó puede imprimir á lo escrito el sello de la novedad y de la rareza: el *chic,* el *fashion,* el saborete, el aliño, la sal y pimienta de lo reciente y flamante.

Los hispano-americanos, separados de la metrópoli hace ya sesenta ú ochenta años, tienen menos arraigo, menos savia española, y tienen el espíritu más abierto al pensar y al sentir de lo extranjero. Hasta cierto punto el hispano-americano culto se ha hecho cosmopolita, si bien adoptando un cosmopolitismo limitado, dentro de lo que se ha dado en llamar *latino*.

La literatura inglesa, con ser tan rica y con florecer y dar tan sabrosos frutos, no sólo en Europa, sino también en América, donde está implantada en extenso y fértil suelo y cultivada con amor y tino, influye poco en los hispano-americanos. Estos se consideran latinos y lo latino es lo que los atrae y seduce. Y aunque sea para nosotros mortificación de amor propio, no son nuestros autores, ni la cultura de España, lo que sirve de modelo y de blanco á donde los *refinados* hispano-americanos ponen la mira. París es para ellos ‘lo que la Meca para los muslines; la ciudad santa de la ciencia, del arte, de la poesía y de los primores todos; el corazón y el cerebro del mundo, en una palabra.

Yo no me atrevo, por varias razones, á censurar esta *galomanía*. No quisiera yo que mi censura se atribuyese á ‘envidia y á celos de los franceses, por cuyo amor los hispano-americanos nos olvidan, nos desdeñan ó tal vez nos tienen en poco. Sólo diré que la tal *galomanía*, cuando se extrema, produce lastimosos resultados y lleva con gran facilidad y sin sentir á un ridículo amaneramiento.

- Debemos observar que en la misma Francia, este ridículo amaneramiento se da más que en parte alguna. Y la razón es obvia. Allí el oficio de escritor es muy lucrativo, como no soñamos que lo sea, ni que pueda serlo en mucho tiempo, en ninguna de las diez y seis ó diez y siete repúblicas hispano-americanas, ni en España, ni en Portugal, ni en Bohemia, ni en Hungría, ni en Alemania siquiera. Quien consigue que resuene en París su nombre, cousigue que su nombre resuene por todo el mundo. Quien por versos, por novelas ó por cualquier otro libro, obtiene aplausos de los gacetilleros de París, ya puede estar seguro de que venderá de su libro miles, y tal vez centenares de miles de ejemplares. De aquí el empeño, en la literatura francesa más que en ninguna otra sentido, de lo inaudito, de lo extravagante y de lo raro. De aquí que en lo que no cabe adelanto ni progreso, que en lo que es permanente y está por cima de las variaciones y caprichos de la moda, que en la poesía, en su más amplio significado, se inventen en París, cada dos ó tres años, nuevos usos, padrones, cortes y hechuras, como tal vez los cocineros de París inventan nuevos guisos, y como los sastres, modistas y peluqueros inventan nuevas formas para los trajes, sombreros y tocados.

Convertir en artículos de moda los milagros divinos, las creaciones inmortales de las musas, es, á mi ver, la más ruin y espantosa de todas las heregías en la religión del arte. A ser hereje de este género puede llevar la afición de la última moda á los más generosos y brillantes ingenios.

Dentro de cierto límite y refrenado por la prudencia y por el buen gusto, el afán de lo nuevo tal vez atine á crear algo nuevo; tal vez lo extraño, lo exótico, lo peregrino discretamente tomado y diestramente adaptado á la literatura propia, logre hermosearla con galas y adornos que nunca tuvo y con los cuales sorprende y enamora. No poco de esto vi yo, noté y celebré en los versos y en la prosa del primer librito de Ruben Dario que llegó á mis manos, titulado *Azul*. Mayores alabanzas dí aún y más me agradaron por su novedad extraña, los versos que Ruben Dario compuso y publicó en Madrid, cuando estuvo aquí con ocasión del IV centenario del descubrimiento de América. Las *Seguidillas,* los *Centauros* y *El Pórtico* al libro *En tropel* de Salvador Rueda, son composiciones que indudablemente la musa española prohija con gusto, dándoles carta ó patente de nacionalidad y mirándolas como á mestizas muy agraciadas, ya que tal vez por el cruzamiento de las razas suelen engendrarse y concebirse hermosas criaturas, con algo en ellas de peregrino que les presta singular realce.

Pero como ya he dicho, el excesivo amor á lo francés puede y suele convertirse en *galo-*

manía y hasta llegar á ser manía general y completa.

Yo no creeré nunca que á Ruben Dario, como vulgarmente se dice, se le vaya el santo al cielo; que se le agote ó marchite el ingenio; que se le anuble el claro entendimiento que Dios le dió; pero tengo que creer y que decir que hay algo de maniático, ó al menos de extraviado en poner por las nubes á personajes tan extravagantes como Juan Moreás, Pablo Verlaine, el Conde de Santieamont, Eduardo Dubus, Lorenzo Tailhade y otros á quienes nadie ó casi nadie conoce ni tiene ganas de conocer por esta tierra.

Ruben Dario, en el libro de que hablamos, elogia á varios personajes literarios que sin duda merecen elogio. Así, por ejemplo, Leconte de Lisle, Ibsen y Edgardo Allan Poe; pero, aun éstos están elogiados con exageración desmedida y más que por el valer por la rareza. Estendámonos. Lo que yo hallo digno de censura en el libro de Ruben Dario, estriba en la doble significación que puede y debe darse á la palabra *raro*. Si *raro* es el que tiene una *pose* ó varias, el que para llamar la atención, seguir la moda, ó dar la moda, inventa rarezas y extravagancias, yo no celebro á ningún raro. Prefiero reirme de todos. Por el contrario, si raro es lo no vulgar, lo no común, rarísimo es el ingenio, rarísima es la inspiración poética, y más raro que nada es lo que llamamos *genio*. En esta segunda significación algo de raro tiene el mismo Ruben Darío y por esa rareza le he celebrado yo siempre. Ya en sus *Primeras notas* impresas en Managua en 1888, ya en aquella colección de versos de la primera juventud lucen en abundancia las altas prendas del poeta verdadero. Después, Ruben Dario, con más arte, con más crítica, con más sobriedad y con más medida, ha escrito mejor aún. ¿Por qué, pues no se contenta con esta rareza? ¿Por qué busca también la otra para sí y en los demás la celebra? Esto es lo que yo critico y esto es lo que me infunde el recelo de que pueda extraviarse Ruben Dario.

No sería justo que me atribuyesen por lo expuesto una afición intolerante á lo castizo. No ya sólo para los pensamientos, hasta para las palabras, frases y giros, repugno yo las aduanas y las fronteras y pido libertad de comercio. Todo pensamiento, si es bueno, tomémosle aunque no sea español. Y aceptemos también vocablos y modos de expresarse de otros países, con tal de que falten en nuestro idioma y con tal de que sepamos acomodarlos á él con arte y con gracia. Tan firme estoy yo en esta opinión, que la mitad de las expresiones que don Rafael María Baralt pone como galicismos en su *Diccionario de Galicismos*, ó me parece que no lo son, ó bien que, aun siéndolos, no son vitandos. Así por ejemplo, cuando Baralt, condena el término de *elegante negligé* ó *deshabillé* y sostiene que debemos decir elegante trapillo, yo no puedo menos de reirme. La palabra *tra-*

pillo implica pobreza, suciedad ú ordinariez y brama de verse junta con el epíteto elegante. Natural es, pues, ya que la elegancia, las modas y los primores de vestido y tocado en las mujeres vienen de París, que nos valgamos de palabras francesas para designar tales cosas, mientras no inventemos por acá las cosas mismas ó palabras adecuadas y bonitas para significarlas. Ya se vé que yo reconozco y condeno el excesivo horror al galicismo que nos hace ver galicismos donde no los hay, ó bien que quiere desechar galicismos inevitables.

De notar es además que muchas frases y palabras que se suponen galicismos, no son sino neologismos, malos ó buenos, y si son buenos no sé por qué han de desecharse. A menudo ocurre también que en España, y acaso por ahí, se considere galicismo tal ó cual frase castellana semejante á otra francesa, pero que tiene en francés un valer muy diferente. *Hacer el amor,* v. gr., vale hoy en España sobre poco más ó menos, tanto como requebrar, enamorar, obsequiar, servir y pretender á una dama para conseguir lo que en francés se llama hacer el amor, *faire l' amour,* con ella. Es, pues, evidente, que ni la frase está tomada del francés ni significa lo mismo en francés que en castellano.

Un edictor de Barcelona, llamado Juan Gili, ha empezado á publicar una bonita colección de libritos de amena literatura adornados con fototipias. El primer tomo de la colección fué una novela bastante agradable de leer, titulada *Oro oculto*. El tomo segundo contiene poesías ligeras del señor Vital Azá, autor muy aplaudido entre los que ahora escriben sainetes. En el tomo á que me refiero, hay cuentos, humoradas, chascarrillos y epigramas graciosos, y sobre todo escritos con maravillosa y espontánea facilidad.

No ha dejado de sorprenderme que también al señor Vital Aza le haya entrado la manía, (aunque prefiero esta manía á la contraria) de aborrecer el galicismo y de verle en donde en mi sentir no le hay. Da por galicismos, pongo por caso, *ten la bondad, haga Dios qué, hombre importante, ir lejos, poner muy alto, de todos modos, en definitiva, erigirse en Juez, hablar con aplomo, toda la verdad, marchar á grandes pasos, no haber medio,* etc., que serán modos de decir más ó menos nuevos y más ó menos bonitas, pero que yo no veo por qué han de llamarse galicismos. El francés es lengua neolatina como el castellano y no es extraño que el castellano coincida á menudo con el francés y se valga de frases idénticas ó muy parecidas. El afán de huír de tales coincidencias pudiera llevarnos al chistoso extremo que llevó al Sr. Mor de Fuentes, el cual se dice que empezó á traducir la grande obra de Gibbon, y para no hablar de *decadencia* y *caída* que le sonaban como palabras muy francesas, puso por título á su traducción: *Historia del menoscabo y vuelco del Imperio Romano.*

Harto se vé por todo lo que dejo expuesto que yo no soy un purista intransigente. Deseo además que nuestra lengua, y por consiguiente nuestro diccionario, sean la lengua y el diccionario de todas las repúblicas que han nacido de España y se han fundado en América. Acepto, pues, la inclusión oficial, digámoslo así, de muchos neologismos y americanismos, pero no puedo ir hasta el extremo á donde quiere llevarnos el Sr. D. Ricardo Palma en un opúsculo que escribió y publicó pocos meses há. Desde uno de los países de América donde mejor se conoce y se cultiva nuestra lengua, desde Bogotá, patria del eminente filólogo Rufino Cuervo, el Sr. D. Aníbal Galindo ha contestado al opúsculo del Sr. Palma en una extensa carta fecha 28 de Septiembre de este año. A lo que dice el Sr. Galindo nada hay que añadir; todo se resume en esta frase: hay que enriquecer el idioma, pero no adulterarle, afearle ni dividirle. Y las palabras ridículas ó grotescas no enriquecen, sino afean. Todavía puede aguantarse que se diga, por ejemplo, *dictaminar* ó *presupuestar*; pero, si es lamentable que se *fusile*, se ajusticie ó se mate á alguien, todavía es un poquito peor que se diga después que se le ha *difunteado*, aunque el verbo *difuntear* esté en uso en algunas comarcas de Colombia.

El galicismo de pensamiento es más hondo y más difícil de remediar que el de expresión. Aunque ya he hablado de él, á propósito del último libro de Ruben Dario, vuelvo ahora á tocar este punto con ocasión de un librito que acabo de recibir impreso en Montevideo y titulado ACADEMIAS, I, *Primitivo, por Carlos Reyles.* El epígrafe general *Academias* me ha sorprendido bastante. Es casi tan caprichoso como el nombre de *Doloras* que da Compoamor á ciertas composiciones en verso, cortas también. ¿Quién había de imaginar que *Academias* y novelas cortas habían de ser términos equivalentes? Esto se explica por [uno de los significados que tiene en castellano y en francés la palabra *academia.* En el lenguaje técnico de la escultura y de la pintura, equivale á imagen diseñada sirviéndose del modelo vivo y con el cuidadoso esmero que es conveniente para mostrar bien el desnudo, la forma íntima y la condición de la persona ó ser que se retrata. El estudio de un carácter y su representación por medio de la palabra, puede, por lo tanto, llamarse academia. Dejemos así justificada en este sentido, la sinonimia de academia y de novela corta, con tal de que dicha novela trace bien y profundamente un carácter.

El Sr. Reyles se propone publicar una serie de *academias.* De la primera, cuyo título como ya dije es *Primitivo,* diré aquí algunas palabras. Indudablemente, el autor entiende que hay y debe haber, modas, estilos ó métodos de escribir, propios de cada época. Sobre esto hago yo mi distingo. Yo no niego que, en cada época, hay tendencias y corrientes distintas de

6

las anteriores. Lo que niego es que deba nadie
buscar la corriente ó la tendencia para lanzar-
se en ella, premeditada y reflexivamente. Si
tal hace, se expone á caer en lo amanerado,
afectado y falso. Si cae en la tendencia ó en la
corriente, porque no lo puede evitar, porque
está en medio de ella y porque es arrebatado
por ella, como hombre de su época, de su siglo
ó de su momento histórico, todavía será lamentable que se deje arrastrar, si la corriente es
mala; pero aún así, y arrebatado por ella, podrá ser el autor natural y sencillo. En el
caso del Sr. Beyles, que es el primero, hay la
premeditación reflexiva y la voluntad de ir
por dicha corriente; hay el propósito de ser
sensitivo, de imitar á Sudermann, á Tolstoy, á
Ibsen, á D'Annunzio, á Bourget y á otros; hay,
en suma, el intento de ser escritor de moda.
Y esto es lo que yo condeno, declarándolo
aquí con dolor, porque, en mi sentir, el señor
Reyles es un escritor de muchísimo talen*t*o,
que no necesita para agradar ponerse de
moda, sobre todo cuando la moda me parece detestable y perversa. Francamente, yo he
creído siempre y sigo creyendo, que una novela, corta ó larga, debe ser libro de pasatiempo
y solaz, debe elevar y no consternar el ánimo,
debe, como decía Aristóteles, *purificar las pasiones,* esto es, que, por muy trágica que sea,
el terror y la compasión que inspire han de
estar purificados, han de producir en nosotros
el deleite estético y no la pena, han de serenar

y elevar el espíritu y no perturbarle, humillarle ó deprimirle.

Yo estoy tan chapado á la antigua, que en dicho punto sigo siendo aristotélico, sin comprender por qué ha de llamar Goncourt obra de *bajo entretenimiento* á la que no me exponga con su lectura, llena de negros horrores, á que mi digestión se turbe. Cosa endiablada me parece que se proponga un autor escribir novelas no para darme buenos ratos sino malos, y que la medida que yo tenga para estimar su talento esté en razón directa del mal rato ó del pesar que me da al leerle. Tales cosas me parecen enormidades, y no sólo pugnan con toda la estética que yo había estudiado ó que me había forjado, sino también con mi natural condición, apacible, suave y algo inclinada al optimismo. Las muertes, los robos, los incendios, los adulterios y violaciones, todos los más espantosos crímenes, en una palabra, pueden y deben representarse en la narración y en el drama trágicos, *purificados* como decía Aristóteles, esto es, que por divino misterio del arte, nos infundan un terror y una compasión que nos deleiten, serenen y eleven nuestro ánimo y no lo depriman.

La nueva escuela, que el Sr. Reyles voluntariamente sigue, es pesimista, fatalista, materialista y atea, más ó menos inconscientemente.

El crimen, el infortunio, cuanto de malo ocurre en sus novelas y dramas, ocurre porqué

no puede menos de ocurrir, porque en las circunstancias exteriores ó en el indomable ca-
ráeter de las personas hay una fuerza fatal que
impele á que ocurra. Las personas son así instrumentos ciegos de su destino más ciego y
más inconsciente todavía. Y como|nadie ó casi
nadie cree que todo el género humano se parece á las personas que el escritor de moda describe, viene á resultar que el escritor de moda
es *teratológico,* esto es, que pinta monstruosi-
dades y anomalías enfermizas, posibles aunque
raras por dicha, en la naturaleza humana. De
esta clase es *Primitivo,* héroe de la primera
academia.

Halla á su mujer con otro y no mata á la
mujer, ni mata al amante, ni los mata á ambos, ni se resigna y lo lleva con paciencia, ni
se muere de la aflicción que le causan su des-
honra y su amor mal pagado, ni sacude al rival
una buena paliza y echa á puntapiés á la mujer
de su casa, ni gusta tanto de ella que desde
luego, ó al cabo de cierto tiempo, la perdona,
ni llega á los extremos del famoso Comendador de Córdoba, que no sólo degolló á los
amantes, sino á los gatos, á los perros, á los
criados y á todo bicho viviente que había en
la casa donde se cometió el adulterio, sino que
hace todavía más y toma más atroz venganza,
por su tenacidad, persistencia y larga duración
por años. Tan extremada está la tal venganza
que al relatarla, interesándonos y conmovién-
donos el Sr. Reyles, y no provocando nuestra

risa, da una prueba evidentísima y brillante,
en medio de su extravío, de su extraordinario
talento de escritor. Paso por alto el que haya
en la novela cosas que se abstraigan, en perjuicio de la realidad. Sólo figuran los tres personajes, como si estuvieran aislados en el
mundo. No parecen ni padres, ni madres, ni
amigos, ni criados, ni criadas, ni dependien-
tes, ni ser alguno humano que intervenga en
la acción y la modifique más ó menos, como
siempre sucede en todos los lances de la vida.
A pesar de esto, yo no he de negar, antes he
de aplaudir, que en medio de lo monstruoso
del conjunto, hay en los pormenores no pocas
atinadas observaciones de profunda psicología.
Así, v. gr., el amor y la estimación que nacen
ó renacen en la mujer hacia su marido, por lo
mismo que éste la atormenta con endemoniada
y frenética tenacidad, y él mismo se hunde en
la abyección y en la borrachera y se complace
en ser desaliñado é inmundo.

De desear es que el Sr. Reyles, que nos promete y anuncia otras *academias*, tituladas *El
extranjero*, *Lo femenino* y *La luna de miel*, y una
gran novela, *La raza de Caín*, sea en ellas menos *teratológico* y más consolador que en *Primitivo*. Tragedias hay en realidad, y como obra
de arte es muy digna de estimación la tragedia;
pero, en mi sentir, conviene que aparezca, siquiera en último término, un supremo desenlace providencial y dichoso, á fin de que no nos
representemos la vida como una pesadilla irra-

cional y horrenda y á fin de que no entendamos ó que no hay Dios ó que Dios es el tirano más aborrecible.

Me ha asaltado una duda tan grande al terminar esta crítica de *Primitivo,* que he estado á punto de suprimirla, inclinándome á ver en ella, más que el resultado dialéctico de una doctrina, el efecto singular y personal de mi propio modo de sentir. La duda brota de esta pregunta que yo mismo me he hecho. ¿Por qué me han de repugnar las atrocidades y los crímenes en novelas y dramas, cuyos personajes son mis contemporáneos, y no han de repugnarme ni Medea, que mata á sus hijos, ni Mirra, enamorada de su padre, ni la incestuosa pasión de Fedra, ni la más abominable de Pasifae, ni las horribles historias de las familias de Edipo y de los Atridas? No una sino varias contestaciones hay que dar á esto. No se ponen aquí porque, bien explicadas, no cabrían en esta carta. Indicaré algo, no obstante. La paridad acaso es aparente y la distinción clara. Lo que deprime mi espíritu con el espectáculo de ahora es que, en medio de los grandes progresos materiales, implica la negación de todo progreso moral, ya que el crimen sigue siendo tan enorme y tan inevitable como hace tres mil años. Los dioses además tenían entonces las mismas pasiones que los hombres y aun peores; tomaban á los hombres por instrumento de sus maldades, y había cierta grandeza en la lucha que empeñaba el hombre con su libre albedrío contra la divinidad maléfica que se había apoderado de su espíritu y que quería violentarle. Los seres humanos, que combatían de este modo contra los dioses y contra el destino, participaban de la naturaleza de los dioses, tal como entonces se concebía; eran titanes, semi-dioses, héroes; seres sobrepuestos á lo restante de la humanidad y como fuera de ella; seres participantes de la naturaleza divina, en tan rudas edades que se concebían los dioses como hambrientos y sedientos de carne y de sangre humanas, exigiendo para su regalo el sacrificio en sus aras de las vidas de los hombres. En el día, tres mil años después, si los crímenes siguen siendo iguales y no hay ya aquel estado bárbaro y primitivo de civilización naciente, dichos crímenes no representan el misterioso combate del mal contra el bien, ni anuncian el triunfo definitivo del bien sobre el mal.

Ni Hércules viene á libertar á Prometeo encadenado, ni Minerva absuelve á Orestes y ahuyenta de su lado á las Furias.

Yo no me atrevo á decidir rotundamente sobre punto tan difícil. No ya mi razón, sino mi idiosincrasia puede ser parte en mi juicio. Diré, con todo, previa la explicación ya dada, que en las atrocidades y en los crímenes de la gente menuda contemporánea, cuando en novelas y en dramas se representan, hay menos nobles motivos, y que esos modernos héroes de la maldad ó de la extravagancia, aun cuando se calcen un coturno altísimo, tienen no sé qué de soez y de villano.

De todos modos, prescindiendo de que sea buena ó mala, me parece que la escuela á la moda que sigue el Sr. Reyles no es tan ignorada ó tan no seguida en España como el señor Reyles supone. Cuando no en las novelas, en el teatro bien seguimos la tal moda; calzamos el coturno á la gente del cortijo, del taller ó de la taberna. Los llevamos á presidio ó los traemos de presidio convertidos en héroes; buscamos sutilmente causas que disculpen, justifiquen y hasta realcen sus delitos, y procuramos hacerlos interesantes ó poéticos. Algo de esto hay en los dramas del Sr. Feliú y Codina, y más aún en los del Sr. Dicenta, como son *Juan José* y *El Señor Feudal*, hoy muy aplaudidos. Lo que sí puede sostenerse es que en tales obras no es tan pura como en las *academias,* pongo por caso, la imitación de lo extranjero. El elemento castizo es en nosotros más abundante y está más arraigado. La idea redentora y cristiana ilumina y arrebola la obscuridad del cuadro, resplandeciendo en su oriente. A veces esta idea cristiana y redentora impulsa al autor á dar á su obra una inverosimilitud que tal vez sólo en su generosidad se funda. Así, por ejemplo, en el cuadro dramático de Sellés titulado *Los Domadores*. La misericordia de Dios es infinita, nada tengo yo por imposible, pero se me hace harto duro de creer que un hombre tan rudo y tan perverso ó tan bestialmente fanatizado, que está resuelto á poner una bomba en sitio público para que mueran muchos inocentes, se arrepienta de súbito y se convierta en un bendito porque su hijo y su mujer, de quienes no ha hecho caso durante mucho tiempo, le digan unas cuantas palabras cariñosas ó le den una buena cena. No impide esta inverosimilitud que el público, no menos generoso que el autor, aplauda el drama y se complazca en la conversión y hasta en la salvación del delincuente. No de otra suerte eran los héroes patibularios y tremendos de nuestro teatro antiguo; v. gr. el héroe de *La Devoción de la Cruz* y el de *El condenado por desconfiado*, quienes, después de cometer los mayores delitos, hacen actos de contrición y se van derechos al cielo.

Tratando ahora de muy diferente asunto, diré que al cabo, después de luchar con mil dificultades de varios géneros, acaban de publicarse las dos últimas entregas de *El Centenario*, y ha quedado completa, aunque tardísimo, una obra tan interesante. Consta de cuatro magníficos tomos, ricos en grabados, cromos, fototipias y otras varias clases de estampas y dibujos. Trata el libro, de Colón, del descubrimiento del Nuevo Mundo y de las solemnes fiestas que hubo en Madrid para celebrar el IV Centenario de tan grande y glorioso acontecimiento; y por todos estilos me parece el libro digno del asunto á que está consagrado. En él han escrito los más notables autores españoles, portugueses é hispano-americanos, todos con el mayor esmero y como á porfía. El libro dilucida puntos de historia, de et- nografía, de antigüedades y de literatura y lenguas de América; y contiene artículos de Emilio Castelar, Menéndez y Pelayo, Calixto Oyuela, Ricardo Palma, Oliveira Martins, Luis Vidart, Jiménez de la Espada, José Alcalá Galiano, Soledad Acosta de Samper, Emilia Pardo Bazán, Padre Mir y Padre Blanco García, Víctor Balaguer, General Arteche, Azcárraga, Teófilo Braga, Adolfo de Castro, Condes de la Viñaza y de las Navas, Ruben Dario, Fabié, Fastenraht, Cesáreo Fernández Duro, Vicente G. Quesada, Mélida, Madrazo, Sánchez Moguel, Montojo, Paz y Mélia, Felipe Picatoste, Uhagón, Pinheiro Chagas, Restrepo, Rubió y Lluch, Eduardo Saavedra, Serpa Pimentel y cien otros.

El Sr. D. Antonio Cánovas del Castillo ha puesto término y corona á esta bella obra con un magnífico, elocuente y erudito artículo acerca de la Reina Regente doña María Cristina, con cuyo retrato, en compañía del de su hijo, en un excelente grabado, va ilustrado el artículo. No se limita éste al justo elogio de la augusta señora, que hoy reina en España en nombre de su hijo, sino que toca y esclarece además, puntos de historia, de filosofía de la historia y de alta política, todo con maravillosa copia de datos, con rara y vasta erudición y con envidiable elevación y amplitud de miras.

Puede afirmarse que en este extenso artículo expone el eminente hombre de Estado sus mejores pensamientos, previsiones, recelos y esperanzas sobre los destinos de la patria; juzga con severa y decorosa imparcialidad el valer histórico de las dos dinastías que han reinado en España, desde que España es una, la de Borbón y la de Austria; y hace notar, celebrándolo, cómo estas dos dinastías han venido á fundirse y á estar representadas y cifradas en la persona de nuestro rey niño Alfonso XIII. Todo el trabajo del Sr. Cánovas está lleno del mayor interés, pero tal vez lo más curioso y nuevo para la generalidad de los lectores, es cuanto Cánovas dice sobre la multitud de españoles que han ido, que han figurado, que han hecho brillante papel y que han alcanzado elevada posición social, en Austria, en Hungría y en Bohemia, desde los tiempos del Emperador Carlos V hasta el día presente.

No quiero detenerme más en la alabanza de *El Centenario* para que no se vea en ello ó se suponga que yo busco la satisfacción de mi amor propio, ya que puede decirse que yo puse á *El Centenario* la base ó el fundamento, escribiendo la *Introducción*, con vivo entusiasmo y lo mejor ó lo menos mal que supe y pude.

Como esta carta va siendo demasiado larga y está ya escrita, prefiero, en vez de detenerla para añadir nuevas cosas, enviarla en seguida, dejando las nuevas cosas para nuevas cartas también y adelantándome hoy en mi correspondencia.

V

Madrid 19 de Febrero de 1897.

Con gusto voy á proseguir en la tarea de poner en conocimiento de usted las novedades
literarias de por aquí. La tarea, no obstante,
aunque gustosa, es difícil; no por las noticias
que tengo que dar, sino por los juicios que es
indispensable emitir, para lo cual necesitaría
yo más tiempo y reposo. El juicio es difícil,
como dijo Hipócrates el empezar sus *Aforis-
mos;* y yo recelo á menudo sentenciar con ligereza y exponerme á que me tilden de apasionado.

Pocos días ha, recibí desde la Habana una
carta del Sr. A. Andrade eligiéndome por ár-
bitro y rogándome que decida en una disputa
que han tenido allí varios aficionados á las letras. Aseguraban unos que la literatura dramática florece hoy en España, y aseguraban
otros que *está* muy decadente cuando no hun-
dida del todo. Ojalá que cuantas sentencias
tuviese yo que dar en mi vida fuesen para mí
tan fácil como me parece que ésta es y tan
poco ocasionada á que después me remuerda la
conciencia por haberla dado. Toda la cuestión

estriba en determinar bien el significado de la palabra *ahora*, contenida en esta frase, ¿florece ó no florece *ahora* en España la literatura dramática? Si por *ahora* ha de entenderse el breve espacio de cinco ó seis años y aun de más, en mi sentir nadie debe hacer la pregunta ni nadie debe contestar á ella. El florecimiento ó la decadencia de cualquier género de literatura, de las ciencias y de las artes, no se debe estimar sino abarcando extensos períodos, de medio siglo ó de treinta años por lo menos. Yo ni siquiera me explico cómo se pueda decir que un género de literatura, ó la literatura en general, decae porque durante uno y aun dos quinquenios no haya parecido obra digna de aplauso.

Yo contestaré desde luego al Sr. Andrade, sin el menor temor de errar, no por presumir de infalible, sino por lo claro que es el asunto, que la literatura dramática en España florece ahora en vez de estar decadente. ¿Qué decadencia puede haber en ella cuando no hace muchos años que vivía aún el autor del *Zapatero y el Rey* y de *Don Juan Tenorio*, cuando vive el autor de *El Drama Nuevo,* de *Virginia* y de *Locura de Amor*, y cuando viven y no cesan de escribir José de Echegaray, Angel Guimerá, Eugenio Sellés, Joaquín Dicenta y Feliú y Codina? Yo no quiero estimar ni tasar aquí el mérito absoluto de los mencionados dramaturgos, pero algún mérito tienen cuando logran conmover é interesar al público y que

el público los aplauda y celebre. Y esto no sólo
en España, donde pudiéramos suponer que el
mal gusto, el espíritu de partido ó la vanidad
patriótica eran parte en los aplausos, sino también en Alemania y en otras naciones donde
sus obras, como por ejemplo las de Echegaray,
son oídas con placer y muy estimadas.

Tampoco me parece bien ni conducente á decidir si el teatro español decae ó florece, el
comparar el mérito de los autores vivos con el
de los que han muerto recientemente y deben
considerarse como dentro de la misma época y
aun del mismo período, por más que la moda
cambie, porque también, aunque no debiera,
hay modas en literatura. Bretón de los Herreros, el Duque de Rivas, Hartzenbusch, Ventura de la Vega, García Gutiérrez, Gil y Zá-
rate, Narciso Serra, Fernández y González, y
no pocos otros han muerto ya sin duda alguna.
Quiero suponer que valían más que los que
quedan vivos, pero no quiero ni puedo suponer
que esta superioridad de los muertos pruebe
que muere y decae también el arte en que bri-
llaron. Aunque no viviese en el día uno solo
de los otros escritores que he citado, el recuerdo reciente de los que murieron hace tan poco,
bastaría á oponerse, á mi ver, á que nuestra
literatura dramática se declarase en deca-
deneia.

La razón que alegan algunos para probar que
está decaida, acusándola de emplearse hoy en
el género *chico,* me parece una razón muy poco

razonable. Para mí no hay género chico ni
género grande: no hay más que género discreto
y género tonto; de suerte que un sainete divertido y chistoso enriquece más el tesoro de la
literatura patria que dos ó tres dramas y otras
tantas tragedias que causen y enojen, aunque
tenga cada una de dichas producciones cinco
octos, prólogo y epílogo, y propenda á demostrar una tesis y encierre un caudal de profundos y filosóficos pensamientos.

Siendo tal mi parecer, tampoco puedo yo
declarar decadente la literatura dramática del
día, ya que en el día escriben Ricardo de la
Vega, Javier de Burgos, Miguel Echegaray,
Vital Aza y otros, cuyos sainetes casi siempre
me divierten y en algunos de los cuales hallo
no inferior mérito al de los buenos de D. Ramón de la Cruz.

Creo dejar demostrado que en los autores no
hay decadencia. ¿Estará la decadencia en los
actores? Tal vez sea este punto más difícil de
dilucidar, ya que uno de los términos de comparación ha desaparecido, no quedando recuerdo de él, sino en la mente de los ancianos como
yo, los cuales acaso hermoseen y magnifiquen
el recuerdo. De Carlos Latorre, Concepción
Rodríguez, Julián Romea, Matilde Díez, Ar-
jona, Cubas y Guzmán nos acordamos los que
hemos vivido mucho. Para la generalidad de
las gentes no queda de ellos ni rastro. Sólo co-
nocen la impresión que en su tiempo producían
en el público. Y el público pudo bien exagerar

su mérito. Como quiera que sea, yo no me atrevo á declarar que los actores y las actrices del día estén muy por bajo de los que ví y oí en mis mocedades, porque José Valero y acaso también Julián Romea, cada uno por su estilo, son en su arte personajes excepcionales, de los que no aparecen con frecuencia y de los que no se reemplazan sin interrupción. Así es que, prescindiendo de ellos, no veo yo que haya en los que viven ahora notable inferioridad si con los antiguos los comparamos.

Se quejan algunos críticos descontentadizos de que especialmente en las actrices del día no hay aquella elegancia, aquella soltura y aquel atildamiento que notan y admiran en las actrices francesas, sobre todo cuando representan la *alta comedia*. Pero esta queja lo mismo puede formularse contra las actrices de ahora que contra las de hace treinta ó cuarenta años. Fuerza es confesar que el modo de vivir de nuestras actrices, por lo común modesto, honrado y recogido en el seno del hogar doméstico se presta poco á los primores artísticos y á las aristocráticas apariencias que nos pasman en las actrices francesas, las cuales hasta suelen dar la moda en trajes y tocados y suelen vivir en trato íntimo con príncipes rusos, lores, bajaes y mirzas que acuden á París á divertirse y con quienes se les acicala la finura.

He de confesar, no obstante, que el verdadero genio no ha menester para mostrarse y lucir en una actriz, que ésta viva de cierto modo. De cualquier modo se muestra y luce el verdadero genio. La Rachel y Sara Bernhardt en Francia, la Ristori en Italia y otras artistas de no menos valer en Alemania, no han necesitado ó no hubieran necesitado tener cierto género de vida para ser dignas de admiración: pero, las actrices españolas que no representan lo que llaman en Francia la *alta comedia* no creo yo que sean inferiores á las actrices de Francia, sino tal vez más graciosas, divertidas y naturales cuando representan obras dramáticas castizas y de por aquí, donde figuran gentes de nuestra burguesía y de nuestra clase baja, y no Duquesas y Marquesas y otras damas de mucho copete, que en el día aun en España mismo tienen más traza de extranjeras que de españolas.

Se alega también como prueba de la decadencia de nuestro teatro, que el público le favorece poco. Esta, á mi ver, es la razón más infundada de todas. En proporción á sus habitantes, bien se puede afirmar que Madrid tiene dobles ó triples teatros abiertos y concurridos que cualquiera de las más grandes capitales que hay en el mundo. Y eso que en Madrid apenas hay población flotante de extranjeros, la cual es numerosísima en París y acude mucho más á los teatros que los mismos franceses. Desde hace algún tiempo se diría que sobre España, llueven sin cesar las calamidades: terremotos, sequías, inundaciones, malas cosechas, filoxera que ha destruido nuestros vi-

ñedos, aislamiento comercial, que con pretexto
de proteger la industria destruye la agricultura, y por último, dos guerras costosísimas en
Cuba y en Filipinas. En cualquiera otro país
y en circunstancias tales poca gente tendría
humor ni dinero para ir á los teatros. Aquí los
teatros están llenos casi siempre. Y no sólo el
Español, sino también la Comedia, la Zarzuela, Lara y Apolo. Por la falta de afición del
público al teatro no se puede por lo tanto probar su decadencia. Si algo se gana con la literatura es escribiendo para el teatro. Y es tal
la afición que al teatro tienen los españoles,
que sólo hay protección y Mecenas para este
género literario, que es el que menos los necesita. Ahora mismo anda la Real Academia
Española, según he oído decir, dudosa é inde-
cisa para conceder un premio, que no sé si cada
año ó cada dos años, debe darse á la mejor obra
dramática que en dicho período se haya estrenado y representado. No recuerdo bien el nombre de la persona que dejó en su testamento
fondos suficientes destinados á este fin. Lo que
presumo es que la Academia ha de hallar, en
esta ocasión, algo comprometido el fallo. El
drama de Feliú y Codina, titulado *María del
Carmen*, es bonito é interesante, y agradó en
extremo; pero, la vulgar opinión da mayor valer é importancia al *Juan José* de Dicenta,
donde advierten bastantes personas respetables
y entre ellas algunos Obispos, censurables
tendencias anti-sociales y hasta un no sé qué

de inmoral y de irreligioso. Si esto es así, recelo que la Academia no ha de resolverse á dar el premio á *Juan José,* aunque le considere mejor que *María del Carmen,* lo cual también es discutible. La Academia es una corporación oficial, dependiente en cierto modo del Gohierno, existente en un Estado católico, por más que dicho Estado tolere ó admita cierta libertad de conciencia y de pensamiento.

En estos últimos días los autores dramáticos han estado poco afortunados, y si de la decadencia ó florecimiento de un género de literatura pudiera juzgarse por lo que ocurre en períodos cortísimos, bien se podría decir que nuestro teatro estaba decadente ahora. El mismo Feliú y Codina dió, pocos días ha, en el teatro Español, un drama titulado *La Real Moza,* con tan mal éxito que sólo se representó una vez, pues el autor le retiró en seguida de la escena. Después se estrenó en el mismo teatro otro nuevo drama, *La Calumnia por Castigo,* del fecundísimo dramaturgo D. José de Echegaray. *La Calumnia por Castigo* no ha tenido mejor éxito que *La Real Moza;* y por último el Sr. Dicenta dió en el teatro de la Comedia otro drama titulado *El Señor Feudal,* que agradó menos aún que *La Calumnia por Castigo* y que *La Real Moza.*

En el género chico, llamándole así para seguir la corriente, nada se ha estrenado en estos días que merezca singular mención.

En cambio no han escaseado los libros nue-

vos, y mi tarea sería larguísima si tuviese yo
que dar detenida cuenta de todos ellos. Me limitaré, pues, á citar algunos. *Pompas y Honores,* de autor anónimo, aunque yo me atrevo
á presumir que el autor es D. Salvador Rueda:
es un poema alegórico satírico versificado con
pasmosa facilidad y con cierta gracia, pero
donde la candidez embota en mi sentir la punta de la sátira y mella su filo. El poemita, no
obstante, se lee con gusto y nos mueve á formar excelente concepto, así de la moralidad
del autor, como de su imaginación viva y fecunda. Si D. Salvador Rueda es el autor de
Pompas y Honores, me parece que debe conso-
larse del poco éxito que sin duda ha tenido
este libro con el bueno que probablemente ha
de alcanzar otro libro que está preparando y
que verá pronto la luz pública. Será este libro
una colección de sonetos y contendrá más de
ciento. La extraordinaria nombradía y el alto
aplauso que el cubano Heredia, naturalizado
francés y escribiendo en aquel idioma, ha logrado con sus magistrales sonetos, que le han
conquistado un sillón en la Academia Francesa, han despertado la emulación de no pocos
poetas españoles, procurando todos ahora ser
sonetistas y dedicándose mucho á este género
de composición más que natural y espontáneo,
acicalado y artificioso. Quien hoy á mi ver
cultiva en España más dichosamente el soneto,
es un poeta de Osuna, llamado D. Francisco
Rodríguez Marín, famoso por sus trabajos crí-

ticos é históricos y por la gracia, maestría, desenfado y estilo castizo con que maneja en prosa y verso el habla castellana. Acaso al presente sea el Sr. Rodríguez Marín, establecido como abogado en Sevilla, el más ilustre representante de la gloriosa escuela sevillana. También otro poeta andaluz, D. Manuel Reina, natural de Puente Genil, en la provincia de Córdoba, escribe sonetos lindísimos. Bien es verdad que tanto él, como con mayor correoción y saber el vallisoletano D. Emilio Ferrari, descuellan entre los que pudiéramos llamar los parnasianos de España. Poetas líricos nunca nos faltan; y aunque Campoamor y Núñez de Arce escriben poco, tenemos hoy á D. Federico Balart, cuya fama de inspirado poeta, crece y se extiende más cada día.

Claro está que en la buena poesía lírica hay mucho de delicado y aristocrático que se opone á que el vulgo la comprenda bien y guste de ella, pero siempre hay un público selecto é ilustrado que puede estimar y saborear los exquisitos primores de este arte sublime y darle las merecidas alabanzas. Objeto de ellas ha sido todo el tiempo de su permanencia aquí como secretario de la Legación de Colombia, el Sr. D. Antonio Gómez Restrepo, cuya ausencia de Madrid sentimos todos los aficionados á las letras, por más que nos consuele que haya ido á ocupar en su tierra el importante puesto de subsecretario del Ministerio de Relaciones Exteriores. En su patria no será menos estimado, pero tampoco lo será más que aquí, ni más aplaudido como poeta egregio, complaciéndose en reconocerle y en proclamarle por tal los españoles, con nueva prueba de la fraternidad que á los americanos nos une y de nuestra tenaz persuasión de que la unidad literaria no se ha roto ni puede romperse entre nosotros, aunque se haya roto la política.

Pero contrayéndome de nuevo á los sonetos voy á contestar aquí (y va de contestaciones á consultas) á la que desde Santiago de Cuba me ha hecho un caballero llamado D. Juan Ducazcal acerca de los sonetos que ha compuesto y sigue componiendo otro cubano, amigo del *consultante*, que está de magistrado en la referida ciudad y cuyo nombre es D. Miguel Sánchez Pesquera. Jamás he tratado yo á este señor ni creo que le ví nunca, pero su nombre es en la Península bastante conocido. El señor Sánchez Pesquera ha estudiado leyes en esta Universidad y más tarde ha publicado en Madrid un tomo de poesías, muy estimables, según me dicen cuantos las han leído. No me incumbe hablar aquí de dichas poesías, sino sólo de los sonetos á los que la consulta se refiere y de los que el Sr. Ducazcal me envía ocho, como muestra y para que yo juzgue de su mérito. No es fácil este juicio y recelo equivocarme. Daré, sin embargo, mi opinión, la cual será sincera cuando no atinada.

Más que la influencia del francés cubano Heredia creo yo notar en los sonetos del señor

Pesquera, la del notable poeta y sonetista portugués Antero de Quental, aunque por fortuna, si el Sr. Pesquera sigue sus huellas en ser metafísico, en ser pesimista no se puede decir que las siga. Y más vale así porque Antero de Quental llevó á tal extremo su fe y su sinceridad en el pesimismo, que después de haber encerrado en elegantísimos sonetos la quinta esencia del budhismo esotérico y de la filosofía de Schopenhauer, acabó por darse la muerte sin más razón ni fundamento que su hastío y el odio á la vida.

Mucho distan los sonetos del Sr. Pesquera de ser lúgubres y desesperados. Metafísicos sí son á veces, y á lo que entiendo no carecen de originalidad ni de inspiración, y están correcta y elegantemente escritos, aunque tal vez hay en ellos rarezas que no siempre agradan á los que siguen las antiguas tradiciones literarias y repugnan las novedades.

Para muestra del talento del Sr. Pesquera y de su obra inédita pondré aquí dos sonetos de los ocho que tengo en mi poder.

Los sonetos dicen así:

LA CIGARRA

Amor del sol, mi origen es divino;
Embelesado Sócrates me oia;
Delicias era de la Grecia un día;
Me habló Virgilio en verso peregrino.
Cantar, amar, morir es mi destino.
Yo de la ciencia gaya en la porfía,
El premio soy que el trovador ansía.
Canto la siesta en odorante pino.

Soy la cigarra; en el *t*endido llano
Nací de Junio en el calor primero,
Alma del *t*rigo y su fecundo grano;
 Y enamorada de la luz espero,
La encendida mañana del verano,
Y can*t*o el sol y cuando can*t*o muero.

LA ESTRELLA DE LA TARDE

Ya es*t*ás allí, cual fúlgido diaman*t*e
En la fren*t*e del cielo, anunciadora
Del descanso y la paz que el alma implora
Y del amor heraldo vigilan*t*e.
 Ya es*t*ás allí, fan*t*ástica y brillan*t*e,
Como en piélago azul dorada prora,
Y la razón que *t*u destino ignora,
Torna hacia tí su esfuerzo vacilan*t*e.
 Virgen, empero, *t*ú de humana duda
Y exen*t*a de terrígenos *t*emores
Vas del espacio en la encan*t*ada vía,
 Y de la noche profe*t*isa muda
Alumbras con tus pálidos fulgores
El sonreír del moribundo día.

Poesía lírica, así en España como en toda la América hispano-parlante sigue escribiéndose con profusión. Yo sin embargo, no lo lamento. Para que se escriba algo bueno es menester que se escriba mucho malo, y lo que es peor que malo, mucho insignificante.

Como quiera que sea, los amantes de la poesía lírica no tienen razón para quejarse en España y en nuestro siglo. Aún en el día de hoy podemos jactarnos de poseer excelentes poetas líricos, vivos y en actividad. Harto sé yo que puedo equivocarme, que mi criterio, como el criterio de cualquiera otra persona, no es infalible, sobre todo cuando se aplica á los contemporáneos, y que á la posterioridad toca confirmar mi fallo ó votar en contra; pero yo quiero ó debo tener fe en mi propio juicio. Bien puede ser que la posterioridad venga á oponerse al juicio de otros y no al mío. Desde luego lo probable es que ya no se oponga á la estimación favorable en que casi por unanimidad tenemos ahora á los ya mencionados Campoamor y Núñez de Arce; pero, á mi ver, se opondrá á la severidad de *Clarín* y será muchísimo más benigna. No tenemos sólo, según *Clarín* asegura, dos poetas y medio, que son los antedichos como enteros, y Manuel del Palacio como medio. Menos descontadizo yo, tengo por cierto que José Velarde, que murió no hace mucho, era elegantísimo poeta de viva imaginación, de tierno y delicado sentimiento y de expresión dichosa y fácil sobre todo en la poesía descriptiva. Creo también que Wenceslao Querol, que no hace mucho vivía aún, fué uno de los mejores poetas líricos que ha habido en España, en este siglo y en los pasados, así por la profundidad con que pensaba y sentía, como por la limpieza, nitidez y magistral fuerza de expresión para encerrar en sus hermosos versos, como en rica joya de oro, sus ideas y sus emociones. Vivos aún y escribiendo versos siguen Grilo y otros varios. Aunque las comparaciones sean odiosas, yo creo que descuellau entre todos Emilio Ferrari, Manuel Reina, y acaso más que ellos ó contando al menos con mayor favor del público, el ilustre Federico Balart.

De éste acaba de salir á luz un nuevo tomo de poesías titulado *Horizontes*.

El nuevo tomo no me parece por ningún estilo inferior al que, hace algunos años, publicó el mismo autor con el título de *Dolores*. Y si por un lado tiene menos pasión determinada, por no estar consagrado, como *Dolores*, á lamentar la muerte de una persona querida, por otro lado no se nota en él la monotonía que en *Dolores* se nota, y brilla en él más la variedad de tonos y de asuntos. Así en el nuevo libro, como en el antiguo, es de admirar el Sr. Balart por su corrección y elegancia, por la riqueza de su idioma poético en giros, frases y voces y por el primor, concisión y energía con que sabe hacer y hace versos sonoros y sin ripios. El cultivado espíritu del autor luce naturalmente, con sobriedad y sin rebuscamiento, el gran saber que posee; se muestra agitado y preocupado por los más tenebrosos problemas religiosos, metafísicos y sociales que agitan en nuestros días el alma humana; y atina á hablar de ellos, no con la didáctica sequedad del profesor ó del prosista, sino revistiéndolos de imágenes brillantes y envolviéndolos en hermosos símbolos y animadas alegorías, que arrebatan la imaginación del lector sin enturbiar ni confundir lo que es y debe ser claro, aunque sí prestando hasta á lo más metafísico y abstracto el fuego de la pasión y la conmovedora energía de lo que está tan hondamente sentido como bien expresado. Las dudas que atosigan la mente, la fe y la esperanza en lo sobrenatural, el ansia enamorada de lo infinito y eterno, todo esto gracias á la dichosa valentía de la expresión, tiene poderoso interés en el libro del Sr. Balart y no dudo yo que ha de penetrar en el espíritu y en el corazón de todo lector de buen gusto, aunque por distracción ó por su vida activa y mundana haya pensado poco en el origen y en el fin de las cosas, en lo absoluto y eterno y en Dios mismo. En suma, para los que sienten bien y son accesibles á las evocaciones y conjuros de la poesía, el libro del Sr. Balart es un libro devoto, despertador de las conciencias religiosas que estén algo dormidas. Dejo de citar aquí trozos de este libro porque me parece bien casi todo él y es difícil la elección. Me limito, pues, á recomendar su adquisición y su lectura.

En estos últimos días han llegado á mis manos algunos importantes libros de América. En la imposibilidad de citarlos todos me limitaré á citar algunos de los más importantes ó curiosos.

Don Victoriano Agüeros, director de un periódico muy acreditado y escritor él mismo de no corto mérito, como lo demuestran sus biografías de muchos de sus más notables compatriotas, se ha hecho editor y ha acometido una empresa en extremo meritoria y que debiera darle provecho si en los países de lengua es-

pañola hubiese mayor afición á la lectura. En
perfecta imitación de la *Colección de autores
castellanos*, que publica en Madrid D. Mariano
Catalina, ha empezado el Sr. Agüeros á publicar en Méjico una *Colección de autores mejica-
nos*. Hasta ahora sólo cuatro tomos han llegado
á mi poder. Contienen tres de ellos varias obras
de don J. García Icazbalceta, tan estimables
por su copiosa erudición, por su imparcial y
atinada crítica histórica y por la elegancia y
amenidad de su estilo. Dan mayor interés y
realce á estas obras los asuntos importantísimos ó curiosos de que tratan, como por ejemplo, la vida de Fray Pedro de Gante, glorioso
apóstol, civilizador y defensor de los indios.
El otro tomo de los cuatro contiene, precedidos
de la biografía de D. José Peón y Contreras,
sus dramas titulados: *La hija del Rey*, *Vivo ó
muerto*, *Gil González de Avila*, *Luchas de honra y de amor* y *Por el joyel del sombrero*. Se
anuncian también como próximas á publicarse
las demás obras de los Sres. Icazbalceta y Peón
y Contreras y las de casi todos los autores me-
jicanos antiguos y modernos, de mérito y
nombradía, como por ejemplo las de Alarcón,
Gorostiza, Sor Juana Inés de la Cruz, Montes
de Oca, Pesado, Roa Barcena, etc., etc.

A pesar de la guerra civil que arde en Cuba,
aquella tierra no se vuelve estéril para la literatura. La cosecha de frutos del entendimiento es más fácil de recoger que la zafra. Brillante prueba de esto nos da el libro recientemente

publicado, que lleva por título *Hojas de Otoño*, y cuyo autor es D. A. Corzo, acreditado jurisconsulto y castizo, elegante é ingenioso eseritor sin duda alguna. Como el Sr. Montoro afirma en el prólogo que encabeza el libro, consta éste de una larga serie de artículos, unos de crítica literaria, y la mejor y mayor parte de costumbres. Dice el Sr. Montoro que Corzo se parece á Larra. No sé si debo coincidir con esta opinión ó contradecirla. Toda comparación es odiosa, y no me atreveré yo, por lo tanto, á decidir cual de los dos autores, Larra ó Corzo, se lleva la palma en lo tocante á originalidad, observación aguda y honda, chiste y gracejo. Básteme con reconocer dos cosas en que Larra lleva mucha ventaja á Corzo. Es una la de haber nacido mucho antes. Y es otra el más ancho campo de observación por donde se extienden sus miradas y el más marcado sello distintivo de la época interesante en que los artículos de Larra se escribieron, haciendo de ellos un importante conjunto de documentos históricos. En cambio me inclino á pensar que el Sr. Corzo es hombre de más estudios, saber y reflexión que Larra y que también por el lenguaje y por el estilo es más correcto, castizo y atildado, sin dejar de ser natural y espontáneo. En lo que ambos autores se parecen mucho es en la misantropía, ó mejor diré, en el pesimismo. El pesimismo que se mostraba tanto en tiempo de Larra en las obras de entretenimiento, prestando cierto ca-

rácter á la escuela romántica, ha venido hoy á
fundarse sobre bases más sólidas, apoyándose
en novísimas filosofías como la de Schopenhauer y en el budhismo importado y divulgado recientemente en Europa. Ya sea por esto
ó ya sea por lo que sea, á mí me parece Corzo
más pesimista que Larra, en teoría al menos,
pues en la práctica más pesimista fué Larra
que se suicidó. Aunque no conozco al señor
Corzo deseo que no se desespere demasiado,
que se resigne á vivir, que su vida sea muy
dichosa y que consagre parte de ella á seguir
escribiendo tan gallardamente como lo que ha
escrito hasta aquí y que conocemos. Sus quejas
lastimosas sobre las amarguras de la vida, sobre la estupidez, el egoísmo y el miedo que nos
excitan á conservarla y sobre lo bueno y conveniente que es morirse, no me convencen demasiado, si bien me recrean y me infunden
cierta dulce melancolía, como la que siento,
por ejemplo, cuando leo á Leopardi. Como este
pobre y altísimo poeta era jorobado y cacoqui-
mio, no se ha de extrañar que estuviese siempre de tan perverso humor; pero yo sospecho,
no sé porqué, que el Sr. Corzo ha de estar bueno y muy sano, de suerte que su pesimismo no
me inspira la menor compasión, porque ha de
ser como el de Schopenhauer, tan meramente
especulativo que dejó vivir, comer, dormir y
divertirse alegremente al mencionado filósofo
hasta la edad de sesenta y dos años, en que
pasó á mejor vida, sin malograrse, ó más bien

en que obtuvo la deseada aniquilación ó el *nirvana*.

A pesar de lo expuesto, he de confesar que á veces me enoja el pesimismo muy tétrico y exagerado. Prefiero el pesimismo alegre, que busca consuelo y hasta remedio en la risa, no desapiadada como alguien supone, sino rica de piedad, de conformidad y de bálsamo, según se nota (yo al menos lo noto) en el *Cándido* de Voltaire. Francamente, la defensa que hace el Sr. Corzo de la perversa costumbre que hay en Puerto-Rico y no pocos otros países, de celebrar con regocijada fiesta que llaman *velorio,* la muerte de cualquier niño, me repugna sobre manera; y entiendo que, para ser lógico y no quedarse en el camino, debiéramos ir más allá y aplaudir, además de la fiesta, á todo el que proporcione ocasión de celebrarla, matando muchachos no bien estén bautizados y enviando angelitos al cielo. Considerado Herodes desde este punto de vista, fué el más filántropo y bienhechor de todos los seres humanos.

Como esta carta va siendo demasiado extensa, no trato aquí de varios libros españoles recientemente publicados y los dejo para otro día. Por hoy diré sólo algunas palabras acerca de la colección de obras de entretenimiento que publica el Sr. D. Juan Gili, editor de Barcelona, aunque ya recomendé los dos primeros tomos de esta colección, á saber: *Oro oculto* de Villaescusa, y *Bagatelas* de Vital Aza. La colección sigue adelante, mereciendo alabanzas

por lo bonito y correcto de la edición y por las
estampas y viñetas que la adornan. Contiene
el tercer tomo una novelita titulada *Agata* de
don Alfonso Pérez Nieva. Y contiene el tomo
cuarto varios cuentos de D. Nilo María Fabra,
dignos de elogio por la fecundidad y viveza de
imaginación con que se vale el autor de los
descubrimientos que se hacen hoy por medio
de las ciencias naturales, no para imitar á
Julio Verne, sino para forjar maravillosas fábulas, que tienen mucho de alegoría y de
símbolo y donde con amenidad y buen gusto propende el autor á sostener tesis, á dar lecciones de moral, sociología y política. El candor que se nota en el estilo de los cuentos del
Sr. Fabra les presta cierto hechizo, en vez de
perjudicarlos. A mi ver, el mejor cuento de los
contenidos en el libro á que me refiero, es el
que se titula *Teitán el Soberbio.*

Ahora tengo que dilatarme más de lo que
pensaba para dar noticia de una gran novedad
y solemnidad literaria, ocurrida el día 7 del
corriente mes. Me refiero á la recepción del
aplaudido novelista D. Benito Pérez Galdós
en la Real Academia Española. Estas fiestas
son ahora más brillantes que en lo antiguo,
aunque sólo sea por que en lo antiguo era pequeña y pobre la casa de la Academia, mientras que en el día, en parte con sus fondos propios y auxiliada en parte por el Estado, la
Academia ha podido construirse un elegante
palacio, cuya escalera es hermosísima y cuyo

salón de juntas públicas es espléndido, no menos hermoso, y capaz de contener con hol- gura muchos centenares de personas.

El día 7 estaba este salón completamente lleno, lucido y animado gracias al selecto concurso atraído allí por la fama del autor de *Gloria*, de *Doña Perfecta* y de los *Episodios Nacionales*. ·Bajo el dosel, donde se ve el retrato del fundador Felipe V, y donde están el sillón, y la mesa presidenciales, se mostraban presidiendo de uniforme el Director, General Conde de Cheste, firme y brioso aún á pesar de sus 87 años. El secretario perpetuo D. Manuel Tamayo y Baus se veía sentado á la derecha del Conde, y á la izquierda el censor D. Gaspar Núñez de Arce. Los demás académicos de la Española, así como muchos académicos de otras Academias, ocupaban el estrado, que se eleva sobre el nivel en que está el público como la escena de un teatro.

El Sr. Pérez Galdós, que es tímido en los actos públicos, leyó su discurso con voz muy apagada, pero fué muy aplaudido por la alta fama de que goza y por las simpatías que inspira. Lástima fué con todo que su discurso se oyera mal, pues, aunque breve, está lleno de atinadas observaciones, de pensamientos ingeniosos y de frases felices. Trata del público, no como entidad que recibe, acepta y aplaude la obra del novelista, sino como fuente de inspiración y como colaborador de esta misma obra, ya que el novelista, además de retratarle, se inspira en sus sentimientos y en sus ideas, procura formular y expresar con claridad y precisión lo que él imagina, discurre, sueña y anhela tal vez de un modo confuso. Así se establece entre el público y el autor á modo.de una corriente eléctrica, y el autor devuelve al público con dirección atinada y con determinada forma lo que tomó de él confuso y sin orden.

La contestación del Sr. Menéndez y Pelayo, leída por el autor con mucha expresión y habilidad y con voz clara y sonora, mereció y obtuvo nutridísimos aplausos, que venían á intercalarse con frecuencia entre los elocuentes párrafos del discurso. Fué este un discreto, aunque entusiasta panegírico del Sr. Pérez Galdós, cuya abundante producción literaria, que consta ya de cincuenta ó sesenta volúmenes, examinó el Sr. Menéndez y calificó y juzgó con profunda crítica, haciendo resaltar no pocos primores y bellezas y no disimulando algunas faltas. En mi sentir, del juicio del señor Menéndez y del fallo dictado por él sale muy lucidamente el Sr. Pérez Galdós y aparece como novelista del primer orden, digno de ser comparado con Balzac en Francia y con Dikens en Inglaterra, así por el esfuerzo creador con que présta movimiento, vida y carácter á sus personajes, como por la observación fiel y por la exactitud con que nos pinta el ser y el vivir de nuestra clase media, y como por la extraordinaria abundancia de la obra, grandí-

sima ya, aunque el Sr. Pérez Galdós se halla
en lo mejor de su vida y es de presumir que
pueda escribir en adelante otro tanto de lo que
ya ha escrito.

Para dar con fundamento todas estas alabanzas al Sr. Pérez Galdós, el Sr. Menéndez
habló de la novela en general, manifestando
con profundidad y tino su importancia y su
valer, y trazó además á grandes, elocuentes y
felices rasgos y con mano firme y segura la
historia de la novela en España. Claro está
que el Sr. Menéndez hubo de ser muy sobrio
en esto. Citó las diversas direcciones que la
novela ha tomado hasta que el Sr. Pérez Galdós empezó á cultivarla, pero se abstuvo de citar nombres propios. Nombró sólo á algunos
de los principales novelistas que han impreso
á nuestras novelas un nuevo carácter, y sin
nombrarlos aludió á otros novelistas, como
por ejemplo, á Montengon, autor del *Eusebio*,
y al Padre Isla, autor del *Fray Gerundio* en el
siglo XVIII, y aludió en conjunto, sin nombrar
á casi ninguno, á los que imitaron en España
á Walter Scott, escribiendo novelas históricas:
con éstos, á mi ver, estuvo sobrado severo,
porque sin duda merecen superior alabanza Vi-
llalta por el *Golpe en vago*, Enrique Gil por
El señor de Bembibre y el mismo paisano del
Sr. Menéndez, ó sea el montañés D. Telesforo
de Trueba y Cosío. Por lo demás, nadie puede
quejarse de no haber sido citado, ya que el
propósito, orden y economía del discurso re-

pugnaban las citas. Ni de D. Serafín Estébanez Calderón, autor de *Cristianos y moriscos*, ni de Martínez de la Rosa, autor de *Doña Isabel de Solís*, ni de Cánovas del Castillo, autor de *La Campana de Huesca*, dijo Menéndez palabra. Habló sí de dos fecundos novelistas, anteriores á Pérez Galdós y que dan nuevas direcciones á la novela española. Fué uno de ellos D. Manuel Fernández y González, con quien me atrevo á decir que el Sr. Menéndez estuvo muy duro y fué muy avaro de elogios; y fué el otro Fernán Caballero, á quien tal vez prodigó sobradamente los elogios que á Fernández y González había escatimado. Con el vascongado Antonio Trueba, á quien también aludió, me parece que estuvo justo. No acierto á decidir si la señora doña Gertrudis Gómez de Avellaneda y algunos novelistas, nacidos en la América hispano-parlante, como Mármol, por ejemplo, pudieran quejarse de que el Sr. Menéndez no los recordara. Llegado ya al último período de la historia de nuestra novela, iniciado por el Sr. Pérez Galdós, el Sr. Menéndez sólo tenía necesidad de citar á Pereda, á Alarcón y á mí, á fin de demostrar que Pérez Galdós, con *La fontana de oro* y con *El Audaz*, nos ha precedido á todos en el movimiento. Por lo demás no era de la incumbencia del Sr. Menéndez el hablar de nadie, sino de Pérez Galdós, objeto de su discurso.

Digo estas cosas á fin de justificar al señor Menéndez de la acusación que se le dirige de no haber citado nombres y de no haber tenido para ellos algunas alabanzas entre las muchas que al Sr. Pérez Galdós concede. Yo entiendo que no hay motivo para la acusación, ni mucho menos para la queja. Hubiera sido impertinente y hubiera quitado sobriedad y harmonía á su discurso si el señor Menéndez hubiera hablado de los que cultivan con éxito la novela desde que el Sr. Pérez Galdós la cultiva. En todo caso, no sería sólo doña Emilia Pardo Bazán la que pudiera quejarse, sino también los señores D. Armando Palacio Valdés, don Jacinto Octavio Picón, D. Leopoldo Alas, don José de Navarrete, y no pocos otros que eseriben ó han escrito novelas en el día de hoy, mereciendo por ellas justísimos aplausos.

En suma, el discurso del Sr. Menéndez fué bellísimo y atinadísimo y nada le faltó ni le sobró para ser considerado como un razonable y hermoso panegírico del ilustre novelista y nuevo académico, gloria de Canarias.

Para pasado mañana, domingo 21, se prepara en la misma Real Academia Española otra no menos grande solemnidad: la recepción del Sr. Pereda, á cuyo discurso está encargado de contestar el Sr. Pérez Galdós. De suponer es que esta fiesta académica ha de ser no menos brillante que la del día 7 de que acabamos de dar cuenta.

VI

Madrid 22 de Marzo de 1897

Según anuncié á V. en mi última carta, la solemne recepción del Sr. D. José María de Pereda en la Real Academia Española tuvo lugar el día 21 de Febrero. La función no pudo ser más lucida de lo que fué. En ella hubo mayor concurrencia que en la del Sr. Pérez Galdós, mostrándose así la gran popularidad de que gozan y la simpatía general que han logrado inspirar uno y otro novelista. El Sr. Pérez Galdós, contestó al Sr. Pereda. Bien pensados y escritos ambos discursos, fueron leídos con la debida entonación por los autores, logrando ambos frecuentes y nutridos aplausos.

Algo quiero y debo decir yo de los discursos mencionados. Para ello empezaré por hacer una distinción. Yo puedo muy bien hallar enteramente contrario á lo que tengo por verdad todo aquello que en cualquier escrito se afirme, y sin embargo aplaudir, celebrar y hasta admirar el ingenio, la agudeza, y las elocuentes expresiones con que en dicho escrito se sostienen los que en mi sentir son errores ó paradojas. En este caso me encuentro con el discurso del Sr. Pereda, donde, después de hacer en muy sentidas frases digno elogio de su antecesor D. José de Castro y Serrano, el Sr. Pereda hace de la novela regional la más brillante apología.

Confieso mi ignorancia: la tal clasificación me cogió de nuevas. Yo no sabía que hubiese un género de novelas, llamadas regionales, opuesto á otro género de novelas, llamadas tal vez, porque esto no resulta bien claro, *nacionales ó cosmopolitas*. Yo he creído siempre que la novela es representación y pintura de actos y pasiones de la vida humana, los cuales actos y pasiones pasan por fuerza en alguna región cuando los personajes no viajan ó en varias regiones cuando los personajes son trashumantes. Apenas hay novela antigua española y castiza que sea regional, si para serlo han de quedarse los personajes y ha de encerrarse toda la acción en una región determinada, más ó menos extensa. Asi el *Quijote* no es novela regional, ya que la acción va pasando desde Sierra Morena hasta Barcelona y en algunos de sus más interesantes episodios se extiende hasta Argel y hasta Italia.

No es esto afirmar que no pueda ser interesante, amena y castiza, una novela, cuyos personajes vivan en el campo ó en una aldea y no salgan jamás de la pequeña comarca en donde nacieron. Lo único que yo aseguro es que para ser muy castizo y muy español no es menester concretarse á pintar los usos y costumbres de ciertos montes, playas y pequeñas poblaciones y de las personas que allí viven de asiento.

Acaso sea más fácil prestar color original y propio á esta clase de novelas que el Sr. Pereda llama regionales, porque en lo exterior y somero pueden verse más claras las distintivas cualidades de la gente que se describe: pero lo que es en el fondo, y si se profundiza un poquito, esas cualidades distintivas lo mismo existen y permanecen en las personas que viven en Madrid que en las que se quedan en su lugar sin salir de allí nunca. Pues sería curioso que por venir á Madrid el santanderino, el cordobés, el malagueño ó el sevillano, perdiese las cualidades de tal, se destiñese y hasta llegase á perder su españolismo.

Claro está que en la sociedad elegante, que entre la gente rica, que en todo linaje de aristocracia, hay en el día de hoy cierto modo exterior uniforme en el vestir, en algunos usos, en los muebles y alhajas de las casas, etc., etc. Pero ¿cuándo no ha sucedido lo mismo? ¿Se diferenciaría más un caballero español del siglo xv de otro caballero borgoñón ó italiano que lo que se diferencian en el día? Porque ahora la gente rica coma á la francesa ó tenga caballos ingleses ¿perderá la nacionalidad y el sello de casta? Lo más que probará lo dicho es que en Francia se guisa ahora mejor y que en Inglaterra se crían mejores caballos. No bien en España prospere la cría caballar y se eduquen excelentes é ingeniosos cocineros, ya

verá el Sr. Pereda cómo por esos mundos de
Dios monta la gente de buen gusto y guisa y
come á la española. Tales perfiles y otros que
cita el Sr. Pereda nada quitan ni ponen á lo
esencialmente castizo. Yo entiendo además que
es infundado y vanísimo temor el de los que
imaginan que por virtud de la facilidad de comunicaciones, ferrocarriles, telégrafos y telé-
fonos, se va á uniformar el género humano
hasta el extremo de caer en la más fastidiosa
monotonía, y que, en busca de la originalidad
primitiva, tendremos que refugiarnos en las
Batuecas. La experiencia hasta ahora prueba
lo contrario. Las diversas razas, lenguas y tri-
bus, cuando tienen valer y consistencia se afirman más, al tratarse unas á otras, en el propio
ser que tienen y se empeñan con ahinco en conservar su lenguaje, su historia, su literatura y
cuanto hay de radical en la civilización propia,
la cual, si nunca la tuvieron, la inventan, y si
la tuvieron, se complacen en exagerarla y en
hacerla aparecer mil veces más peculiar, importante y diversa de las otras, de lo que fué
nunca. Trescientos años hace que domina España en Filipinas, y los tagalos lejos de espa-
ñolizarse, son más tagalos que en lo antiguo y
hasta han inventado una civilización tagala
prehispánica, de la que dudo mucho. En vez
de identificarse los hombres en el día, propenden acaso más que en otras edades, á diferen-
ciarse y á distinguirse. En la América que fué
española, no parece en ocasiones que son sus

principales habitantes de ahora descendientes
de un tal Pérez, García, Benítez ó Gutiérrez,
sino descendientes de las primitivas razas indígenas, á quienes suele prestarse mayor cultura de la que tuvieron. En nuestra misma Península resurgen los antiguos idiomas regionales y vuelve á escribirse en catalán, en valen-
ciano y en gallego. En Bélgica renacen y luchan
contra la lengua francesa el walon y el flamenco. En Finlandia se exhuman las olvidadas epo-
peyas, las antigüedades religiosas y políticas
y todo lo que formaba el ser castizo de aquella
nación que ni los suecos pudieron antes ni
pueden ahora los rusos amalgamarse. Y en el
imperio de Austria, que es el más notable
ejemplo de esto que afirmamos, persiste bajo
el mismo cetro, el alemán, el tcheco, el croata,
el servio, el polaco, el ruteno, el esloveno, el
eslovaco, el húngaro, el rumano y el italiano,
hablando cada cual su idioma, reivindicando
su nacionalidad y resucitando, conservando,
aumentando ó creando su singular literatura,
ó sea escribiendo cada cual en su lengua nati-
va, novelas, comedias, historias, periódicos,
etcétera, etc. Vea pues el Sr. Pereda cómo el
mundo dista mucho de propender á la unifor-
midad, sino que lleva trazas de conservar las
diferencias que existen y aun de marcarlas más
y extremarlas. Independientemente de las an-
tedichas observaciones, yo no condeno sino
aplaudo el regionalismo, dentro de ciertos límites. Aplaudo también lo que llama el señor

Pereda novela original. Mi discrepancia está
en que no creo indispensable, para que un novelista sea castizo, que se limite á escribir dicha novela, ni menos creo que el sello original
de raza haya ido á refugiarse lejos de las
grandes ciudades, en lugares esquivos y agrestes, ni que estemos amenazados de la unifor-
midad desteñida que el Sr. Pereda presiente y
deplora.

Otra afirmación, cuando no terminante y
clara, está como implícita en el discurso del señor Pereda ó puede de él fácilmente inferirse:
es á saber, que en las grandes ciudades hay
mayor corrupción, cunden la inmoralidad y el
descreimiento y fermentan los vicios, mientras
que la fe permanece inalterable y las virtudes
todas florecen y dan abundante fruto en los lugares agrestes y apartados. Yo sigo en este
punto la contraria opinión, lo cual no impide
que me parezca ingenioso y divertido el sostener que la ignorancia y la rudeza sean como un
valladar con que la inocencia, la pureza de costumbres y el fervor religioso se conservan libres de todo mal contagio. Cada cual entiende
las cosas á su manera, y lo que es yo las entiendo al revés de como el Sr. Pereda las entiende.
En mi sentir en el mal no cabe progreso y cabe
progreso en el bien. No fué necesario mucho
progreso para que los hombres aprendiesen á
engañarse, á esclavizarse, á matarse y hasta á
comerse unos á otros. Esto se sabía ya en los
tiempos primitivos. Y el hurto, el adulterio,

el incesto y la sodomía son contemporáneos y
se dan en abundancia en las edades patriarcales. El linaje humano, si estudiamos la historia sin ningún parcial prejuicio, es hoy menos
vicioso que en los pasados siglos. De algo habrán servido para mejorarnos las sucesivas revelaciones religiosas, los estudios y esfuerzos
de los sabios y el ejemplo de las personas eminentes por su santidad, de todo lo cual se sabe
tanto ó más en las ciudades que en las aldeas,
por donde es justo presumir que las gentes no
son en las aldeas más virtuosas que en las ciudades. Dado que deba presumirse ó inferirse
algo de todo lo expuesto, lo más razonable sería presumir é inferir que los mejores modelos
de virtud, que la mayor delicadeza de sentimiento y que el más elevado concepto de lo
divino, de lo moral y de lo religioso se halla
más fácilmente en las grandes y cultas poblaciones que en

> La aspereza de las selvas
> y el horror de las montañas.

Harto sé yo que, en uno de sus lindos diálogos, lleno de primorosos tiquis miques, Calderón ha dicho

> A ciencias de voluntad
> les hace el estudio agravio,
> pues Amor para ser sabio
> no va á la universidad.

La redondilla es graciosa, pero sólo es verdadera en muy limitado sentido. En sentido más

alto, así el amor, como toda noble aspiración, pasión y creencia del alma humana, se purifica, hermosea y sublima con el estudio y la cultura. No negaré yo que un ser de naturaleza privilegiada pueda como por milagro amar como Macías, como Romeo y Julieta, como Marsilla é Isabel de Segura ó como la gentil doña Clara y el caballerito disfrazado de mozo de mulas en un bellísimo episodio del Quijote, pero más propio y natural es que tan bellos personajes sean producto de un estado social refinadísimo y de la urbana cultura, que no el que nazcan entre las breñas y jarales de los sitios montaraces y esquivos.

Lo que es evidente, y de ello procede el encanto del idilio, es que en los hombres y mujeres rústicos resplandecen más todas las virtudes ora las tengan ellos, ora generosamente se las atribuya un autor, porque se contraponen á la circunstante rustiqueza, porque tienen algo de milagroso, y porque no pudiendo considerarse como aprendidas ó como criadas por la educación con exquisito esmero, aparecen como divinamente inspiradas y espontáneas.

Dejo de seguir hablando del discurso del señor Pereda, porque son tantas las observaciones y reparos que en contra se me ocurren, que harían interminable esta carta si me empeñase en exponerlos todos.

El Sr. Pérez Galdós contestó al Sr. Pereda con otro discurso muy discreto y elegante, dándole cuantas merecidas alabanzas pueden y

deben dársele. Y fué la más ingeniosa á par
que la más verdadera de todas la de atribuir
al Sr. Pereda un marcado y útil papel en el
florecimiento de la actual literatura novelesca
española: el papel de representar, conservar y
glorificar lo que hay en él de más castizo y ne-
tamente español contra las invasiones de modas, de gustos y de direcciones, que vienen de
tierras extrañas.

Entre los libros que recientemente han salido á luz el que más ha llamado mi atención es
el titulado *El vapor y su siglo*. Su autor D. Pío
Gullón, notable hombre político del partido fusionista, muy conocido y celebrado como diestro, elegante y discretísimo orador, era como
escritor mucho menos conocido. El Sr. Gullón
ha sido ministro de la corona ó ha ocupado
otros no menos importantes puestos cuando su
partido ha estado en el poder. En España se
lee poco, y por ser poca la honra y poco el provecho que escribiendo se ganan, los hombres de
Estado, á no ser movidos por un invencible
amor á las letras, rara vez se allanan á escribir
descuidando las que son en la prática más importantes ocupaciones.

Raros son en nuestro país los personajes que
se elevan á grande altura como políticos y continúan siendo literatos. Los hay aunque no
menos raros, que abandonan la política casi
por completo. y se consagran á la literatura.
Don José de Echegaray es el más ilustre ejemplo de esta clase, ya que D. Emilio Castelar,

que en el día no sigue ni dirige partido alguno y apenas perora, escribe mucho y persiste en ser político por excelencia, influyendo desde fuera en la gobernación del Estado con las censuras ó los elogios que según él merecen los gobiernos que van sucediéndose.

Es pues un acontecimiento nada común la aparición de un libro que nada tiene de político escrito por un hombre político.

El libro de D. Pío Gullón lleva sin duda el propósito, útil y plausible, de divulgar cierto linaje de conocimientos, procurando hacer grata su adquisición por la amenidad del estilo. En Francia se escriben y se publican muchos libros de esta clase; en España muy pocos.

El Vapor y su siglo está en cartas dirigidas á una señorita, como las *Cartas á Emilia sobre la Mitología* por Demoustier, ó como las *Cartas á Sofía sobre la física, la química y la historia natural* por Aimé-Martin. Algo anacrónico podrán juzgar acaso los críticos descontentadizos esto de dirigirse en el día á las señoras y señoritas para adoctrinarlas. En el día las señoras y señoritas ó no se instruyen ó gustan de instruirse fundamentalmente y no por medio de compendios ó epítomes en estilo sencillo, ligero é inocentemente galante. Esto implica cierta superioridad bondadosa del sexo fuerte sobre el sexo bello, que las mujeres no aceptan ya, reconociéndose iguales á los hombres y tan idóneas como ellos para los estudios científicos. Como quiera que sea, el Sr. Gullón tiene una sobrina á quien dirige sus lecciones y que las acepta con gusto. No faltarán tampoco otras mujeres que también las acepten, y habrá además muchísimos hombres que se contentén con lo que el Sr. Gullón enseña y no quieran meterse en mayores honduras. El libro, pues, es útil. Y bien puede afirmarse asimismo que es de grata y fácil lectura. Con claridad y concisión traza la historia de la aplicación del vapor á las máquinas como fuerza motriz y principalmente como medio de trasladar por mar y tierra personas y mercancías de un lugar á otro. Y trata por último de los cambios y mejoras que estos inventos han producido en el bienestar y progreso de las sociedades humanas.

El siglo que pronto va á terminar, y en el que dichos cambios y mejoras se han realizado, merece sin duda llamarse el siglo del vapor.

A pesar del entusiasmo que al Sr. Gullón impira su asunto, debemos convenir en que es sobrio y justo en las alabanzas y en que no las exagera. Mucho ha influído el vapor en el trabajo de las fábricas y mucho en la navegación y en las vías férreas facilitando las comunicaciones y activando el comercio material é intelectual entre los seres humanos: pero, hay sin duda otros elementos que caracterizan tal vez á nuestro siglo tanto como el vapor. Sin embargo, todos ellos juntos no llegan, á mi ver, á poner en nuestro siglo una nueva era, como, por ejemplo á fines del siglo xv y principios del xvi la determinan abriendo gloriosamente la puerta de la edad moderna, la imprenta, el renacimiento de la cultura greco-romana, las letras, las artes, las ciencias y la filosofía que, al querer imitar dicha cultura, aparecen con originalidad inaudita, y por último las navegaciones y viajes de portugueses y españoles que completan experimentalmente el concepto del globo en que vivimos y excitan y alientan nuestra curiosidad para conocer el universo todo y descubrir las leyes de los movimientos y armonías de los astros que pueblan el éter.

Como quiera que sea, nuestro siglo ha sido activo y fecundo y se señala entre todos no sólo por el vapor, sino también por otros muchos descubrimientos de las leyes y de las cosas naturales; por la agitación política y social que se nota en los diversos Estados y pueblos desde que estalló la gran revolución francesa hasta el día de hoy; y por varias ciencias que se han inventado ó perfeccionado, haciendo más intensa y difusa la claridad con que vemos y conocemos en lo presente los objetos todos, y con que penetramos y ahondamos con la mirada en un pasado remotísimo, gracias á la geología, á la paleontología, á la prehistoria y á la filología comparada, por cuyo medio se han exhumado del olvido en que ya parecían yacer para siempre grandes imperios, razas decaídas ó extinguidas y primitivas y originales civilizaciones.

El vapor, pues, no es en mi sentir el factor principal sino uno de los muchos factores que concurren á formar la grandeza y el singular carácter del siglo presente.

El libro del Sr. Gullón, no obstante, pinta bien uno de los aspectos de la grandeza de nuestro siglo y por este lado merece todo elogio y se lee con gusto. Tal vez produzca en alguien el efecto de una oración fúnebre encomiástica del vapor, cuyo imperio amenaza ruina, siendo la electricidad la que en el siglo xx, que va á empezar pronto, le venza y le reemplace con extraordinaria ventaja, de lo que ya dan señales el telégrafo, el teléfono, el fonógrafo y otras peregrinas y pasmosas invenciones.

Como yo considero literatura española todo cuanto se escribe en nuestra lengua, aunque el autor no sea súbdito de esta monarquía, sino ciudadano de cualquiera de las repúblicas que fueron nuestras colonias, seguiré dando noticia de los libros hispano-americanos que lleguen á mi poder y juzgándolos con imparcialidad cuando no con el reposo y con el tino convenientes.

Poesía lírica ó lírico-narrativa es lo que más se escribe, y sobre esto hay una contradicción radical en mi espíritu que no puede menos de influir en mi crítica.

En prosa comprendo yo que, con mayor ó menor elegancia y sobre todo cuando hay algo que decir, se escriba á destajo. Lo que no comprendo es que á destajo se escriban versos, y versos líricos sobre todo. Los versos líricos, que han de ser inmortales, resonando en la

boca de las gentes durante muchas generacio-
nes, nacen en cortos y dichosísimos momentos
de la larga vida de un singular poeta. Manzoni, por ejemplo, vive más de ochenta años, y
nos deja cinco ó seis himnos sacros, la oda á
la muerte de Napoleón, tres coros y un pequeño poema titulado *Urania.* En todo ello, por
mucho que lo limase, puliese y meditase, no
se puede suponer que emplease más de nueve
ó diez semanas. De aquí que tenemos que considerar á Manzoni estéril y ocioso, como poeta
lírico, durante casi toda su muy larga existencia, y con la lira colgada en la pared ó encerrada en un armario sin que su amo llegase á
tocarla. Algo parecido le pasa á nuestro don
Juan Nicasio Gallego, quien tampoco se malo-
gró y cuya obra en verso está toda contenida
en un pequeño volumen. Aún así lo que de
este volumen vive verdaderamente no pasa de
cuatro composiciones: las elegías á la muerte
de la Duquesa de Frías y al Dos de Mayo, y
las odas á la defensa de Buenos Aires y á la
influencia del entusiasmo público en las artes.

Convendría, pues, que los poetas líricos no
persiguiesen demasiado, no evocasen ni solici-
tasen con mucha frecuencia á la musa que los
inspira, sino que aguardasen, con respetuosa
calma y sin descuido, á fin de no perder la ocasión, á que la musa acudiese á inspirarlos con
buena voluntad y muy prendada de ellos. Así
se excusarían infinitos versos malos, no pocos
insignificantes é insulsos, y bastantes media-

nejos. Pero ¿cómo exigir, y aquí viene la contradicción, que todo poeta lírico sea al mismo
tiempo crítico infalible de sí propio y sepa á
ciencia cierta cuando la musa le acude y cuando no le acude? ¿Cómo pretender que sólo se
crea inspirado y cante cuando en realidad esté
inspirado? ¿Y cómo impedir por último, ya que
en la poesía hay también su parte técnica y
casi mecánica, que requiere ser ejercitada, que
el poeta no la ejercite y que guarde para sí y
no nos muestre el resultado de sus ejercicios,
el cual puede ser primoroso, grato y elegante,
aunque no sea sublime? ¿Quién se atreverá á
decidir, apenas una poesía lírica salga del
molde en que el poeta la forja, si está bien hecha y con arte, que va á perderse y á olvidarse
entre las mil poesías que se escriben ó que va
á sobresalir entre todas y á ser el encanto y la
gloria del pueblo? Por este lado, por consiguiente, importa no apesadumbrarse mucho de
la abundante cosecha de versos. Aunque sea
violenta comparación diré yo que en el huerto
de las musas no ocurre lo mismo que en un
haza sembrada de trigo, donde se escarda para
arrancar la cizaña y las malas yerbas y el trigo
prospere, sino que lo mejor es dejar con indulgencia que medre y crezca todo, porque ya el
público presente, y cuando no la posterioridad,
desechará ó quemará lo malo y guardará con
gratitud y entusiasmo lo bueno, para su regalo
y deleite. Por otra parte, yo no sé que haya
más inocente ocupación, ni que ofenda menos

á Dios ni perjudique menos al prójimo que la de componer versos, aunque sean medianos. Debemos sufrir á los poetas medianos, á pesar de la sentencia de Horacio. Porque ¿cómo cerciorarse de la medianía de ellos? ¿Dónde está el instrumento, que á semejanza del barómetro ó del termómetro. marque los grados hasta donde llega la medianía y por cima de los cuales empieza la bondad, la sublimidad ó la belleza que dan vida inmortal, nombradía é inmarcesible gloria?

De todo lo expuesto nacen la repugnancia y el pasmo con que yo miro á los críticos de mal humor que se enredan á latigazos con el infeliz poeta lírico en quien no ven un Píndaro, y le persiguen y castigan como si cometiese al escribir sus inocentes versos, el más abominable de los crímenes. Píndaro ó cualquiera otro gran poeta no nace ni vive solo en ninguna literatura. Le rodean y forman numerosísimo coro y comitiva en torno suyo multitud de poetas menores, cuyo trabajo es justo y razonable que estimemos. Ya se hundirán, si valen poco; y si valen más de aquello en que nosotros los tasamos, ya vivirán y resplandecerán, á pesar de la escatimada y mezquina alabanza que nos allanemos á concederles.

Una de las colecciones de poesías líricas, que he recibido últimamente y que me sugiere las anteriores reflexiones, varias veces y no ahora sólo hechas por mí, es un precioso librito, en miniatura, elegantemente impreso y que con-

tien: cincuenta y seis sonetos, compuestos por
Atenógenes Segale, residente en Yacubaya,
República de Méjico. Como el nombre del
autor es harto inusitado, me pone en duda de
si será verdadero nombre, seudónimo, anagra-
ma ó conjunto de vocablos que exprese ó quiera expresar la calidad ó el estado de determinada persona. De todos modos y si ciertas presunciones no me inducen en error me atrevo á
afirmar que dicho Sr. Atenógenes ha de ser un
sacerdote. De la lectura de sus poesías, infiero
que es persona discreta, piadosa y culta, que
sabe bien nuestro idioma, que tiene buen gusto y que no carece de sentimiento poético y de
entusiasmo lírico. Los cincuenta y seis sonetos,
que él ofrece al público y con sencillez y mo-
destia dedica á D. Lucas Alaman, se leen con
agrado y en algunos de ellos creo yo notar el
legítimo sello de la alta poesía y de la inspiración verdadera. Valgan en prueba de mi aserto los tercetos del soneto á *Santa Teresa de Jesús en éxtasis;* que dicen

De *t*oda ciencia y *t*odo amor *t*raspasa
La esfera *t*u alma, y luz no conocida,
Suprema luz á iluminarla pasa.
  *T*oda verdad á un pun*t*o reducida
Contempla, y de ella en el amor se abrasa:
¡Oh desmayo feliz, oh muerte, oh vida!

También de Costa Rica he recibido yo un
nuevo tomo de versos. Se titula *Aves de Paso.*
Mas á pesar del título, no he de aplicarles la
frase proverbial, diciendo: *aves de paso, cañazo.*

El poeta, cuyo nombre es Máximo Soto y Hall
dista mucho de carecer de facilidad, imaginación y talento, pero su exagerada y candorosa
imitación de Enrique Heine y de Becquer le
expone si llega á caer en manos de Valbuena,
á ser víctima de los chistes de este crítico desaforado. La poesía subjetiva, íntima y que-
jumbrosa, va ya cansando, y se presta á que
los lectores tomen á risa las quejas y lamentos
del autor, las citas que, suponiéndose difunto,
da á su fiel querida para el cementerio y hasta
para el infierno, y la prontitud con que el poeta
pasa de un entierro á una orgía y de una tier-
na y fervorosa escena de amor á las agonías,
estertores y muecas desesperadas del agonizante. En medio de todo, yo creo que el Sr. Soto
y Hall posee no comunes prendas de poeta, y
si logra olvidarse de Heine y de Becquer, ser
menos pesimista, no quejarse tanto, hablar
menos de él mismo y hablar más de la humanidad, de la naturaleza, del cielo y de la tierra, de la patria y de otros mil objetos, distra-
yéndose así de las infidelidades y travesuras
que puede haberle hecho esta ó aquella señorita, podrá escribir y escribirá versos que no
tengan afectación alguna y en los que tal vez
ponga el sello de originalidad sana y de larga
vida. Ya entonces no tendrá que temer el señor
Soto y Hall los terribles mordiscos de Valbuena, á quien alude y teme el prologuista que
presenta y recomienda al público los versos del
Sr. Soto y Hall.

Es tanto lo que se escribe y se da al público
en el día, que, aún limitándome como me limito á los libros escritos en español, no me lisonjeo de hablar sino de muy pocos. Y debo afirmar aquí, para descargo de mi conciencia, que
no siempre implica el que yo hable de un libro
que éste sea mejor ó me parezca mejor que
aquellos de que no hablo. Lo único que prueba
el que yo hable de un libro es que el libro ha
llegado á mis manos, que he tenido tiempo
para leerle, y que, después de leído, no le he
considerado por bajo de toda crítica, sino digno de que se le juzgue, de que no se le castigue
con desdeñoso silencio y de que no se le con-
dene al olvido. Entre los libros de esta clase
hay uno que acabo de recibir de Méjico y que
merece singular mención. Se titula *Claro-Obscuro* y es su autor D. Ciro B. Ceballos. En el
lenguaje y estilo de este libro hay no poco que
tal vez deba censurarse: sobre todo gran cantidad de neologismos, innecesarios á mi ver
por muy sutiles y alambicados que sean los
pensamientos y por muy peregrinas que sean
las ideas que quieran expresarse. A pesar de
este defecto no seré yo quien niegue al señor
Ceballos notabilísimas prendas de escritor,
verdadera elocuencia y mucho brío y viveza
de imaginación para pintar las pasiones y actos humanos y el escenario en que él las finge
y representa.

Claro-Obscuro es una colección de diez novelas ó cuentos, escritos con bastante arte é

ingenio para que interese y conmueva su lectura, hasta á las personas que como yo piensan y sienten todo lo contrario de lo que el autor siente y piensa.

Aquí no vamos á engolfarnos en cuestiones filosóficas. Sin duda que en el mundo hay muchísimo mal moral y físico, cuya existencia explican las religiones, pero que no acierta á explicar por sí solo el entendimiento humano, ni tal vez á ponerla de acuerdo con la infinita bondad de Dios, á no creer en otra vida mejor de esta que ahora vivimos. Claro está que reconocida por la fe ó demostrada por el discurso esa otra vida mejor, con facilidad se explican todos los males de la presente, quedando justificadas la bondad y la justicia divinas. Así no había que suponer lo absurdo ó bien de una inteligencia soberana, sin poder ó sin voluntad suficiente para evitar los males, ó bien de una creación, obra del acaso, donde brota de lo menos lo más, de lo que no vive lo que vive, de lo que no piensa lo que piensa y de lo inconsciente lo consciente. Pero repito que no debemos engolfarnos aquí en filosofías. Bástenos un criterio meramente literario para censurar literariamente las novelitas del señor Ceballos como meras obras de arte.

Los infortunios, las enfermedades, los delitos, y las catástrofes inspiran compasión y terror, dos sentimientos en extremo enojosos, cuando son reales é inspirados por cosas reales. Y como el fin del arte es el recreo, el pasatiempo, el entretenimiento y el deleite de los que gozan de él, no se concibe que sintiendo terror y compasión reales ó parecidos á los reales logre su fin el artista y sea artista verdadero. Por eso Aristóteles quiere y exige que la compasión y el terror estéticos sean compasión y terror purificados, con tan raro hechizo que en vez de atormentarnos nos deleiten. Esto es lo que él llama la purificación de las pasiones. Y contra este precepto pecan todas las novelitas del Sr. Ceballos, donde se diría que se esmera en pintarnos con atinada energía, digna de mejor empleo, lo horrible, lo asqueroso y lo más abominable moral y físicamente: una mujer, por ejemplo, virtuosa hasta cierto día y que luego se entrega á su seductor en el mismo lecho en que yace recién muerta su madre; que más tarde pare en una iglesia; y que por último aprieta el pescuezo al recién nacido y le ahoga: y otra señora, guapa y elegantísima, que lleva en una cestita otro niño, y discurre tirarle y le tira, al pasar por un túnel el tren en que va viajando en ferrocarril. De estos y de otros primores nadie en realidad es responsable, ni siquiera el supremo poder que imaginamos en la naturaleza, porque este supremo poder es lo inconsciente. Los criminales no son responsables tampoco, porque, según la sentencia de Taine, con que el autor encabeza y autoriza su libro, *el vicio y la virtud son productos como el vitriolo y el azúcar.*

Mucho lisonjearía mi amor propio nacional

que los poetas, novelistas y demás escritores de las naciones hispano-parlantes, independientes hoy de la metrópoli, reconociesen que en literatura no cabe la completa independeucia: que su literatura sigue siendo española, como fué literatura griega la de cuantos eserihieron en griego en Sicilia, en Italia, en Asia y en Egipto, y desde Marsella hasta la Bactriana; y como fué literatura latina la de Séneca, Lucano, Silio Itálico y Marcial y la de cuantos escribieron en latín por toda la extensión del imperio de los Césares, aún después de arruinado el imperio.

Pero en fin, ya que esto no sea por completo, y ya que muchos autores hispano-americanos admiren con sobrado fervor y remeden algo ᜭ servilmente la literatura francesa, siguiendo la última moda de París, yo me conformaría y resignaría si admirasen lo bueno, remedasen los modelos excelentes y siguiesen la moda en lo que tiene de moral y de limpio, porque yo no niego ni he negado nunca que en Francia florezcan maravillosa y constantemente, las ciencias, las letras y las artes y que su suelo generoso y bien cultivado sea tan fecundo en sabios y elegantes escritores y en pasto espiritual como en exquisitos vinos, olorosas trufas, hígados de ganso y otros mil regalos y golosinas para pasto gratísimo del cuerpo. Lo que yo deploro es que se imite ó se copie lo detestable y lo indigesto, y que ingenios, en mi sentir tan altamente dotados como el del señor

Ceballos, se extravíen y se maleen, hasta hacernos sospechar que frisan un tanto cuanto en la locura.

Ya que hablamos de novelas, no debe ser óbice para que yo la mencione aquí, una titulada *Genio y Figura...*, que acaba de salir al público en Madrid, el que su autor sea quien esto escribe. Lo que no es posible es que yo diga si la tal novela es buena, mala ó mediana, divertida ó fastidiosa. Ya el público decidirá y no faltará crítico que se encargue de decirlo.

Cruzando ahora de nuevo el Atlántico y volviendo á América en espíritu, no quiero dejar de dar cuenta aquí de un ameno librito publicado recientemente y cuyo título es *Crónicas de la antigua Guatemala.* Su autor, D. Agustín Mencos, así como antes de él sus compatriotas los Sres Diéguez, Aycinena y Dardón, sigue las huellas del célebre D. Ricardo Palma, y procura producir para su patria una obra semejante á la del autor de las *Tradiciones peruanas.* El libro guatemalteco, escrito con natural sencillez, candorosa malicia y muy castizo lenguaje, contiene veinte y cuatro narraciones de variados y curiosos acontecimientos histórico-anecdóticos, que entretienen agradablemente y pintan con graciosa exactitud la vida y costumbres, durante el régimen colonial, de los habitantes de Centro-América. Como en las *Tradiciones* de Ricardo Palma, todo en las *Crónicas* del Sr. Mencos está contado con la mayor concisión, sin que falte la claridad y el orden, y sólo apesadumbra que sean tan breves algunas de las narraciones, porque dándoles el desenvolvimiento á que se prestan y convidan, pudieran convertirse en muy interesantes novelas. Así, por ejemplo, la narración que lleva por título *En que se prueba que la Inquisición era enemiga de las luces* y la otra del celoso y tremendo hidalgo D. Claudio Quiñones de Lorenzana. Pero de todos modos, no sólo en lo cómico, sino también en lo trágico, el librito del Sr. Mencos se contrapone siempre al espeluznante librito del Sr. Ceballos, y es de muy apacible y grata lectura.

Indudablemente la novela es el género literario que está de moda. En Inglaterra y en Francia se nos adelantaron en este género, y en el siglo pasado y en el presente, escribieron obras que entre nosotros nada tenían de equivalente en la misma época. Natural es que empezásemos por imitar; pero ya, desde hace algunos años, el ingenio español que en lo tocante á novelas estaba como aletargado, va sacudiendo el sueño ó la pereza, dando más originales muestras de sí y pugnando por levantarse de la inferioridad en que yacía. Esta inferioridad al cabo no puede ser esencial, ya que España puede jactarse de ser el país donde empezó la literatura moderna y donde se escribieron los más antiguos y acabados modelos de todos los géneros de narraciones fingidas: el *Amadís,* como libro de caballerías; *Las guerras civiles de Granada* y *El Abencerraje*, como

germen de la novela histórica; *La Celestina,*
no sólo como fundamento del teatro, sino como
principio de la novela naturalista; la *Diana* de
Jorge de Montemayor, como novela pastoril; y
El Lazarillo de Tormes como primera novela
de costumbres de la edad en que el autor vive.
Y sobre todo esto vino á colocarse Miguel de
Cervantes abriendo y marcando una nueva era
en toda literatura, así con sus novelas ejemplares como con *El Quijote*, en el cual dió al
mundo un libro admirable en su género hasta
hoy no superado ni igualado en ninguna otra
nación ni lengua.

No debe pues extrañarse que la crítica y la
investigación histórica se vuelvan, en nuestros
días, con más amor y tenacidad que nunca hacia el manco de Lepanto, afanándose por ana-
lizar y aquilatar el mérito de sus producciones
literarias y por poner en claro los hechos de
su vida. De aquí las muchas ediciones que en
diversos idiomas se han hecho en nuestros días
del. *Quijote,* y la multitud de trabajos críticos
é históricos que sobre el autor y sus obras recientemente se han publicado. Hablando sólo
de lo más reciente me complazco en citar la
nueva edición, primorosamente impresa, de la
traducción en inglés del *Quijote* de Tomás
Shelton, quien fué el primero que en un idioma
extraño dió á conocer la novela inmortal en
Europa. La nueva edición, hecha por el discreto y sabio hispanófilo el Sr. Fizmaurice-
Kelly, está precedida de un atinado trabajo

crítico, donde es juzgado y ensalzado **Cervantes** como se merece.

Mucho más curioso aún, prescindiendo del mayor ó menor valer del libro, es el que acaba de publicar en París y en lengua francesa el Sr. Dumaine, titulado E*nsayo sobre la vida y las obras de Cervantes*. El amor y la admiración hacia nuestro gran novelista mueven la pluma del mencionado escritor francés; y tanto su vida de Cervantes, como el detenido y profundo examen que hace de todas sus obras, son dignos de grandísimo aplauso. El libro que consta de 332 páginas está escrito en estilo muy ameno y se lee con gran interés y deleite. Y es lo más singular que el Sr. Dumaine no se reconoce verdadero y completo autor del libro, sino más bien *arreglador* y *adaptador* de otro libro más extenso, que cierto literato español, emigrado en París, dejó por terminar á su muerte. Era este literato republicano y tal vez socialista, amigo y partidario, á lo que parece, de D. Francisco Pí y Margall, y autor de otras varias obras de las que habla el señor Dumaine en la advertencia preliminar de su libro. El autor español, cuya existencia confieso que ignoraba, llamábase D. Luis Carreras y Lastortras; nació en Mataró en el año de 1840 y murió en el año de 1888.

Otro libro, más nuevo aún, pues hace poquísimos días que ha aparecido, llama ahora la atención de los cervantistas eruditos. Se titula *Documentos Cervantinos*. Su autor ó mejor di-

cho su colector, es el presbítero D. Cristóbal
Pérez Pastor, empleado según creo en la Biblioteca de la Real Academia de la Historia.
Como libros por el estilo son de pura erudición y tienen poca salida, el publicarlos no es
negocio, y no hay editor, que por el aliciente
del lucro se decida á darlos á la estampa. Menester es, por consiguiente, que haya un Mecenas generoso que costee la edición. Esto ocurre en el presente caso, siendo el Mecenas el
ilustre Marqués de Jerez de los Caballeros, el
cual, así como su hermano gemelo el Duque
de Tserclaes, son, según creo haber dicho ya
en otras cartas, dos espléndidos protectores de
las letras, centros hoy del movimiento intelectual siempre persistente en Sevilla y editores sin sueldo ni recompensa de no pocos libros
interesantes y curiosos.

Los *Documentos Cervantinos*, inéditos hasta
hace poco, vierten mucha luz sobre no pocos
puntos obscuros de la vida de Cervantes: sobre
su cautiverio, sobre su redención, sobre su
hija que no fué monja sino casada, y sobre el
estado de su hacienda, que no era tan miserable como las gentes se han complacido en suponer. Por lo visto no es posible decir ya con
fundamento lo que se dice en *El loco de la
guardilla:*

<blockquote>
Que Cervantes no cenó
cuando concluyó el Quijote.
</blockquote>

Cervantes cenó probablemente si tuvo gana,
pues ya consta que tenía dinero para comprar

cena y hasta que era propietario de predios urbanos y rústicos. Como quiera que sea y sin entrar aquí en el examen de los documentos publicados por el Sr. Pérez Pastor, es indudable que en vista de ellos, tendrán que modificarse no poco las vidas de Cervantes que en lo futuro se escriban.

Hará dos ó tres semanas que ha llamado también la atención un curioso estudio del señor Menéndez y Pelayo, publicado en *El Imparcial,* acerca del autor del *Quijote* de Avellaneda. El Sr. Menéndez refuta hábilmente las opiniones de los que han atribuído dicho *Quijote* al Padre Aliaga, á Tirso, á los Argensolas, al mismo Lope y á otros, pero, en mi sentir, no prueba que sea el autor quien él dice, si bien sus presunciones é hipótesis son eruditas y curiosas por todo extremo.

De otro importante trabajo del Sr. Menéndez y Pelayo quiero dar cuenta antes de terminar esta muy extensa carta.

El Sr. D. Enrique de la Cuadra, Marqués de San Marcial y rico hacendado de Utrera, excitado por el patriotismo local, aunque fervoroso católico y á lo que entiendo muy moderado en sus opiniones políticas, ha querido que se reunan y publiquen cuantas obras puedan hallarse del famoso Abate Marchena, revolucionario, girondino y desaforado propagador en España de las doctrinas anti-religiosas y de la pobre y vana filosofía sensualista y materialista, que prevalecieron en Francia á fines del siglo XVIII.

Contienen estos tomos las poesías originales de Marchena, una muy estimable traducción, en verso endecasílabo libre, del poema de Lucrecio *De la naturaleza de las cosas;* la tragedia original titulada *Polixena;* las traducciones de *El hipócrita* y la *Escuela de las mujeres* de Molière; y algunos opúsculos en prosa. Todo ello, aunque de mediano mérito, era digno de ser recopilado y publicado. Su falta sería una laguna en nuestra historia literaria. Pero más que la colección de estas obras, donde faltan muchas de las que escribió Marchena y que no han podido hallarse, avalora la publicación del Marqués de San Marcial la introducción amenísima, erudita y curiosa que le ha puesto don Marcelino Menéndez y Pelayo. En ella examina y juzga con noble imparcialidad y alto criterio todos los trabajos, todas las producciones y el raro aunque extraviado ingenio del célebre Abate, y nos cuenta, con verdadero hechizo de estilo en la narración, la vida aventurera de aquel fanático de impiedad y de liberalismo y los varios lances en que tomó parte ya como jacobino, ya como girondino, ya aprisionado en la conserjería é insultando á Robespierre, porque le olvidaba y no le llevaba al patíbulo, ya en España sirviendo á Murat, afrancesado, ya interviniendo en los movimientos revolucionarios de España en 1820 y 1821, época de su muerte. La vida del Abate Marchena, del Sr. Menéndez y Pelayo, puede considerarse como una historia llena de útiles enseñanzas y puede leerse con el mismo agrado que la más ingeniosa novela. Por arte magistral queda allí retratado ·para siempre el estrafalario, docto y apasionado Abate.

VII

Madrid 18 de Abril de 1897.

El Sr. D. Juan Gili, de Barcelona, sigue publicando su colección ilustrada, que promete constar en breve de muchos volúmenes. Los dos últimos son de cuentos. Se titula uno *Presente y Futuro*, por D. Nilo María Fabra, cuya originalidad es indiscutible. Suele este autor fundar sus fábulas en los descubrimientos científicos recientemente realizados y en lós que se prevé ó presume que habrán de realizarse pronto, mostrando en todo lozana imaginación, mucha inventiva y cierta candorosa sencillez que hace muy grata la lectura de sus obras. En nada se parecen éstas á las de Julio Verne pues les da diverso carácter la inclinación del Sr. Fabra al estudio de las cuestiones y problemas políticos y sociales apoyando en los descubrimientos é invenciones de las ciencias físicas sus sistemas y utopias políticas, morales y hasta religiosas.

Entre los cuentos que contiene el tomito de

que aquí voy tratando, se señala más que todos
por la mencionada tendencia, el titulado *Teitan
el soberbio*, donde el autor pone por cima de todos los adelantos materiales y como más importantes y aun indispensables á la felicidad y á la
nobleza del linaje humano, la filosofía espiri-
tualista y la conservación de las creencias religiosas más fundamentales.

El otro volumen se titula *Agua pasada*. Su
autor D. Federico Urrecha ha reunido en él
una larga serie de cuentecitos muy cortos, escritos algunos con ligereza y gracia, y todos
ellos de agradable y apacible lectura. ·

En Málaga se puede asegurar que acaba de
aparecer un buen novelista que si no se esteri-
liza ó se malea, vendrá, en mi sentir, á colocarse pronto entre los primeros que hay en
nuestra patria.

La obra que me mueve á hablar así es una
novela titutada *Cartucherita*, cuyo autor es don
Arturo Reyes. Los toros, los toreros, los usos
y costumbres de los majos y majas de Andalucía, etc. etc., son ya tan trillados y mano-
seados asuntos, que para tratarlos con alguna
novedad y prestándoles interés se requiere no
poco ingenio. De él está dotado sin duda el
autor de *Cartucherita*. Es este el apodo de un
joven torero protagonista de la novela, cuya
sencillísima acción se reduce á los amores del
torero con la mujer de un maestro de escuela,
honrado, ilustrado y bondadoso, de quien el torero había recibido los mayores beneficios y

por quien había sido criado y educado cuando pequeño. *Cartucherita* reconoce que sería la más negra de las ingratitudes y el más infame de los pecados deshonrar á su bienhechor, seducir á su legítima mujer á quien idolatraba y amargarle para siempre la vida. Confieso que, pensando y sintiendo Cartucherita tan noblemente, me parece un tanto cuanto injustificado que no huya á tiempo del peligro, y que no sepa lo que sabe todo el mundo y que tan bien expresa la conocida sentencia que dice: *qui amat periculum in illo perit.*

La vieja criada del maestro de escuela y un banderillero amigo y confidente de Cartucherita propenden á evitar el grave peligro en que el torero y la maestra se hallan. Ellos, los amantes, son buenos también, estiman, veneran y quieren de todo corazón al maestro, y anhelan vencer la pasión amorosa que agita sus corazones para no faltar á sus deberes. Ambos, sin embargo, son insensiblemente arrastrados é incurren en gravísima culpa. El torero que la comete poco antes de ir á torear, la castiga en el mismo día dejándose coger por un toro y pereciendo miserable y trágicamente. Aunque no aseguro que mi censura tenga fundamento completo, salvo la no justificada permanencia del torero bajo el mismo techo y durante muchos días en casa de su bienhechor, todo el progreso gradual, en él y en ella, del amor criminal al que sucumben por último, está hábil y hasta profundamente estudiado y escrito.

En esta novela hay mucho diálogo, luciendo en él el Sr. Reyes su ingenio y su maestría en el manejo de nuestra lengua y su conocimiento de los giros, imágenes, modismos y vocablos del vulgo de Andalucía. Acaso se note y pueda censurarse sobrado lujo en este punto, y cierta contraposición, que raya á veces en lo afectado, entre el habla chula, flamenca, maja ó sobrado vulgar y archiandaluza del torero y de la maestra y los sentimientos refinados y quintaesenciados que en esa habla buscan la expresión que les corresponde. Encontrarla, á mi ver, es harto difícil. Sentiré pecar de descontentadizo, mas para mí al menos resulta alguna disonancia y falsa sensiblería á veces en las sublimidades y exquisiteces del amor profundo que lucha con el deber y la abundancia de diminutivos y las *magencias* y piropeos.

Un autor de novelas debe ser moral. Sin moralidad elevada no hay verdadera belleza: pero una cosa es ser moral y otra preocuparse demasiado de que el público más ordinario se pasme de la exquisita moralidad con que uno escribe. Esta preocupación de ser muy morales puede llevarnos á ser inmorales radicalmente. Si hubiera sido irresistible é irremediable el amor que arrastra á la maestra y al torero, primero al villano agravio hecho al excelente esposo y al noble bienhechor y luego al suicidio, los héroes de la historia serían más simpáticos, más hermosos y quedarían casi ó sin casi absueltos en el tribunal de nuestra conciencia;

pero el libre albedrío y la responsabilidad de los actos humanos saldrían harto mal parados. Importa, pues, que no sean ó que no parezcan tan irresistibles las pasiones. ¿Pues qué no pudo huir á tiempo Cartucherita? Y si no huyó ¿por qué no hacer constar con claridad y evidencia que no repugnaba tanto el pecado y que tal vez con plena libertad y no fatal y ciegamente deseó incurrir en él abogando sus remordimientos anteriores, aunque los remordimientos ulteriores le impulsaran luego á cometer mayor delito con el cual nada remediaba sino que lo empeoraba todo? De sobra sé yo que el hombre apasionado, y más aun cuando es rudo y sin estudios no procede con mucha dialéctica, pero la dialáctica, en lo tocante á la moral, se impone y penetra en el alma por muy ignorante que el alma sea. Y no era, á la verdad, tan ignorante el alma de Cartucherita, ya que veía todo lo enorme del pecado y lo expuesto que estaba á cometerle y lo fácil que era remediarle previniéndole. Por muy heroico que hubiese sido el remedio de huir, aunque la huída hubiera sido la muerte, nunca hubiera sido más heroico que el castigo que Cartucherita se impuso. En una palabra, Cartucherita no hubiera parecido tan simpático y tan digno de compasión á los ojos de la muchedumbre sentimental, si movido por la pasión hubiera premeditado y resuelto, con libre, enérgica y desaforada voluntad, gozar primero á la mujer querida y castigarse luego de muerte por haberla gozado.

Pero baste ya de este asunto para que nadie me acuse de sutilizar en demasía. Sólo advertiré, á fin de terminar, que este mismo prurito de juicio y análisis sobre la acción de la novela de que voy tratando prueba el valer de dicha novela, porque sobre lo que no interesa ni conmueve'nadie discute ni suscita cuestión alguna.

Aunque yo he sido toda mi vida muy liberal y, por consiguiente, muy partidario de las discusiones parlamentarias, me inclino á veces á creer que eu España se perora demasiado, se hacen interminables las discusiones y en ellas se consume más de lo que conviene la actividad de los ingenios y se fatiga la atención del público. Acaso proceda de esto que durante los largos entreactos parlamentarios, como el que hay ahora, se escriba y se lea más que cuando hay sesiones de Cortes. En el día, en efecto, á pesar de las dos guerras coloniales, salen á luz bastantes libros nuevos y el público se entera y habla de ellos, ora traten, ora no traten cosas que importen á la política de actualidad y á las cuestiones sobre las que más se discute. Una de estas cuestiones, sin duda la más discutida es la del *regionalismo*, en todos sus grados, hasta subir al grado superlativo del *separatismo*.

No negaré yo que hay un regionalismo moderado y suave que puede ser síntoma de vitalidad sana, fundamento del amor á la patria grande sobreponiéndose al amor de la patria chica y origen y fuente de una rica variedad, que no destruye la unidad sino que acrecienta su hermosura. En este sentido y dentro de determinados límites, es de aplaudir el regionalismo catalán y que se cultive de nuevo la lengua catalana y que se escriban en esta lengua poesías épicas y líricas como las de Mosén Jacinto Verdaguer; dramas, como los de Angel Guimerá, y novelas como las de Narciso Oller y otros autores. Asimismo aplaudo yo, aunque lo encuentro menos justificado, el renacimiento de la literatura gallega. Y yo aplaudiría, por último, que en las provincias Vascongadas hicieran las gentes un esfuerzo para convertir en literaria la propia lengua regional que seria y realmente nunca lo ha sido, y publicaran amenos y preciosos libros en vascuence, aunque yo me viese privado de leerlos por ignorar tan difícil idioma.

Bien se ve, pues, que yo no deploro ni censuro sino que celebro el regionalismo dentro de razonables límites. Lo malo es que estos límites se borran con facilidad ó se traspasan con ligereza, y el regionalismo entonces viene á convertirse en ominoso síntoma de disgregación ó disolución social y llega á ser causa de agitación, de disturbios y acaso de guerras civiles.

Hay quien afirma que los malos gobiernos tienen la culpa de este regionalismo extremado, antinacional y rebelde, porque si los gobiernos fuesen buenos, no habría región ni comarca donde las gentes no estuviesen contentísimas de ser españolas. Los que tal piensan tendrían razón si en España el Gobierno fuese producto de un poder absoluto é independiente del pueblo, pero cuando tenemos sufragio universal, representación en Cortes, libertad de reunión y de asociación y de pensamiento y de palabra hablada, escrita é impresa, fuerza es convenir en que el Gobierno nace de la voluntad del pueblo, y en que, por lo tanto, el Gobierno no puede ser mejor de lo que es, y si es malo, inmoral ó tonto es porque la mayoría de los españoles, en todas sus provincias y comarcas, desde la Habana hasta Barcelona, no sabemos darnos Gobierno mejor por no ser ni más discretos ni más morales que dicho Gobierno. A mi ver, y hablando con toda franqueza, si nuestros gobiernos son malos nuestra maldad tiene de ello la culpa, y extremo mayor de maldad y aun de vanidad es el prurito, más ó menos declarado y activo, de apartarse del conjunto de la nación, por creerse los que viven en determinada comarca más hábiles, más juiciosos y más virtuosos que los que viven en las otras. Este sentimiento vano y absurdo es el que lleva á muchos hijos de Cuba á querer separarse de la metrópoli, aunque en los hijos de Cuba la vasta extensión del mar Atlántico que de la metrópoli los separa, valga para atenuar lo insano y vicioso de semejante deseo. Lo que es dentro de los límites de nuestra Península nada hay absolutamente que lo atenúe.

El regionalismo, por consiguiente, que tal deseo puede engendrar, merece ser censurado cuando va más allá de ciertas aficiones literarias, y aun sin ir más allá, no puede menos de inspirar recelos por lo que predispone los ánimos á ir más allá y á inclinarse á la desmenbración de la patria.

Los que tenemos casi por oficio ser poetas ó novelistas, que es oficio de escribir ficciones en prosa, solemos ser más prácticos y menos poéticos cuando escribimos ó hablamos de lo real y no de lo fingido. Digo esto á propósito de un libro, que acaba de escribir y de publicar mi docto é inteligente amigo D. Antonio María Fahié. Es el título del libro *Estudio sobre la organización y costumbres del país vascongado.* Si el Sr. Fahié disimula y contemporiza por circunspección política y porque desde el alto puesto oficial que tan dignamente ocupa no quiere enojar ni disgustar á nadie, nada tengo yo que objetar á algo que de la lectura de su libro se infiere. Puede que convenga que el señor Fabié sea circunspecto; pero yo, que no tengo necesidad ni obligación de serlo al tratar este asunto, diré que el sentimentalismo amoroso de lo pintoresco, de lo tradicional y de lo histórico no me lleva á condenar que en nuestra época las divisiones administrativas propendan á borrar y hasta á confundir las diferencias regionales amalgamándolo todo y componiendo una masa uniforme y en cierto modo indistinta que sea la nación entera. No impide

esto ni que haya dialectos y hasta lenguas diversas, ni que persistan pintorescos trajes
locales, usos, costumbres y tradiciones, ni que
se conserven las danzas y los cantares propios
de cada región, ni que haya guajiras en Cuba y
en Guipúzcoa zortcicos; pero á la verdad, si á fin
de que no se pierdan y perezcan estos y otros
primores por el estilo, hemos de tener de vez en
cuando guerras civiles que duren siete, diez ú
once años, en que se consuman grandes riquezas, en que se vierta mucha sangre y en que
casi nos arruinemos, de preferir es la unifor-
midad más monotona, el olvido de muchas
antiguallas por gloriosas que sean y la regular
división administrativa del país, sin respeto
á lo histórico y con la matemática simetria de
un tablero de damas. Ahora más que nunca es
menester formar parte de grandes nacionalida-
des y constituir Estados muy compactos si se
aspira al respeto y á la consideración cuando no
á la preponderancia entre las potencias políticas que van al frente de la civilización y que
gobiernan el mundo.

En España al cabo, es mil veces más natural
y fácil que en otros países la unión ó la perfecta suma de todos sus habitantes, los cuales,
aunque sean heterogéneos en su origen, cuentan todas sus glorias principales desde que en
nación única se fundieron. Harto mejor que en
España se comprendería que en Italia los ve-
necianos quisiesen tirar por un lado, por otro
los florentinos y los piamonteses por otro, ó

bien que en Austria, polacos, alemanes, tche-
cos, croatas, serbos y húngaros quisieran formar sendos Estados aparte, pero en España
sólo como monstruosa demencia puede mirar-
se la aspiración, por remota que sea, de sobre-
poner á lo español, lo catalán, lo vascuence, lo
aragonés, lo gallego ó lo castellano.

De todos modos, justo es confesar que el
pueblo vascongado ó eúskaro es singular y originalísimo, no sólo al considerarle con relación
á los demás habitantes de España, sino con
relación á los demás pueblos de Europa. De
aquí sin duda que, de un siglo á esta parte,
haya este pueblo atraído tanto la atención de
tantas personas estudiosas y haya sido objeto
de tantos estudios, investigaciones y libros sobre su lengua, su historia, sus fueros y sus
costumbres usos y leyes. Todavía la obra del
señor Fahié, aunque no viene á ser más que un
mero informe sobre libros mucho más extensos
recientemente publicados, es obra extensa
también y forma un volumen de 218 páginas
de compacta edición y letra pequeña.

El libro del Sr. Fahié viene á decir en resumen, la última palabra de cuanto se sabe acerca
del pueblo eúskaro.

Sin duda es este pueblo el más primitivo de
todos cuantos conservan restos de su ser entre
los demás pueblos de Europa. La lengua de
este pueblo es diferente y anterior á todas las
lenguas arianas que en Europa se hablan ó se
hablaron: á las célticas, á las griegas, á las la-

tinas, á las eslavas y á las germánicas. Sobre
el origen de esta lengua y del pueblo que la
trajo, cuando inmigró en las regiones donde
hoy vive, se ha discurrido y se ha fantaseado
mucho, así por los propios naturales de las
provincias Vascongadas, como por los extraños, señalándose entre los primeros Erro, La-
rramendi é Irizar y Moya, y entre los segun-
dos, Guillermo Humboldt y el príncipe Bonaparte. Nada se ve con claridad. Parece sin
embargo que el vascuence se diferencia tanto
de todas las lenguas de los arios que no puede
suponerse que sea lengua ariana de época bastante remota y primitiva para que estuviese
aún en el estado de lengua aglutinante sin haber llegado á convertirse en lengua de flexión,
aunque ya se noten en ella síntomas de este
cambio. Esto implicaría el aserto de que toda
lengua va modificándose y pasando por diversos estados: que es primero monosilábica, después aglutinante, que es más tarde rica en flexiones como el sánscrito. el latín y el griego,
y que tal vez, por último, se vuelve analítica y
punto menos que sin flexiones y llena de mo-
nosílabos como sucede con el inglés. Sea de
esto lo que se quiera, no creo yo que haya motivo para sostener que los vascos ó iberos primitivos y el idioma que desde Asia, dado que
procediesen del Asia, vinieron hablando, tuviese nada que ver con los arios ni con la lengua que los arios hablaron, allá en el Parami-
so y que fué raíz de las lenguas de los Vedas,

de Homero y de Virgilio. El vascuence, á mi
ver es lenguaje muy distinto; y más verosímil
me parece que suponerle ario atribuir su origen á pueblos y lenguas turaníes ó de los mo-
radores de lo que hoy llaman Transcaucasia
entre el Caspio y el Euxino, en donde hubo en
lo antiguo una Iberia.

Pero por singular pueblo que fuesen los vascos, en España se confundieron y mezclaron
con las demás razas, siendo uno de los elementos que constituyen nuestra nacionalidad,
y sólo conservaron en España ciertas cualidades exclusivas en las tres provincias de Viz-
caya, Alava y Guipúzcoa y en parte de Navarra.

El Sr. Fabié, con bastante claridad aunque
á grandes rasgos, traza la historia del mencionado pueblo, desde su origen hasta hoy: reconoce que muchas de sus costumbres primitivas y no poco de su vida patriarcal se ha per-
petuado á través de los siglos, y que por lo
pobre, enriscado y fragoso del país y por el
indómito amor á la independencia de sus mo-
radores, el influjo extraño se ha sentido menos
allí que en todo el resto de la península Ibérica. Ni celtas, ni griegos, ni fenicios, ni cartagineses, ni romanos, ni godos, ni árabes pene-
traron por completo en las provincias Vascongadas ni establecieron en ellas permanente
dominio. La predicación evangélica, no obstante, trajo á los vascos al seno de la iglesia
católica, y así, más tarde, cuando en defensa

de la fe y de la patria, surgieron en el Norte de España caudillos y huestes, que combatían contra el Islán, los vascos se unieron y se fundieron con aquellas huestes y aceptaron por jefes y más tarde acataron como reyes á sus caudillos supremos, por donde poco á poco llegó á su unidad y á su complemento la nación Española sin que pueda notarse diferencia entre los vascos y los otros elementos que la componen. Los fueros y los privilegios de los vascos fueron los mismos ó muy semejantes á los de otros pueblos del resto de España; todos fueron otorgados por los reyes. Los vascos se distinguen sólo por la tenacidad en conservarlos.

Prolijo sería y aun casi imposible en esta carta entrar en pormenores y hacer análisis más circunstanciado del libro del Sr. Fahié, libro que ya por sí es un resumen y que tiene mucha doctrina en muy breves y concisas palabras. Baste, pues, lo que hemos dicho con ocasión de tan importante trabajo.

De América sigo siempre recibiendo libros nuevos, de algunos de los cuales quiero tratar en estas cartas. Empezaré por las *Poesías* de Ismael Enrique Arciniegas, recientemente publicadas en Caracas. Van precedidas de un escrito á modo de prólogo titulado *Algo sobre el poeta y su obra*, por donde sabemos que el poeta es un joven colombiano. Colombiano es también el prologuista D. Ricardo Becerra, persona á quien conocí y traté mucho en Washington hará trece ó catorce años, con quien me une desde entonces constante y verdadera amistad y á quien estimo altamente por su saber, su ingenio y sus nobles prendas de carácter. Natural es, por lo tanto, que simpatice yo con el poeta á quien Becerra recomienda, y más aún cuando le recomienda en páginas tan discretas, tan juiciosas y de tan elegante estilo como las suyas.

Coincidiendo con la opinión de Becerra, creo yo que la independencia política de las repúblicas americanas, que fueron colonias españolas, no implica la independencia literaria. Mil veces lo he dicho; cuanto se escriba en Buenos Aires, en Bogotá, en Lima ó en Caracas, debe seguir siendo literatura española, aunque no dependan ya del Estado español los autores nacidos en dichas ciudades ó en los territorios de que ellas son cabeza. No de otra suerte son griegos cuantos poetas y prosistas escribieron en lengua griega desde Marsella hasta la Bactriana; y Séneca, Lucano, Marcial y Silio Itálico, por ejemplo, son autores latinos. Pero yo entiendo, no obstante, que el señor Becerra va sobrado lejos, más lejos de lo que yo voy, en negar hasta casi la posibilidad de una grande y muy distinta autonomía americanista. Sin desatar el lazo de nacionalidad superior, ó dígase de casta y lengua, que nos une y que no puede ni debe desatarse como no dejemos de ser lo que somos y como no perdamos el ser que tenemos, yo tengo por evidente que puede y debe darse una peculiar originali-

dad y un carácter propio de cada región en los
buenos escritores de la América hispano-parlante. Para ello no es menester que los eseri-
tores de América se empeñen en buscar colores indianos en que teñir sus obras: no es menester que tornen «á ser bárbaros y paganos,
á adorar el sol y la luna, á disgregarse en tri-
bus, ó á dejarse absorber por el socialismo *in-
cásico*, á limitar su industria á la pesca, ó
cuando más al cultivo de la yuca y del maíz, ó
á llorar, en fin, sus dolores ó á espaciar su alegría acompañándose de la *quena* en el tono del
yaraví, ó con la *guazúbara* del caribe». Sin ir
tan lejos, no obstante, la descripción de las bellezas naturales del país en que viven, sus va-
gas tradiciones y algo acaso de las costumbres,
usos y creencias religiosas de las razas indígenas, prestan y pueden seguir prestando originalidad y diversidad á los escritos de la América que fué española, los cuales, aún sin esto,
que no constituye al cabo sino una originalidad
extrínseca y somera, pueden y deben ser originales, con originalidad más profunda, si los
autores tienen energía bastante para poner el
alma propia en sus escritos ó bien la manifestación del alma colectiva de los hombres que
habitan en las regiones donde ellos nacieron.
Si en los hombres, que habitan dichas regiones,
hay pensamientos y sentimientos nuevos, el escritor sin esfuerzo alguno los hará patentes en
sus obras, expresándolos con claridad y con
hermosura; y de esta suerte será original por

inspiración y casi sin proponérselo. Su originalidad será entonces colectiva y propia de la
nación á que pertenece, sin que para ello tenga
el autor que renegar de su casta, que estropear
el castellano inventando un nuevo y absurdo
idioma, y sin que lo que escriba deje de perte-
necer á la literatura española en su más amplio
sentido, viniendo, no á negarla ni á contrapo-
nerse á ella, sino á enriquecerla con peregrinas
joyas, con inauditos cantos y con exquisitos
primores. Así, pongo por caso, Teócrito no deja
de ser griego, y sin embargo en nada se parece
á Píndaro, y no repite sino completa la literatura de su lengua y casta.

Y no repugno yo, ni repugna tampoco el señor Becerra, que para lograr este complemento
y para importar novedades en nuestra literatura, se estudien y se imiten las extrañas, v. gr.,
la alemana, la inglesa y la francesa. Lo que
repugno es que la imitación sea desmañada y
sin arte; que sea la moda y no el buen gusto
quien elija los modelos; y que tal vez se repro-
duzcan, no las bellezas, sino los vicios y extravagancias exagerándolos con insufrible amaneramiento, que llega á degenerar en caricatura. Si tales errores y faltas se evitan, el imitador de lo extranjero, así por el propio sér que
pone en su obra como por la forma castiza de
que la reviste, puede conseguir y consigue á
veces originalidad muy laudable, acrecentan-
do con las importadas riquezas el variado tesoro de su propia literatura. A mi ver, y con-

trayéndonos á la poesía lírica, nada hay mejor
en castellano que Garcilaso y Fray Luis de
León, que en el siglo XVI creían imitar á los
latinos y á los griegos, y que Gallego y Quintana, á principios de este siglo, que tal vez se
inspiraron en doctrinas filosóficas y políticas y
en preceptos artísticos venidos de Francia, y
que tal vez imitaron á los poetas italianos de
la escuela de Parini, creando, no obstante,
unas obras poéticas originalísimas en alto grado españolas, y las más bellas y perfectas tal
vez de que puede jactarse nuestro Parnaso.

Concretándones ahora á hablar del Sr. Arciniegas, y de acuerdo yo con el Sr. Becerra, su
padrino, declararé que en mi sentir, va muy
bien encaminado, haciendo su labor de poeta,
según la doctrina y reglas de que hemos hablado antes. Sus versos son castizos y españoles,
sin carecer por eso de cierta novedad peregrina que los distingue y avalora. En lo que imita
es atinado y juicioso, y en cuanto escribe pone
el poeta algo suyo que es como el sello de su
personalidad y de la gente y tierra donde ha nacido. Un buen conocedor, si toma el libro del
Sr. Arciniegas, sin mirar donde está impreso,
y si lee á la ventura algunas composiciones,
no negará á lo que lea la condición de poesía
española, pero declarará tambien que el autor
es americano.

Por lo demás, nada es más difícil, aventu-
rado y atrevido en un crítico que conceder
amplia resonancia, gloria y larga vida á deter-

minadas poesías, extendiéndoles un pasaporte para que entren en la posteridad y obtengan el aplauso de los siglos futuros. No me atreveré pues á afirmar ni á pronosticar nada sobre esto. Lo único que diré es que yo, contemporáneo del poeta y que me creo hombre de gusto delicado, he leído con deleite estético sus composiciones y he hallado en ellas elegante sencillez, rica imaginación, candorosos sentimientos y tino y arte para expresarlos adecuada y primorosamente.

El mismo poeta nos describe con fidelidad la índole y condición de su ingenio en la composición que dedica á su musa, y de la que me complazco en citar las estrofas siguientes:

¡Oh, mi Musa! ¡Oh, mi novia!
¡Oh, mi pálida amada!
Cuando el pesar mi corazón agobia
Como aurora me alumbra *tu* mirada.

Del alma *tú* nacis*te*,
Creada en un delirio,
Te di griego perfil, mirada *triste*,
Cabellos rubios y color de lirio.

Cuando *tu* pie se mueve
Y á mí llegas en calma,
Parece que vinieras de la nieve
Y demandaras el calor de un alma.

Indefinible encan*to*
Hay en *tu* rostro impreso.
Calla en mi alma del amor el can*to*,
Muere en mis labios el ardien*te* beso.

Cuando á mi lado veo
Tu faz radiante y bella,
No me enciende la llama del deseo:
Mi amor es rayo de lejana estrella.

Siempre á mi voz respondes,
Y á mi estás tan unida,
Que ni misterios en tu pecho escondes
Ni hay para ti secretos en mi vida.

Llegas á mí sin ruido
En noches estrelladas,
Y tu mano en mis manos, al oido
Me refieres leyendas y baladas.

. . . .

Desde esa ciudad han llegado también últimamente hasta nosotros algunos libros, interesantes, los cuales para mi gusto valdrían más si sus autores fueran menos severos y descontentadizos, no se mostrasen tan de mal humor, acaso no por seguir la condición natural sino la moda, y se armasen de cierta benévola indulgencia al contemplar el mundo y la sociedad en que viven. En resolución, yo hallo que la manía satírica, que el afán de denigrarlo todo suele quitar á las obras literarias de mero pasatiempo no pequeña parte de la amenidad y del encanto que de otra suerte tendrían. El autor tiene ó finge tener mucha bilis, y al escribir pasa muy mal rato y se lo da peor al que le lee, á quien, si el autor no estuviese tan bilioso, entretendría y agradaría muchísimo.

El prurito de censurar es más disculpable en obrillas cortas, cuyo principal fin es la censura.

Así por ejemplo, en los artículos coleccionados en un tomo por Osvaldo Saavedra, bajo el título de *Risa amarga*. El lector se aflige menos de que la gente sea tan mala y tan tonta como el libro se la describe y aun duda algo de la abundancia en general de aquella maldad y de aquella tontería, pues ya sabe de antemano que el autor á quien lee es satírico y que su principal fin escribiendo es hacer aborrecibles los vicios y defectos sociales. En una novela extensa es mucho más aflictivo este prurito satírico. Para diatríba me parece ya demasiado una obra en dos tomos de más de trescientas páginas cada uno de ellos, como la novela titulada *Teodoro Foronda, Evoluciones de la sociedad argentina,* por F. Grandmontagne.

Ni yo presumo de que sea mi doctrina crítica la única buena y ortodoxa, ni menos aun de que las sentencias que yo doy, siguiendo dicha doctrina, sean infalibles é inapelables; pero en fin, en cuestiones de letras y artes, cada cual tiene su criterio y no puede prescindir de él al juzgar una obra literaria ó artística. Según mi opinión, aunque una novela puede tener multitud de fines, (todos los fines que el autor se proponga) estos fines han de estar subordinados al fin principal y meramente literario; pues si el fin principal fuese la moralidad, lo bueno y no bello, el autor en vez de escribir una novela debiera escribir una homilia; y si fuese el fin principal la demostración de una tesis, el autor debiera escribir una disertación, y si fuese la descripción de un país, con sus usos, costumbres y leyes, la obra del autor, más que novela debiera ser un tratado de geografía, de historia ó de cosas políticas y sociales. A mi ver, y sin oponerme á que una novela pruebe ó tire á probar cuanto al autor se le ocurra, esta prueba ó este conato de prueba debe ser sólo el fin secundario. Y de la descripción digo lo mismo. La descripción puede y debe entrar en una novela, mas no como fin principal. Zola, por ejemplo, hasta en el mismo título de sus novelas peca ya contra esta regla que yo me impongo. *El vientre de París, Roma, Lourdes,* etcétera, no son para mi gusto títulos apropiados á una novela. Son más bien títulos de obras científicas sobre tal ó cual lugar, sobre los alimentos que en París se consumen ó sobre otros asuntos por el estilo, más propios de la estadística, de la geografía ó de la filosofía religiosa que del arte puro ó dígase de una ficción poética que sirva y valga para solaz y esparcimiento del ánimo,

Algo de este, que según mi manera de pensar es defecto, tiene la novela del Sr. Grandmontagne y va ya expresando en su segundo título: *Evoluciones de la sociedad argentina.* Cualquiera, al leer este segundo título, puede equivocarse é imaginar que va á leer, no un cuento sino un libro de política ó de lo que con vocablo híbrido y feo llaman ahora sociología. Cuantos lunares y faltas encuentro yo en la novela titulada *Teodoro Foronda* dependen de mi prejuicio ó sea de mi opinión preconcebida contra toda novela con tan grandes pretensiones de docente ó de *tendenciosa*. Y si á lo *tendencioso* y á lo didáctico se unen la observación minuciosa y analítica, el descreimiento y el pesimismo, para que la novela no me canse, ni me aburra, sino que me divierta y me interese, menester es que su autor esté dotado de notabilísimo talento, como lo está sin duda el autor de *Teodoro Foronda*. Este personaje, que da á la novela su primer título, interesa ya no poco, é interesaría mucho más si el autor limitándose á crear un carácter y á desenvolverle en una acción única, no estuviese preocupado y empeñado en propósitos que contrarían y malean un tanto el fin literario ó poético. El hombre que, por la energía de su voluntad, por su trabajo, por el asiduo ejercicio de sus facultades intelectuales y por sus afanosos desvelos se educa y se enriquece y de miserable hambriento y desnudo ó roto se trueca casi en un potentado, no puede menos de interesar á los lectores y de infundir de sí propio un elevado concepto. Y como en su elevación han entrado por poco los caprichos de la suerte y las infracciones de la moral, el respeto y consideración que dicho hombre inspira no pueden menos de ser grandes, aunque yo convengo en que serían mayores y vendrían á llamarse gloria si dicho hombre se hubiera trocado en legislador eminente, en egregio poeta, en gran capitán ó en habilísimo gobernador de Repúblicas. Nada de esto

multio llega á ser Teodoro Foronda, pero llega
á ser rico por constancia y habilidad y no por
acaso, y esto basta para que se le aprecie como
á persona de claro entendimiento, de enérgica
voluntad y de otras raras y nobles prendas.

Los infortunios que acibaran la vida y los
triunfos de Teodoro Foronda nacen de sus más
generosos actos y sentimientos, induciéndonos
á condenar el giro que fatalmente llevan los casos humanos ó las crueldades de una providencia caprichosa. Verdad es que los actos y sentimientos generosos á que me refiero nacen en
el alma de Teodoro Foronda de repente y cuando menos podía esperarse. En una casa de campo, que el autor nos pinta como una verdadera
pocilga, Teodoro había tenido un enredo amoroso con una muchacha semi-salvaje, de la que
le habían nacido dos hijos. Tres años hacía
que á ellos y á la madre los tenía abandonados
Teodoro. Ciertas palabras algo impertinentes
con que le zahiere un compañero, le cambian
de súbito y tan por completo, que sale escapado
en busca de su antigua querida, que revienta
casi los caballos que arrastran su coche, impa-
ciente por ver á los que no había querido ver
en tres años, y que por último le inducen y de-
eiden á reconocer á los niños y á casarse con la
gaucha. Aunque yo no he estado nunca en la
República Argentina, supongo que por allí su-
cederá sobre poco más ó menos lo que sucede
en España: una mujer, cuando alcanza buena
posición social y tiene dinero á mano para

adornarse y acicalarse, pierde como por encanto la antigua rudeza, se vuelve fina como un coral en un abrir y cerrar de ojos y pronto se pule y se elegantiza. Esto ocurre sobre todo cuando la mujer es un tesoro de perfecciones, como le sucede á María Bolívar, mujer de Teodoro Foronda. Tal vez es ella el único personaje de la novela que no tiene *pero* ó mácula. Es discreta, leal, modesta, inteligente, dulcísima, profundamente enamorada de su marido, etc., etc., y en medio de todas estas perfecciones, María Bolívar se queda tan cerril y tan *farota* como cuando vivía en su pocilga y no puede menos de avergonzar á su marido que no la lleva á sus tertulias ni á sus paseos, ni la incita á que salga del retraimiento en que vive y trate á las personas de fuste de Añahualpa que no podemos suponer que fuesen un prodigio de distinción y de finura. En una palabra, María Bolívar cae en el más profundo abatimiento y acaba por morirse medio de pena medio de tisis, aunque la tisis lo mismo hubiera podido sobrevenir si María Bolívar hubiera llegado á ser la más elegante de la población, hubiera bailado más que un trompo en sus bailes y hubiera charlado más que una cotorra con aquellos aristocráticos y presumidos lugareños,

Viudo ya Teodoro Foronda y llegado á más alta posición comercial, vive en Buenos Aires; ama de todo corazón á sus hijos, Simón y Teresa, y los educa con el mayor esmero. Ellos son corporalmente guapísimos, pero salen necios de remate, y caen en la extraña manía de despreciar á su padre porque le hallan poco elegante y plebeyo. Francamente, este desprecio del padre que no se había hecho rico por casualidad sino por su actividad y por su inteligencia que nada tenía de ridículo es un desprecio harto inverosímil, á no imaginar en Simón y Teresa una estupidez fenomenal y monstruosa. De todos modos el que la niña sueñe con casarse hasta con el Presidente de la República y el que Simón sueñe con casarse con una reina ó con una emperatriz, y el que ambos quieran tener por padrinos de sus bodas al Mikado ó al Papa, no son extravíos tan espantosos ni faltas tan enormes de amor filial para que induzcan al padre primero á casarse en segundas nupcias con una moza que se había prostituído antes de entrar en relaciones con él, y por último á matarse, después de echar á sus hijos un sermón cruelísimo, lleno de amarga ironía. Repito que yo señalo aquí por defectos en la novela *Teodoro Foronda*, los que tal vez no lo sean para otros lectores que tengan diverso gusto y principios estéticos diversos de los que yo tengo: pero si prescindo de los tales defectos y del constante empeño, ó de la invencible inclinación del autor á ennegrecer demasiado sus cuadros, yo aplando como el que más su gran talento de novelista. Todo en *Teodoro Foronda* está bien observado y descrito y la novela se lee con interés sin que el libro se caiga de la mano. Las figuras secundarias del cuadro están bien trazadas aunque siempre se note en el autor la manía que le arrastra, no á embellecerlas, sino á ponerlas en caricatura haciendo de todo sátira. Los diálogos son excelentes, y si por algo pecan, es por sobra de verdad. Digo esto porque no veo qué necesidad hay de poner en boca de los personajes, disfrazándolos con otros vocablos asonantes, determinados vocablos obscenos y rudos que la gente ordinaria usa como interjección y tranquilla en sus .conversaciones. Zola en sus novelas emplea sin disimulo ni disfraz los términos análogos que hay en la lengua francesa. Y casi, casi, lo hallo preferible. Asimismo me choca, (y aunque no he estado en Buenos Aires ni conozco aquella sociedad, me inclino á creer que es falso) que las personas elegantes, los doctores y las señoritas más finas, hablen el español con giros y frases idénticas á los de los gauchos. Aquí en España, la gente de la *hig-life* dice por gracia, aunque no la tenga, filfa, timarse, tomar el pelo, dar la hora, dar el opio, barbián, plancha, lata, etc., pero no estropean tanto el lenguaje. Entiendo pues que el Sr. Grandmontagne exagera no poco en este punto, por el exagerado propósito de copiarlo todo de la naturaleza con exactitud fotográfica y fonográfica.

Sentiré que alguien entienda cuando lea estos renglones que yo censuro demasiado la novela

Teodoro Foronda, porque, si me decido á notar en ella lo que considero defectos, es porque la obra me parece buena y merecedora de no tenerlos, y porque el autor carecerá de ellos en otra novela que escriba, si antes de escribirla desecha en parte su manía satírica, su pesimismo y su prurito de observación analítica y exacta y de convertir cada obra de arte en una colección de *documentos humanos*.

Me he extendido tanto en juzgar á mi modo tres ó cuatro producciones nuevas que no me queda espacio para más á no hacer interminable esta carta. Dejo, pues, para la siguiente lo mucho que pudiera decir sobre otros libros y sobre nuestros teatros, aunque sobre éstos vendría ahora muy á cuento decir algo, anunciando la llegada á esa ciudad del Sr. Díaz de Mendoza y de su mujer la señora doña María Guerrero, que, según he oído decir, van, con una compañía dramática, á dar ahí varias representaciones. Yo les deseo un éxito dichoso, y es de esperar que le obtengan, así por el mérito de ellos como por el buen gusto é ilustración de ese público.

VIII

Madrid 20 de Junio de 1897.

He descuidado y retardado tanto el escribir á usted, como tengo de costumbre, que los libros nuevos han ido entrando y amontonándose en mi casa y tengo ya casi tantos como los que tenía el Sr. Cánovas y se prometía leer con reposo si S. M. le hubiera retirado su confianza, librándole del grave peso de nuestros asuntos políticos. Yo no tengo peso ninguno de esta clase y puedo examinar los libros nuevos con escrupulosa detención. Lo malo es que para dar cuenta de mi examen, necesitaría yo escribir también un libro, pues una carta no bastaría. Lo que haré, pues, á fin de no extenderme demasiado, será hablar sólo de los libros que me hayan interesado más, callándome sobre muchos y muy particularmente sobre aquellos que no juzgue yo favorablemente ó que me hayan tenido indeciso y suspenso, sin acertar á decir si me parecen buenos ó malos.

Algo de bueno ha de tener, en mi concepto, todo libro que yo cite, porque me inclino más á la alabanza que á la censura y no gusto de hacer el papel de dómine, empuñando la disciplina ó la palmeta.

Sea, pues, el primer libro de que yo trate el titulado *Amigos y maestros*, de D. Pompeyo Gener. Este autor, natural de Barcelona y residente durante no pocos años en París, me es personalmente desconocido. Hasta hace poco sólo le conocía yo por la fama de que goza y que le da nombre y reputación de persona de extenso y variado saber y de notable ingenio. Ha escrito mucho en su propia lengua catalana, en castellano y en francés. Sus obras más celebradas, que confieso no haber leído, son. *La muerte y el diablo. Herejías* y *Literaturas mal-sanas.*

La lectura de su nuevo libro ha tenido, por consiguiente, todo el atractivo de la novedad para mí.

Si yo fuese más escrupuloso en lo tocante á purismo, algo tendría que censurar en el lenguaje del autor, más afrancesado que castizo; pero yo paso por cima de estas faltas, y aún no las hallo ó las perdono cuando el estilo es rico, natural y fácil, cuando expresa el pensamiento con claridad, con exactitud y sin hacerse pesado.

Amigos y maestros, es libro que se lee con interés, con agrado y sin fatiga. Y siendo esto así, como lo es, yo me dejo seducir, y sin reprimendas ni sermones, hecho la absolución al pecador, aunque sea más contumaz que penitente. Ha de considerarse asimismo que el señor Gener, más que escritor español puro, ya parece catalán *regionalista* que por condescendencia escribe en castellano, ya escritor científico, internacional y europeo, que se vale para divulgar sus ideas del idioma francés, que acaso aspira á ser universal como lo fué el latín en los pasados siglos.

Contiene el libro *Amigos y maestros* una serie de retratos literarios bastante bien hechos, aunque todos ellos estén hermoseados y magnificados, lo cual no me parece defecto, porque yo gusto poco de las caricaturas y en todo retratista aplaudo y hasta exijo la lisonja.

Menos el poeta Bartrina, que es catalán, todos los demás personajes, retratados por el Sr. Gener, son franceses. Figuran entre ellos Ernesto Renán, Pablo Bourget, Gustavo Flaubert, Claudio Bernard, Víctor Hugo y otros; total, catorce retratos.

Poco más de lo dicho tendría yo que decir sobre este libro, recomendando su lectura á los españoles, entre quienes da á conocer no pocas glorias novísimas de las letras y de las artes en Francia, si al final de la obra, y á modo de conclusión y corona, no sostuviese y difundiese el autor una teoría ó doctrina curiosa, con sus puntas y collar de profética y aún de apocalíptica, la cual doctrina, á lo que entiendo, cuenta en los países extranjeros con notables valedores y defensores. El Sr. Gener no la inventa, sino la importa en España.

Confieso que la tal doctrina, aunque me asusta no poco, me divierte y me encanta más que me asusta. Siento ganas de hacerme partidario de ella, y, si no lo soy ya, es porque se me ofrecen no pocos reparos y dificultades que me atajan el paso. Si yo lograse vencerlos me alistaría con placer en las filas de los neófitos ó catecúmenos de la flamante secta. Así como los judíos esperaban y esperan aún al Mesías prometido, esta secta espera el advenimiento, ya próximo, de una raza superior á la raza humana. Del mismo modo que puede suponerse que, en cierta ocasión, hace ya muchísimos siglos, de un mono privilegiado, del *alalo antropisco*, de los habitadores de un hundido continente, que llaman Lemuria, surgió por selección lo que es hoy género humano, puede también suponerse y hasta considerarse evidentísimo que del seno de la raza del hombre surgirá, el día menos pensado, la raza del super-hombre. Los que se queden atrás cuando ocurra esta aparición, en vez de adelantar, retrocederán hacia la *animalidad* primitiva. Serán como el vinote que queda en el fondo de la retorta, cuando se hace la cochura en el alambique y se extrae el aguardiente.

Mala y triste vida aguarda á los que se queden como vinote de la humanidad, cuando espiritualizada y sutil salga la superhumanidad por la piquera.

Posible será también, y esto me agrada más, que la virtud superhumana tenga tal fuerza de transformación y de atracción que levante al mismo nivel á todos los hombres, convirtiéndonos en superhombres á todos, sin que nadie quede desairado ni descontento.

La doctrina me parece tan bella y yo columbro tan luminoso y amplio el horizonte que abre á nuestras esperanzas, que no he sabido resistir á la tentación de hablar muy por extenso sobre el asunto en un escrito que publicará pronto *La España Moderna* y al que me atrevo á remitir al lector que tenga el capricho de conocer más á fondo mis opiniones y mis dudas acerca del particular. Pero como el particular es inagotable, todavía he de hacer aquí, tra-

tando de él en cifra y resumen, algunas observaciones.

Ferviente admirador soy yo del ameno y fecundísimo ingenio de los franceses, de sus escritores de los pasados siglos, y aun de sus escritores del día de hoy. Ni á Renán, ni á Víctor
Hugo, ni á Flaubert, ni siquiera á Juan Ri-
chepin, escatimo mi admiración; pero si he de
hablar con franqueza, no los hallo tan colosales
y pasmosos que la mera contemplación de ellos
me valga como indicio, anuncio y señal del
próximo advenimiento del super-hombre. En
mi sentir hay muchas épocas en la historia en
las que hubiera sido mil veces más razonable
esperar dicho advenimiento. Pongamos por
caso la época de Alejandro el Grande. El mismo Alejandro con sus pasmosas conquistas;
Platón y Aristóteles y otros eminentes filósofos; las artes del dibujo llevadas á la perfección
por Fidias, Praxiteles y Apeles; la elocuencia
de Demóstenes no superada después; Píndaro
celebrando á los vencedores en la arena olím-
pica; el teatro rico ya de las producciones de
Esquilo, Sófocles y Eurípides y de Aristófanes
y de Menandro, y en suma para no causar, la
lozana, espontánea y original civilización de
Grecia, en el momento de su mayor auge y difusión por el mundo, desde las colonias heléni-
cas de Iberia y las Galias hasta la India y la
Bartriana, todo ello forma un espléndido y
pasmoso conjunto, en cuya comparación las
glorias y grandezas de nuestro siglo nos pare-

cen pequeñas. Aunque sumemos los triunfos de Napoleón I con los de Bismark, los libros de *todo* género, que se escriben y publican hoy, en ruso, en polaco, en húngaro, en alemán, en inglés, en francés, en italiano, en portugués, y en castellano, y aunque añadamos á esto las invenciones científicas aplicadas ó no aplicadas á la industria desde la filología comparativa hasta el fonógrafo, el teléfono, la máquina de coser y la bicicleta, no saldrá de la suma nada que levante la estatura intelectual de un hombre ó de cierto número de hombres, contemporáneos nuestros, por cima del punto á que llegaron los griegos más eminentes, que vivieron desde los tiempos de Pericles hasta los del hijo de Filipo. Lo que hay ahora es una divulgación mil veces mayor del saber y de la cultura, y esta cultura y este saber acrecentados extraordinariamente por el incesante trabajo de la especie humana durante veintitrés ó veinticuatro siglos. Sobre todo ello está colocada la humanidad del día como sobre un pedestal altísimo; pero nadie, á no considerar como parte de su estatura el pedestal en que está colocado, puede jactarse hoy de ser mayor que aquellos que echaron los cimientos del pedestal y después fueron elevándolo. Más bien parecen mayores los que con pequeños recursos hacen grandes cosas que los que aunque también las hagan, cuentan ya para hacerlas con un inmenso caudal adquirido por herencia.

A mi ver, el discurso nos lleva á no tener por

irracional é infundada la creencia en la aparición del super-hombre, pero la observación contradice el discurso y declara absurda la creencia. Más rico el hombre, mil veces mejor educado, disponiendo de medios y recursos superiores, debe valer hoy mucho más que hace
dos mil años; esto es lo que el discurso ó la
razón nos dicta, mientras que el resultado de
la observación nos dice lo contrario. La civilización acrecentada y difundida es cierto que
eleva al vulgo, que hace subir hasta cierto nivel
á la generalidad de los seres humanos, pero también rebaja y humilla hasta ese mismo nivel
al sabio, al poeta y al artista, que resultan hoy
muchísimo menos super-humanos que en cualquiera de las edades pasadas. Las ventajas y
las utilidades que de algo se sacan, no son la
justa medida de la grandeza, y la grandeza en
todo caso, está en las ventajas y en las utilidades, y no en quien fácilmente las saca y las
goza.

En suma, ahora hay más gente que sepa leer
y escribir, que ande aseada, que vista, calce,
coma y se albergue mejor que en cualquiera de
los pasados siglos, y que sepa, ó si no sabe, que
pueda saber, valiéndose de Bouillet ó de La-
rouse, mil veces más ciencia que toda la que
aprendió Moisés en los colegios sacerdotales
de Egipto ó de la que trajo Pitágoras de Samos
á la magna Grecia, después de sus largas peregrinaciones; pero, por esto mismo, Moisés,
Pitágoras y otra gran multitud de antiquísi-

mos personajes, nos parecen más super-hom-
bres, que todos los amigos y maestros de don
Pompeyo Gener y que todos los que puedan in-
fundirle el temor ó la esperanza de que la su-
per-humanidad va á nacer ó está ya naciendo
entre nosotros.

La entusiasta idolatría con que se venera
hoy todo lo francés tiene tan racional fundamento que yo no me atrevo á censurarla. Los
libros de Francia son muy amenos; lo que en
París se inventa ó lo inventado en otras partes,
desde París se populariza y se divulga por el
mundo; en París se sutilizan, aquilatan y per-
feccionan como en ninguna otra región, todas
las artes del deleite; allí se confeccionan los más
lindos trajes, sombreros y otros adornos para
señoras; y allí se guisa admirablemente, y allí
se venden afeites, mudas y perfumes exquisitos.
En fin, yo no niego que París es un encanto,
centro fecundo y radiante del *chic*, de la elegancia y de la más sibarítica y refinada cultura.

La adoración, sin embargo, que á París se
tributa, puede traer no pocos inconvenientes y
degenerar en manía. Tal vez un ingenio, español ó americano, lleno de poderosa y original
fantasía y de muy despejada y noble inteligencia, puede pervertir ó esterilizar sus mejores
prendas y facultades y hasta perder algo de su
carácter propio por el afán de remedar lo parisiense y de escribir según la última moda que
en Francia impera.

Digo todo esto con cierto recelo de que se dé

caso semejante en un escritor y poeta, naturalmente tan bien dotado y tan egregio como el
señor Ruben Darío. A mi ver, si él se olvidase
un poco de París, donde habrá pasado dos ó
tres semanas en toda su vida, y si pensase más
en América, que es su patria y que es donde
vive, la originalidad, la gracia y el primor de
su prosa y de sus versos serían mayores y más
dignos de alabanza que lo son ahora. *Prosas
Profanas y Otros Poemas* se titula el libro de
Ruben Darío, impreso en Buenos Aires en 1896,
pero que no he recibido hasta hace muy poco.

Por nada del mundo limito ni refreno yo los
vuelos del Pegaso, ni le corto las alas, ni gusto
de atajarle en su peregrinación por todos los
tiempos y por todas las regiones. Corra y vuele
por la India, por Persia, Asiria y Egipto, de-
téngase á pastar en Arcadia ó en las faldas del
Parnaso y acabe por ir á París á reposarse de
sus correrías. Pero esto no basta, porque conviene que el poeta no sea siempre cosmopolita y
exótico, sino que dé muestras de la nacionalidad y de la casta á que pertenece; y conviene
también que sus versos, como todo fruto espontáneo y sazonado, tengan el sabor del terruño.

Otra falta más capital noto yo en los versos
de Ruben Darío; la carencia de todo ideal trascendente, la cual hace que el fondo de los versos sea monotono, á pesar de la espléndida variedad de colores, de imágenes y de primorosos
y afiligranados adornos con que el poeta pule,
acicala y hermosea muchas de sus composicio-

nes como joyas labradas con amoroso esmero
por hábil é inspirado artista.

No se pueden negar la novedad y la extra-
ñeza con que nos sorprenden y pasman varias
de las composiciones contenidas en el tomo
de que voy hablando. Mucho hay en él de raro
y de nuevo sin caer en lo extravagante; pero lo
repito; en el fondo hay monotonía. El amor
entre mujeres y hombres, desde que nació la
poesía hasta el día de hoy es el asunto más cantado por los poetas y el tema más inagotable
de cuanto en verso se escribe. No es ni ha sido
con todo, el único tema y el único asunto. Los
poetas han cantado las lides y hazañas de los
héroes, las glorias de la patria, la magnificencia y hermosura del universo visible, los mis-
teriosos atributos del Hacedor Supremo, la
marcha progresiva de la humanidad, sus altos
destinos en esta vida y en este planeta, y sus
esperanzas inmortales en otra vida mejor y en
otros mundos ó esferas más puros y brillantes.
Los poetas, *t*raspasando en sus raptos líricos
todo lo explorado por la ciencia, y aun yendo
más allá de los dogmas y de las revelaciones en
que por fe creen penetrar con el espíritu, por
la amplitud del éter, en las esferas divinas, ó
desdeñan tal vez las apariencias que nos rodean
y buscan y tocan la esencia de los seres, ó tal
vez se hunden en los abismos del alma y llegan
ó presumen llegar hasta el origen y causa primera de *t*odo, por quien el alma está sostenida y
de quien está como pendiente.

Yo no niego lo importante, lo dulce, lo atractivo que es el amor entre la mujer y el hombre. Ya sabemos todos que si no fuese por él no se propagaría nuestra especie; pero, esta propagación y conservación interesarían poco si no fuese por el sublime empleo que dicha especie se jacta de ejercer y si no fuese por los fines altísimos para los que entienden que fué creada y subsiste.

Ahora bien (y sentiré que alguien me tilde en mi censura de severo ó hasta de injusto) ¿no se echa de menos en los versos de Ruben Darío todo lo que no es amor sexual y puramente material? Se adornará este amor con todas las galas y con todos los dijes de variadas mitologías; se circundará y tomará por séquito ó comitiva musas, ninfas, bacantes, sátiros y faunos; llevará en sus procesiones una sonora orquesta de instrumentos de distintas edades y naciones como tímpanos, salterios, gaitas, sistros, clarines, castañuelas, flautas y liras; pero siempre será el amor de la materia y de la forma sin sentimiento alguno que le espiritualice. Toda su distinción, todo su refinamiento estribará en ciertas alambicadas elegancias de reciente invención y que tal vez supone el poeta que sólo en París se estilan, ya que casi siempre nos habla, no de las mozas de su lugar ó de otros lugares de América, sino de beteras parisinas, de duquesas y princesas que seducen á los abates y de otras caprichosas y fantásticas damas, á la Pompadour, que tal vez no existan ni existieron nunca, y cuyas imágenes y traza no toma del mundo real, sino de sus visiones y ensueños y de los libros franceses que ha leído. A pesar de lo dicho, (y no se enoje el señor Ruben Darío porque lo diga, ya que no lo diría y me callaría si no reconociese en él un notable poeta, quizás el más original y característico que ha habido en América hasta el día presente) á pesar de lo dicho, repito, los versos de Ruben Darío están llenos de novedad y belleza, y dan clarísimo testimonio de lo que su autor puede hacer en cuanto prescinda un poco de las modas de París y tome para asunto de sus cantos objetos más ideales y aventuras, escenas y casos, más propios de su tierra y de su casta.

Varias novelas muy celebradas han aparecido en estos últimos días. Don Benito Pérez Galdós ha publicado una titulada *Misericordia*, donde pinta de mano maestra la vida y costumbres de los mendigos de Madrid y les hace hablar imitando con escrupulosa fidelidad y raro talento de observación, sus sentimientos, ideas y lenguaje. Todo esto me interesa y me admira, por más que yo prefiero pinturas menos *realistas* y melancólicas. Y en vez de encontrarme con los pordioseros, mugrientos y desarrapados, no sólo en calles y en plazas, sino en una buena novela, preferiría, ya que los hay, que estuviesen en un buen hospicio prestando alguna utilidad á la república y viviendo ellos con menos afanes, fatigas y miserias.

Otro autor, del que yo no tenía la menor noticia, por donde me inclino á calificarle de novel y le creo joven, acaba de publicar una novelita que se lee con mucho agrado. Su título es *Lucha extraña*, y el nombre del novelista don Luis López Ballesteros. No me atreveré yo á calificar el argumento de completamente inverosímil, pero sí de poco común. ¿No lo es, por dicha, el que una muchacha, que no es tonta y que ha tenido su primer novio á la edad de quince ó dieciséis años, que ha hablado con él por la ventana durante no poco tiempo, que ha vivido en el lugar donde él vivía en una casa cercana ó contigua, y que luego ausente él y en Madrid, le ha escrito, y ha recibido de él no pocas cartas amorosas, llegue al cabo de doce años, á olvidarse por completo de la figura de dicho novio, de los amores que con él tuvo y hasta del nombre que él llevaba? Poco común es el caso, pero démosle por posible. Juanita, que así se llama la heroína de la novela, era muy inocentona é infantil cuando tuvo sus primeros amores. Y muertos estos amores merced á la oposición y á los consejos de la prudente madre de la niña, ésta, que apenas tuvo conciencia del enamoramiento, que más que enamoramiento fué en ella una chiquillada, acabó por olvidarse de todo como de sueño vano y sin consistencia alguna.

Sobre este fundamento, si nos hallanamos á darle por sólido, está fundada toda la acción de la novela, rica en sutilezas y apasionadas

profundidades psicológicas. Pepe Aguilar que
así se llama el protagonista, con nombre supuesto y sin ser reconocido por su antigua novia Juanita, la enamora de nuevo. Ella está
enamorada no ya con insustancialidad infantil
sino con plena conciencia de su amor y con estimación justa del valor moral de sus acciones
y compromisos. La *lucha extraña*, que de aquí
nace y que da título á la obra, se realiza en el
mismo centro del corazón del héroe. Así como
Tirso escribió una comedia titulada *La celosa
de sí misma*, bien pudiera titularse *El celoso
de sí mismo* esta novela del señor Ballesteros.
Satisfecho y contentísimo está el Pepe Aguilar,
de más de treinta años y famoso pintor, por
haber rendido y cautivado la voluntad de una
mujer hermosísima de veintiocho ó veintinueve años, que tiene á la sazón Juana; pero
el Pepe Aguilar antiguo, el Pepe Aguilar de
la primera mocedad, que vive aún en el nuevo,
se muestra celoso, triste y hondamente ofendido de que Jnana le haya olvidado primero,
mientras que él no ha cesado de amarla y de
pensar en ella, y de que ahora le sea infiel y le
deje por otro, aunque este otro sea él mismo.

El proceso de esta pasión constituye el enredo y da interés á la fábula. El desenlace es dichoso, acabando, con mucho arte y habilidad
del novelista, por conciliarse y justificarse todo:
Juanita sólo había amado la primera vez por
ciego y candoroso instinto, mas la segunda vez
amó ya con el completo y claro conocimiento

de amor que Pepe Aguilar desde el principio tuvo, y al fin cuando el amor del uno y del otro se igualan, el nuevo Aguilar reconoce que el Aguilar antiguo no tiene razón ni motivo para atormentarse con celos, y, desechados éstos, Pepe y Juana se casan y son venturosos.

Otra novela, que termina muy bien y que es más optimista que *Lucha extraña*, es la séptima de una serie de novelas argentinas, que está publicando en Madrid el señor don Carlos María Ocantos, Secretario de la legación de esa República en esta Corte.

En la mencionada séptima novela, que salió á luz pocos días há y cuyo título es *Promisión*, los personajes todos están bien comprendidos y trazados y presentan cierta amena variedad hasta por la nación de que proceden, pues unos son alemanes, otros franceses, otros italianos, otros ingleses y españoles otros. El común predicamento en que entran todos es el de inmigrantes en el Río de la Plata, donde llegan sin tener el más pequeño disco del metal que da nombre á dicho Río, y donde si son trabajadores, honrados y listos, se hacen de millones en poco tiempo. La fortuna, en aquel hemisferio antártico, aparece menos ciega que en nuestro hemisferio, ya que los que son holgazanes ó algo pícaros, en la novela al menos, en vez de enriquecerse, siguen siendo pobres, y suelen acabar mal y de un modo trágico. Son como los zánganos en una colmena. Discurriendo sobre el caso con toda formalidad, aunque esto ni

en el Río de la Plata ni en clima ó región algu_
na de nuestro planeta no sea muy ajustado á la
realidad de las cosas, yo no condeno sino que
aplaudo que en una novela se finja que es así.
Una novela, aunque esté en prosa, es obra poética; y ya, hará lo menos veinticuatro ó vein-
cinco siglos, dijo Aristóteles que la poesía es
muchísimo más filosófica que la historia, por
que la historia enseña lo que es y la poesía enseña lo que debe ser. Y claro está que lo que debe
ser es que los trabajadores y virtuosos prospe-
ren y logren mil venturas y que los malos y los
flojos reciban el merecido castigo y pasen las
penas derramadas.

No se puede negar tampoco que en un país
naturalmente rico, fértil y nuevo, donde hay
muchísimo por explotar y donde el pueblo y
los que ingresan en él viniendo de tierras extrañas, gozan de la libertad más amplia y de
todos los recursos y medios que proporciona la
más adelantada cultura, ese ideal, cuando no
indefectible, probable, de medrar y de elevarse
con honradez, actividad y talento, está más
cerca de realizarse con frecuencia, ya que no
siempre, que en unesta vieja Europa, donde
hay que luchar con añejos vicios, inveteradas
preocupaciones y otras dificultades, que por
ahí no ocurren tan amenudo, y donde ya las
buenas posiciones y las cumbres suelen estar
señoreadas por alguien y queda muy poco ó casi
nada libre y para el primer ocupante.

De todos modos, y sea de esto lo que sea, el

entusiasmo patriótico y la fe viva en el porvenir de su nación, de que el señor Ocantos da brillante muestra en su libro, le hacen grato y simpático á los lectores é iluminan sus cuadros como en lo material ilumina un fértil paisaje la risueña luz de la aurora.

Hasta resulta de la novela que la esperanza juvenil de aquel gran Estado naciente y la contemplación del florecimiento germinal de su ingente potencia productiva ejercen benéfico influjo moralizador en los caracteres; y alguien que llega de Europa hecho un pillastre ladronzuelo se convierte en un joven hacendoso y honrado á carta cabal. Bien es verdad que en esta transformación beatífica influye no poco el amor, el cual, por dicha, no ha desaparecido de Europa todavía, ya que en Europa seguimos enamorándonos lo mismo que en Buenos Aires.

En suma, la última novela del señor Ocantos es muy ameno libro de entretenimiento. Por tal le tienen en España todas las personas de gusto. Y la fama concede entre nosotros al señor Ocantos, lo mismo ó más que en su propia tierra, el título y el lauro de buen novelista.

También hemos recibido recientemente de esas regiones un interesantísimo libro de Daniel Granada, conocido ya como autor del *Vocabulario rioplatense razonado,* obra que me complazco en recordar aquí haber elogiado como era justo en dos *Cartas americanas* bastante extensas. El espacio me falta para hacer hoy no menos detenido elogio del nuevo libro, pero el nuevo libro tal vez lo merece más que el antiguo, así porque supone más erudición en el autor y mayor diligencia en buscar datos, como porque el asunto es, si cabe, de mayor importancia y trascendencia. El *Vocabulario* trataba de palabras, traídas al castellano de antiguos idiomas de América. como el *guaraní*, el *tupí*, el *araucano* y el *quichúa:* y el nuevo libro trata de ideas y de creencias, nacidas en el espíritu de las razas indígenas de América y conservadas hasta ahora. El nuevo libro se titula *Supersticiones del Río de la Plata*, y es ameno á par que instructivo ya que trata de todos los poderes sobrenaturales y ocultos que hay en las cosas según los indios las conciben ó las concebían y compara estas creaciones fantásticas con otras creaciones semejantes del espíritu del vulgo europeo.

Menester sería escribir un larguísimo artículo, exclusivamente consagrado á dicho libro, sólo para poner en resumen sus principales materias.

Aunque D. Daniel Granada es de nación español, me inclino á creer que ha de ser pariente de un D. Nicolás del mismo apellido, sujeto á lo que parece muy considerado y apreciado en Montevideo, á quien incitaron los parciales de la insurrección cubana á hacer la apología de dicha insurrección y á escribir contra España. Dió esto ocasión á que escribiese D. Nicolás una carta muy elocuente y lisonjera, bien escrita y mejor sentida, en favor de la nación Española. Esta carta circula por aquí impresa en folleto; de ella han publicado nuestros periódicos muy extensos trozos; y todo ello ha sido muy leído, agradecido y celebrado entre nosotros.

El recelo de fatigar la atención de los lectores de *El Correo de España*, me impide seguir extendiéndome sobre no pocos otros libros que últimamente se han dado á la estampa. Me limitaré, pues, á citar algunos de ellos, dándoles de paso la alabanza de que los juzgo merecedores.

El Sr. D. Salvador Rueda, bajo el epígrafe de *Camafeos*, ha publicado una colección de algo más de cien sonetos, donde da muestra de su ferviente entusiasmo poético, de su viva imaginación y de su maestría en el manejo de nuestra lengua, del metro y de la rima. Ya, si la memoria no me es infiel, anuncié en otra carta la aparición de estos sonetos, que conocía yo inéditos, y hablé asimismo de la manía de sonetizar que se ha difundido entre los poetas españoles tal vez de resultas de los triunfos que el cubano Heredia ha obtenido en Francia, *sonetizando* primorosamente en lengua francesa.

Nuevas novelas y hasta nuevos novelistas aparecen hoy muy á menudo en nuestra patria. De *El Tesoro de Gastón* no sé qué decir porque aún no ha llegado á mis manos; pero doy por seguro que será libro tan entretenido y ameno

como todos los que brotan de la infatigable pluma de doña Emilia Pardo Bazán.

Otro flamante novelista es el Sr. D. Ricardo
Macías y Picavea, de cuya novela titulada *La
Tierra de Campos*, deseo yo hacer detenido
examen, dejando hoy esta tarea para otra carta en que haya menos cosas de que tratar. Baste
saber ahora que el Sr. Macías aparece en cierto
modo como discípulo de Pereda, aunque am-
pliando y completando la teoría del montañés
acerca del *arte novelesco*. El Sr. Macías, á lo
que parece, gusta como Pereda del regionalismo en este género de poemas en prosa. Supone
que Pereda describe el norte montañoso de
Castilla; doña Emilia Pardo Bazán, la región
gallega; Armando Palacio Valdés, las Astu-
rias; Pérez Galdós, la sociedad madrileña; y
Fernán Caballero, años ha, y yo más tarde, la
vida y costumbres de los andaluces. De suerte
que, deseando el Sr. Macías que cada región de
España tenga sus cronistas y *describidores* novelescos, se decide á describir y describe la
meseta central de España, la tierra de Campos,
la parte llana de Castilla la Vieja. Del conjunto de todas estas descripciones parciales
saldrá ó podrá salir más tarde la descripción
total, la novela nacional íntegra, si es que ya
Cervantes no la produjo en el *Quijote*. Bien es
verdad, aunque no lo diga el Sr. Macías, que
en lo futuro el cielo puede enviarnos un digno
rival de Cervantes, que escriba con el nuevo
método de observación minuciosa, aunque sin-

tetizando la novísima, completa y experimental novela de toda la península. Todo esto estará muy bien, salvo que yo no acierto á comprender la colosal fuerza sintética de que tendrá que estar dotado el Cervantes experimental futuro para encerrar, en un solo poema en prosa y en unidad de acción determinada, todo lo más sustancial de tantas variadas, múltiples y minuciosas observaciones. De aquí que me incline yo á sospechar que la tal teoría es falsa: que Cervantes no fué como el califa de la novela española; ni Pereda, Galdós, la Pardo Bazán, Armando Palacio Valdés, y Fernán Caballero como los reyes de taifas; ni que el futuro Cervantes, experimental y observador, si por dicha sobreviene, ha de asemejarse á un Abderraman literario y ha de escribir una novela que equivalga al califato de las novelas experimentales y regionales españolas. Comprendo que sabios ingenieros han hecho ya ó pueden ir haciendo, una por una, las descripciones geológicas, de todas las provincias de España, y que luego otro ingeniero, más sabio y comprensivo que todos, reuna, condense y ordene todas las descripciones parciales, y produzca un libro magnífico en que España entera quede geológicamente descrita. Lo que no comprendo, lo que me parece extravío y rareza, es formar un concepto por el mismo estilo de las obras de pasatiempo. Sin duda que la observación de los usos, costumbres y leyes de la tierra en que la acción de una novela se reali-

za y hasta el conocimiento topográfico, botáni-
co y zoológico, arqueológico é histórico de esta
tierra, convienen é importan al novelista. La
novela es poesía, y aunque su fin sea crear la
belleza, tiene que crearla por medio de la imitación, ó dígase tomando para modelo la realidad de las cosas, así naturales como artificia-
les. Pero, en mi sentir, desde el conocimiento,
indispensable para la imitación, hasta el conocimiento fatigoso y científico que la nueva
teoría novelesca supone, hay la más pasmosa
distancia. Y el que confunde ambos conocimientos y toma esta confusión como base de
una novela suya, se expone á pecar de pesado
y á escribir algo que tendrá muchísimo merito,
pero que no será una novela, según yo lo entiendo. Cuanto va dicho, sin embargo, no ar-
guye la imposibilidad de que el ingenio, la
inspiración, la inventiva poderosa para crear
caracteres y tejer un enredo y el arte y la aptitud magistral para el manejo del idioma no
basten á triunfar de la más absurda teoría estética, y no hagan acaso que alguien, siguiéndola, escriba la más linda, interesante y conmovedora novela, que imaginarse puede.
Zola, da claro testimonio y evidente prueba
de esta verdad. Nada más absurdo, á lo que
yo entiendo, que su estética, lo cual no impide que yo lea, si no siempre con gusto, casi
siempre con admiración, sus novelas, reconociendo en ellas muy altas prendas de escritor y aun no pocas de aquellas facultades,

como pongo por caso, la fantasía creadora, que él tal vez juzga inútiles ó nocivas para componer novelas experimentales y recoger *documentos humanos.*

Me sugiere cuanto acabo de decir la lectura del Prólogo que ha puesto á su novela el señor Macías. Y aquí me paro y no digo más por hoy esperando poder hablar en otra carta de *La tierra de Campos* y decir de ella algo parecido á lo que pienso y digo de las novelas de Zola.

Va siendo ya tan larga esta carta que me decido á concluirla, dejando para otra, que escribiré pronto, el tratar de muchos libros, nuevos que tengo á la vista, y sobre los cuales, por poco que yo dijera, hay tanto que decir que mi carta pecaría, si yo lo dijese, de monstruosamente larga. La terminaré, pues, con lo que llaman ahora los cronistas de salón y de sociedad una *nota triste.* Es esta nota la que participa la muerte de D. Francisco García Ayuso, académico de número de la Real Academia Española. El ilustrado profesor ha muerto casi de repente, y, si no joven, en toda la plenitud y fuerza de sus facultades mentales y en la mejor edad de una vida consagrada á las tareas é investigaciones científicas. Como en España y en los demás países que fueron españoles no hay muchas personas que se dediquen á estudios serios, no se ha de extrañar que se haya divulgado poco la buena fama del Sr. García Ayuso, que apenas sean conocidas sus obras y que sea ignorado de la generalidad de las gentes hasta su propio nombre. El señor García Ayuso, sin embargo, era un filólogo y etnógrafo distinguidísimo, y muy apreciado por los inteligentes, así en España como en Alemania y en otros países extranjeros. Vasto era su saber en idiomas modernos y antiguos, especialmente en idiomas arianos. Y en la ciencia nueva, que tenemos la gloria de que fuese fundada por el español D. Lorenzo Hervás y Panduro, tal vez ha sido el Sr García Ayuso quien más se ha señalado después entre nosotros. De su laboriosa vida y de sus notables escritos está encargado de emitir juicio y de dar detenida cuenta el Sr. D. Francisco Fernández y González, Rector hoy de nuestra Universidad central.

A mí básteme citar ahora los títulos de algunas de sus más interesantes y eruditas obras. El Sr. García Ayuso nos deja una *Gramática comparada de los idiomas indo-europeos;* otras varias gramáticas de diversas lenguas vivas; un libro sobre *Los pueblos iraneos y Zoroastro;* un *Estudio de la filología en su relación con el sanskrito;* y algunas elegantes y fieles traducciones de dramas indios, como *Sakuntala* de Kalidasa.

De varias personas se ha hablado ya para ocupar el sillón que el Sr. García Ayuso ha dejado vacante en la Academia. Se ha hablado de D. Emilio Ferrari, elegante poeta lírico y narrativo; de D. José de Canalejas, que es hoy uno de los más elocuentes oradores é importantes hombres políticos del partido fusionista; y de D. Jacinto Octavio Picón, autor de varias novelas divertidas é interesantes y de muchos ingeniosos cuentos, prosista fácil, elocuente y castizo y crítico muy entendido y discreto en las artes del dibujo, de lo cual está dando ahora brillante prueba en los artículos que publica en *El Imparcial* sobre la exposición bienal abierta desde el 25 de Mayo.

A pesar de candidatos tan buenos, hacía tiempo que se había adelantado otro cuyo valer y popularidad en el concepto de las gentes, así como las simpatías con que cuenta entre los académicos, le han valido, á lo que parece, que se le designe por previo acuerdo para reemplazar al Sr. García Ayuso, cuando llegue el dia de la elección oficial que será después de las vacaciones de verano.

El nuevo académico, ya que podemos considerarle casi como electo, es D. Isidoro Fernández Flórez, reputado periodista y propietario en gran parte de *El Liberal*, que compite con *El Imparcial* y con el *Heraldo de Madrid* en ser popular, estimado y leído.

El Sr. Fernández Flórez, además de la importancia é influjo que por su periódico tiene, es muy celebrado como narrador ameno é ingenioso, autor de muchos cuentos, y además como crítico literario muy notable, descollando entre sus trabajos de este género el estudio que hizo del eminente autor dramático D. Manuel Tamayo y Baus y de todas sus obras.

Como quiera que sea, la Academia sin duda llamará á su seno principalmente al Sr. Fernández Flórez en representación de la prensa diaria, órgano poderoso de la opinión pública en el día y rápido y constante vehículo por cuya virtud la palabra y el pensamiento se difunden hoy sobre la muchedumbre.

IX

Madrid 4 de Agosto de 1897.

Según comuniqué á usted en mi carta anterior, escribo ésta más pronto de lo que pensaba porque tengo aún muchos libros nuevos de que dar noticia. Empezaré por la segunda *Academia* del Sr. D. Carlos Reyles. Tiempo ha que en una de estas cartas traté de la primera *Academia* ó novela corta del mismo autor, publicada en Montevideo y titulada *Primitivo*. La segunda *Academia* está impresa en Madrid y lleva por título *El Extraño*.

Cuando di noticias de la primera, discurrí por extenso sobre las doctrinas estéticas del autor, que supongo ha de ser uruguayo, y celebré mucho y como se merece sus buenas prendas de escritor, entre las cuales descuellan

la viveza de imaginación y una fuerza poco
común en el estilo.

Ya se entiende que si yo no creyera en el valer literario del Sr. Reyles, nada bueno ni malo
diría acerca de sus obras. Si las censuro es por
creer que el autor vale, aunque anda harto extraviado.

Su extravío proviene de una á modo de enfermedad epidémica, que se nota en todas partes y muy singularmente entre los escritores
hispano-americanos. Consiste la enfermedad
en cierto candoroso y desaforado entusiasmo
por la última moda de París en literatura,
como si en literatura estuviesen bien las modas
y como si en literatura se fuese progresando
siempre como se progresa en cirugía ó en química y mecánica aplicadas á la industria.

Sin duda que, en mi sentir, nadie ha escrito
hasta ahora una más hermosa novela que el
Don Quijote, aunque yo no niego que podrá un
día, escribir alguien otra mejor novela; pero
esta mejor novela no lo será porque se haya
progresado, sino porque Dios ó la naturaleza,
la Providencia ó el acaso, hará que nazca, en
Rusia, en Suecia, en Francia, ó quién sabe
dónde, un novelista más ingenioso, más profundo y más ameno que Miguel de Cervantes.
De todos modos, la mejor novela que hoy se
escriba, no lo será porque se funde en una estética recién descubierta y porque se ajuste á
determinados procedimientos á la última moda
de París, sino que será la mejor novela por la

propia, libre y tan poderosa como juiciosa inspiración de quien, con entendimiento tan sano
como grande, acierte á escribirla.

Yo no entiendo de música é ignoro lo que
podrá ocurrir en lo futuro con relación á la
música; pero sobre literatura, aunque también
entienda yo poco, entiendo lo bastante para
estar segurísimo de que no es dable en cierto
sentido la literatura del porvenir. Se cae de su
peso que la literatura, reflejo de creencias,
doctrinas, costumbres y leyes, aspiraciones,
temores y esperanzas de cada época, varía tan
á menudo como varían todas estas cosas en el
seno de la sociedad humana. En este sentido la
literatura del siglo XVIII, con relación á la del
siglo XVII, fué literatura del porvenir, y la del
siglo XIX lo fué con relación á la del siglo
XVIII, y la del siglo XX lo será con relación á la
de nuestro siglo; pero no es esta perogrullada
lo que quiere expresarse cuando se habla hoy
de literatura del porvenir. Lo que quiere expresarse es la aparición de escritos tan profundos y sutiles, que los de Homero, Dante, Virgilio, Ariosto, Shakespeare, todos nuestros
grandes dramáticos y los dramáticos griegos;
en suma, cuanto hay de conocido hasta ahora y
puesto en letra de molde, sea fruslería insus-
tancial, superficial y *epidérmica*, que de tal la
califica el Sr. Reyles, comparada con lo que ya
se va escribiendo y con lo que se escribirá en
adelante, si Dios no lo remedia, ajustándose á
los patrones, cánones y moldes que vienen de

París, ora inventados, ora aceptados y autorizados allí, aunque vengan de Alemania, de
Rusia ó de Suecia.

Todavía hay en este nuevo arte literario que
el Sr. Reyles sigue, algo que me choca más que
la supuesta superioridad de las obras por virtud de progresivo desarrollo. Lo que me choca
más es el propósito de que las novelas, cuentos,
academias ó como quieran llamarse, no se han
de escribir para deleitar y pasar agradablemente el tiempo con su lectura, sino para mortifi-
car, aterrar y compungir á los lectores como
con una pesadilla tenaz y espantosa. Y si esto
fuese para hacernos aborrecer el mundo y todas
sus pasiones, alborotos, pompas y vanidades,
el caso tendría explicación, salvo que yo, en
vez de llamar novelas á los libros que así se
escriban, los llamo obras ascéticas, materia
predicable, homilías ó libros de moral severa
y adusta, como los *Gritos del infierno*, los *Casos
raros de vicios y virtudes*, las *Agonías del tránsito de la muerte* y los *Estragos de la lujuria*.

Por desgracia, esta literatura á la moda no
puede ser así, porque para ella la moral, si la
tiene, no se funda en ninguna religión, ni en
ninguna metafísica, y el vicio y la virtud vienen á ser productos tan naturales y tan inevitables como el vitriolo y el azúcar.

Tampoco me conformo con los tipos ó personajes que surgen de tales doctrinas, que las pro-
fesan, y que así ellos como el autor que los ha
creado, entienden que son muestras refinadísi-

mas, exquisitas, aristocráticas de una flamante y peregrina aristocracia, y en todo superiores á los rastreros, vulgares y timoratos burgueses.

La segunda academia del Sr. Reyles saca á la palestra y pone en acción á uno de esos disparatados seres sublimes, llamado Julio Guzmán.

El autor, en mi opinión, aspira á que admiremos, á su héroe, pero sólo logra que nos parezca insufrible, degollante y apestoso. Es cómica sin que el autor lo quiera, la pretensión de hallar inauditas novedades en los refinamientos y quintas esencias con que la moderna cultura presta hechizos supremos á la lascivia. Yo entiendo, y todo el mundo entenderá lo mismo, si bien lo recapacita, que en el vicio mencionado, así como en todos los demás, no ha habido el menor progreso desde las edades patriarcales. Lot y sus hijas, Dina y el príncipe de Siquén, los habitantes de Pentápolis, la señora de Putifar y los caballeritos *dandíes* y *gomosos*, que vivían en Bactra, en Ur ó en Menfis, sabían cuanto hoy pueden saber en punto á voluptuosidades todas las ninfas de París y sus mantenedores y parroquianos.

Cuando uno recuerda á Oala y á Oliba de Ezequíel, la *Nana* de Zola es una paloma sin hiel, es una inmaculada cordera. Y cuando uno trae á la memoria los linimentos, pomadas, aromas, afeites, mudas, untos y frotaciones, con que durante un año iban adobando á las más lindas muchachas antes de presentar-

las al rey Asuero, todos los refinamientos, primores, adornos y sahumerios de que puedan
valerse las más alambicadas ninfas de París
son la propia ordinariez y la más vulgar *cursi-
lonería*. Las artes *cosméticas* é indumentarias
y todas las demás invenciones, trapacerías y
mañas provocantes y fomentadoras del erotismo habían llegado á la perfección hace más de
tres mil años y desde entonces nada han adelantado.

El más curtido y experimentado en amores
de todos los mozalvetes que viven en París, no
podría describir con mayor exactitud que el
divino Homero los medios de seducción de que
se vale una mujer para engañar, enloquecer y
adormecer á su marido ó á su amante. Dígase
si Juno no estaba bien industriada en todo ello
cuando para encender en deseos frenéticos el
corazón de Júpiter se puso el cinturón de Venus y subió á la cumbre del Gárgaro. Onfale
hizo hilar á Hércules, Dalila cortó á Sansón
los cabellos y Elena suscitó una guerra espantosa que duró diez años. A ver si estas señoras
y muchas otras de que están llenas las historias sagradas y profanas, no sabían dónde les
apretaba el zapato en cuanto se refiere al arte
cuyas reglas fundamentales puso Ovidio en
verso.

Pero volvamos á Julio Guzmán *el extraño,*
y pongamos término á las divagaciones.

El suceso, que presta asunto á la novela ó
academia, es harto frecuente en la vida real.

Durante la mía, que ya no es corta, he visto yo docenas de casos parecidos: una mujer que, ya por una razón, ya por otra, casa ó se propone casar con su hija, con su sobrina ó con su hermana, al hombre de quien está ó estuvo enamorada y con quien tiene ó tuvo poco castas relaciones. Esto, aunque frecuente, es bellaquería de marca mayor, que nunca debe disculparse; pero menos disculpa tiene el arrepentirse por tan desmañada manera que el galán, á quien quiere casar su enamorada, mate á disgustos, ó poco menos, así á dicha enamorada, como á la novia que le ha buscado. Y todo ello por exceso de amor, porque él está prendado de ambas y porque se encuentra, aunque sea innoble comparación, que suplico se me perdone, como burro entre dos piensos.

En resolución, Julio Guzmán, á quien su querida Sara se aliana á casar con su hijastra Cora, se arregla de suerte que causa la infelicidad de Cora y de Sara y se queda sin la una y sin la otra. No debiera, pues, llamarse Julio Guzmán, sino Pedro Urdemalas. Lo cierto es, que en esta *academia* de *El extraño*, todos son infelices. ¿Y cómo no ha de serio el *extraño* y cómo no ha de hacer infelices á cuantos le rodean y á cuantos se interesan por él, cuando es víctima de una vanidad ridícula y de las más indigestas doctrinas pesimistas, materialistas y ateístas?

Y es lo singular que, después de todas mis

censuras y después del mal efecto que me produce la multitud de galicismos que hay en *El
extraño*, todavía persisto en ver en el autor
muy notables prendas de novelista. Sólo las
desluce la manera de escribir á la última moda
y de imaginar que hay novedad y mejora
en ello.

Hasta el desencanto, la desesperanza y el
hastío que pueda tener Julio Guzmán, valen
poquísimo, en comparación de los que tres mil
años antes tuvo Salomón según el *Eclesiastes*.

Afortunadamente en nada malo hay novedad
ni cabe progreso. Tal vez pueda haber novedad y tal vez quepa el progreso en lo bueno. Si
la literatura del porvenir así lo entendiese y
así lo buscase, más razón tendría de ser y yo
no me atrevería á censurarla. La censuro porque hace lo contrario.

Aun en los tiempos en que la mente humana
imaginaba divinidades tiránicas y crueles, los
grandes poetas, sobreponiéndose á la desconsoladora creencia, buscaban y hallaban un final
desenlace, trascendente y dichoso, para sus
tragedias más horribles, dejando á la Providencia justificada y glorificada. Así Minerva
ahuyenta á las furias y devuelve á Orestes la
paz del alma, y así Prometeo es libertado y
salvado por el hijo mismo del Dios que tan ho-
rriblemente le castigaba.

De otro escritor americano, natural, á lo que
entiendo, de la república de Venezuela, debo
decir algo aquí, con ocasión de un tomo de

Cuentos que acaba de publicar en París y que últimamente ha llegado á mis manos.

Se llama el escritor José María Manrique, y nos le recomienda con grandes alabanzas y en un discreto prólogo el Sr. D. Eduardo Calcaño.

No he de cercenar yo ni pizca de las alabanzas que Calcaño da á Manrique. Éste no tiene los gustos novísimos; no es imitador de Ibsen, ni de Tolstoi, ni de D'Annucio, ni de Bourget. Se parece más á lo que por aquí conocemos. No hay en él amaneramientos ni extrañezas, como en Reyles, y algunos de sus cuentos, sencilla y naturalmente contados, divierten ó interesan y prueban la buena disposición del autor para este género de escritos. Yo añadiré sólo, sin añadirlo precisamente por él, sino como consideración general, que perjudica no poco á los escritores hispano-americanos su larga residencia en París y su preocupación de lo parisiense. De español, tal vez no se descubre en ellos sino el lenguaje, aunque harto desfigurado. Y lo que es de americanos se descubre en ellos mucho menos todavía. En estos *Cuentos* del Sr. Manrique, mucho de lo que pasa, pasa en Francia y entre personajes franceses, y cuando no pasa en Francia ni son franceses los personajes, éstos sienten, hablan y hacen lo que hacen como si lo fueran. De todo esto tiene que resultar que carezca el libro de originalidad americana, que no sea libro francés porque está escrito en castellano, y que como libro

castellano valga menos que otros, compuestos acaso por escritores de muy inferior ingenio, pero que escriben con lenguaje y estilo
más peculiares y propios de nuestra casta ó
raza.

Este último mérito no puede negarse que
resplandece en casi todos los novelistas españoles del día, sea mayor ó menor el talento
que tienen para divertir con sus chistes; para
conmover el espíritu con el desenvolvimiento
de vehementes pasiones y con la narración de
lances trágicos; y para sacar de todo ello alguna moral enseñanza. La novela española de
costumbres de nuestros días parece realista,
más que por seguir el gusto francés, por inclinación natural de los españoles á preferir en
sus obras el realismo. En la pintura, sobre
todo, de las gentes de la clase media y de la
clase ínfima y en el lenguaje del vulgo con
todos sus idiotismos y más gráficas frases,
nuestros autores son dignos de admiración y
de aplauso por lo fieles, aunque tal vez pecan
por cierta falta de selección de que la fidelidad
conviene que vaya acompañada. Todo lo que
dicen los personajes de una novela ha de parecer verosímil que en la realidad lo digan personajes semejantes; pero no todo lo que dicen
estos personajes de la realidad ha de ponerse
en boca de los personajes de la novela, porque
esta obra, que debe ser una obra de arte, deja-
ría entonces de serlo y se convertiría en representación servil de lo sucedido y vivido, con

14

toda la prolija trivialidad y con la fatigosa pesadez que la realidad tiene á menudo.

A pesar del escollo que indicamos y en el que con frecuencia se choca, no puede menos de ser admirado y envidiado el talento de observación de algunos autores y la facilidad dichosa con que reproducen en sus cuadros lo que verdaderamente ha ocurrido ó ha podido ocurrir.

En el teatro, en lo que llaman algunos con infundado desprecio el *género chico*, se nota singularmente esta habilidad. Y como la forma dramática exige concisión, los autores se salvan de la difusión gracias á esta exigencia, mientras que en la novela, donde hay campo abierto para extenderse, tal vez para ser fieles caen en difusos. De aquí que se produzcan en el día sainetes y zarzuelas que, salvo algún excesivo desenfado que un severo crítico puede censurar en ocasiones, son cuadros de la vida popular, llenos de exactitud graciosa. Buena muestra de ello es la última zarzuela del señor Ramos Carrión (música del Sr. Chueca), titulada *Agua, azucarillos y aguardiente.*

Mayor aplauso, porque tiene también mayor vuelo y trascendencia, daría yo á la recién publicada novela del Sr. D. José María Matheu, cuyo título es *Marrodán primero*, si no fuera por la exactitud nimia con que copia ó procura copiar la realidad de la vida humana.

Si tomamos por asunto de nuestra narración lo que durante cierto tiempo sucede á determi-

nado número de personas ligadas entre sí por
amistad, por parentesco ó por el acaso, nuestro
asunto será muy real, pero será muy poco artístico. La narración que escribamos, si está
bien escrita según sucede con la novela del señor Matheu, tendrá algún interés y podrá divertirnos y conmovernos, pero nos conmovería
y divertiria más si no se hubiese prescindido,
casi por completo y para ajustarse fielmente á
la verdad, de las reglas principales del arte
antiguo: de que haya un protagonista, descollando en medio de los personajes secundarios
que en torno de él se agrupen y de que haya
perfecta unidad de acción, donde todo se enca-
dene y donde no entre episodio ni acción se-
cundaria que no valga y coopere al final y total
desenlace.

Me atrevo á recordar estos preceptos porque
el Sr. Matheu tiene buenas condiciones de novelista y es lástima que no los observe.

La idea capital de su novela es presentarnos
á un hombre de la clase media más humilde,
que hace algún dinerillo, que se llena de ambición y de vanidad, que aspira, valiéndose de
la política, á ser encumbrado y famoso personaje sin contar para ello con prendas suficientes ni en el entendimiento ni en el carácter, y
que acaba con sus vanas y engañosas ilusiones.
Lo natural es que á este hombre, que es Marrodán, y á las personas que le rodean, le suce-
dan infinidad de cosas que nada tengan que
ver con el tema ó con la acción principal de la

historia. Claro está que se ciñe más á la verdad quien lo relata *todo*, pero también es claro que el relatarlo todo, nada tiene de artístico, si lo que se relata no pone ni quita á la principal acción ó si resulta que hay cuatro ó cinco acciones distintas y no una sola. Así los disgustos matrimoniales entre D. Juan Manuel Lucientes y su infiel consorte; y así los amores de Marino, hijo de D. Juan Manuel con una desalmada corista, el robo que hace á su padre, la infidelidad de la daifa, la desesperación del galán y por último su suicidio. De todo ello no resulta una novela; resultan lo menos tres novelas en una. Se me objetará que más incoherentes asuntos, lances y sucesos, pueden entrar y entran á veces en una novela, sin que la unidad se desvanezca. Y yo contestaré que es cierto, pero cuando se guarda la debida proporción, y todo está subordinado y engarzado como en el hilo que forma un collar de perlas. Las bodas de Camacho, la historia del cautivo, los románticos amores de Dorotea y Lucinda con D. Fernando y Cardenio, los más sencillos é inocentes amores de doña Clara y del fingido mozo de mulas y otra multitud de casos y aventuras, trágicos unos y cómicos otros, que dan rica y espléndida variedad al *Quijote*, podrían estar ó no estar en él sin que el ser del héroe manchego y sin que la acción en que figura cambiase sustancialmente; pero todo ello se cuenta con rapidez, y la misma diversidad de lo que se cuenta hace que la proporción subsista y que la novela permanezca una, sobresaliendo en aquella selva de aventuras, dentro de cuyo intrincado laberinto jamás se olvida ni se pierde.

Repito que, á pesar de lo expuesto, *Marrodán primero* se lee con agrado y hace esperar del autor más sazonados frutos. A no ser por esta esperanza no me emplearía yo en notar y censurar defectos. Si el papel de Zoilo me parece aborrecible, todavía, aunque útil, hallo enojoso el de Aristarco.

A despecho de la bárbara profecía lanzada tres ó cuatro años há en el Ateneo, sobre la próxima desaparición de la forma poética; á pesar de la indiferencia cruel de lo más elegante y encumbrado de la sociedad y sobre todo de las mujeres que ahorrecen los versos, que no saben uno de memoria y que apenas entienden lo que se les dice cuando se les dice en verso castellano y éste no es más pedestre, desmayado y prosaico que la prosa más vil; y á pesar, por último, del prosaísmo puesto en moda y que hace más aptos el mérito y la rima para aleluyas, coplas de zarzuela y chuscadas satíricas, que para odas y elegías, el verso sigue cultivándose aun con amor, y con amor harto desinteresado, porque ni da gloria ni suele producir dinero.

Nosotros, los críticos benignos, ó nos callamos cuando un poeta nos parece mal, por que al fin poco daño hace el que compone versos pobres y vulgares, ó bien, si nos entusiasmamos por el poeta novel, ensalzamos su talénto y hasta llegamos á darle pasaporte para la posteridad y muchos vales de aplausos, pagaderos en las edades futuras. Todo, á mi ver, es casi inútil y vano, al menos en la edad presente. Tal vez, á fuerza de constancia, de insistencia y de tenacidad en poner por las nubes á un poeta, logramos que hasta las mujeres lleguen á creer y á decir con pasmo que aquel es un poeta; pero ya se guardarán ellas muy bien de quedarse con un verso suyo en la memoria, y muy singularmente si el verso, además de ser verso, tiene sustancia y forma poéticas, y no se limita á ser prosa con cierta medida y con el sonsonete de los consonantes ó de los asonantes.

En suma, yo considero que hay en el día, en España el más lamentable desdén por la poesía seria. Sin que esta poesía sea gongorina, ni afectada, ni amanerada, el mero hecho de ser poesía supone en ella primores y refinamientos que están por cima del alcance del vulgo, y en los que debieran complacerse y deleitarse las personas refinadas y primorosas; y como esto no sucede, yo no extraño que aparezcan pocos poetas buenos y egregios. Lo extraño es que aparezcan algunos, y que los pocos que aparecen no se vicien por el afán de rendir culto á la moda y de acudir á novedades y rarezas para vencer el desdén de la *hig-life* y ser leídos y aplaudidos. De aquí la moda hasta en la poesía lírica. La deidad caprichosa, de

cuyos templos y culto son prebendados, canónigos, arzobispos y hasta *papisas*, Worth, Pa-
quin, Laferrière, Redfern y Doucet quiere le-
vantar su trono hasta sobre la cumbre del
Parnaso.

Lo que es yo, aunque arrojo de allí á la moda
y ni la reconozco como reina, ni la acepto por
juez en asuntos literarios, no puedo menos de
afirmar que la poesía tiene en cada época es-
pecial y distinto carácter, que se reflejan en
ella las ideas, sentimientos y creencias predo-
minantes entonces, y que cada poeta, si tiene
valer propio, aunque no se esfuerce por ser
original, será original y diferente de los otros
como físicamente se diferencia de los otros
cualquier hombre aunque todos tengan ojos,
bocas y narices.

Me mueve á decir todo esto la lectura de un
tomo de versos, titulado *Las mujeres*, cuyo
autor es D. Emilio Fernández Vaamonde. Poco
esfuerzo noto en este poeta para mostrarse
adrede raro y ponerse á la moda, por lo cual,
me complazco en aplaudirle. Está sin embargo
á la moda, pero con cierta instintiva espontá-
neidad que le absuelve de culpa. Y está á la
moda, no tanto en el ser sustancial de su poesía, como en el traje de que la viste; traje que
pretende ser nuevo y á veces de inusitado
corte. El poeta inventa ó imagina que inventa
metros, en mi sentir no siempre gratos al oído
y enriquece estos metros con abundante profusión de rimas, las cuales cansan á veces y no

otra, palabra que raras veces usam

siempre deleitan. La dificultad vencida falta en ellas, porque suelen ser muy comunes y fáciles de hallar, y porque dan ocasión, cuando no á ripios, á sobrada abundancia de palabras. Los epítetos en *oso* y *osa,* en *ente* y *ante*, en *able* y en *ible*, se repiten más de lo justo; y no pocas veces muchos de estos epítetos pudieran suprimirse perdiendo poco ó nada los versos en fuerza de expresión y ganando por lo concisos.

He de confesar que los defectos del señor Vaamonde no nacen de que él sea premioso y pobre de ingenio, sino de riqueza y facilidad extremada. Su Pegaso no quiere espuela, sino freno, y quiere sobre todo que no se le abra campo libre por donde corra sin dirección y á la ventura, sino que la crítica le sujete y le obligue á no salir de la pista. Los versos del señor Vaamonde son, en mi sentir, como planta muy lozana y frondosa, la cual, ganaría mucho si la podasen, pues aunque tuviese entonces menos hojas verdes, tendría más lindas flores.

Va autorizado el libro *Las mujerss*, con una breve carta de D. Gaspar Núñez de Arce y con un prólogo de D. Jacinto Benavente, joven escritor que ha ganado ya extensa y merecida fama como autor dramático y también como crítico.

El libro del señor Vaamonde es libro *amoroso*, pero no de la manera exclusiva con que Dante fué amoroso con Beatriz, Petrarca con

Laura, y el divino Herrera con Heliodora. El Sr. Vaamonde es de creer que se fijará con el tiempo, mas por lo pronto es harto mariposón: falta ó sobra tan perdonable como frecuente en las mocedades. Todas las mujeres, como sean jóvenes y guapas, le agradan, le enamoran y le inspiran canciones, donde las retrata de cuerpo entero con ropas transparentes y aéreas y con delectación morosa, de la cual logra con frecuencia que el lector participe. Así nos pinta á la pura, á la santa, á la mística, á la falsa, á la perversa, á la pródiga, á la soñadora, á la hermosa, etc., etc., siendo cada uno de estos retratos, casi tan bonito y tan gustoso al oído y á la mente del aficionado á versos, como son gustosos y bonitos los retratos al pastel que otro Vaamonde, pintor y primo del poeta, ha hecho y hace de muchas elegantes damas de esta coronada villa. Alguien dice que el pintor lisonjea y hasta idealiza á las damas que ha retratado. Yo de esto no diré ni sí ni no, porque, si bien el pintor nada perdería, antes bien merece aplauso la adulación artística, al acusarle de adulador, faltaría yo á la galantería que á las damas se debe. En cuanto á los retratos hechos con la palabra rítmica por el poeta, bien puede decirse sin ofender á nadie, que hay en ellos adulación é idealización, lo cual les presta encanto.

No conozco al poeta é ignoro si es joven; si lo es, (como de la misma vehemencia de su general afecto por el bello sexo puede con razón, presumirse) me atrevo á pronosticar que ha de escribir aún mejores poesías cuando él mismo se ate y se reprima y sea conciso y premioso por arte, ya que por naturaleza tiene una lozanía viciosa que menoscaba el vigor de sus producciones.

Empresa es, por cierto, casi imposible de realizar esta en que yo me he empeñado de dar noticia de los principales libros nuevos que van apareciendo. Tal vez deje yo olvidados los mejores y hable de los que menos lo merezcan; pero aseguro que pecaré en esto por ignorancia y no por malicia. Yo ando siempre en busca de lo bueno, á fin de deleitarme, admirándolo primero y procurando luego darlo á conocer para que los demás hombres lo admiren. Y esta manera de ser no es, á lo que entiendo, excelente y rara condición de mi carácter, sino condición muy general en los seres humanos. De aquí que no acierte yo á ver el fundamento que tiene D. Luis Siboni para fulminar anatemas contra una asociación de literatos y de críticos, que él imagina, y cuyo objeto es monopolizar y conservar la gloria para los asociados, negándosela á los que acudan de nuevo á participar de ella, aunque vengan cargados de merecimientos. Francamente, yo creo que el señor Siboni sueña y que tan egoísta y pícara asociación no existe. Es verdad que ahora hay muchos ignorantes que escriben; pero siempre ha sucedido lo mismo. Ya lo dice Horacio: *scribimus doctique indoctique passim.* El periodismo no es institución, ni magisterio, ni cosa que lo valga, sino un modo de publicar en hojas sueltas ó en cuadernos, de diario, semanalmente ó en otros determinados períodos y valiéndose de la máquina llamada imprenta, cuanto á los que se dedican á escribir puede ocurrírseles, de bueno ó de malo, de discreto ó de tonto. La sátira pues, contra los periodistas y contra su ignorancia es la menos fundada de todas las sátiras. El médico, el abogado, el ingeniero y el farmacéutico, pongamos por caso, deben ser satirizados si ignoran su profesión porque han de tener un título que los autoriza para ejercerla y les sirve de garantía, pero los que escriben en los periódicos no exhiben título alguno ni es posible prohibirles que escriban sin previo examen. Por consiguiente con denarlos en conjunto es una inocentada. Los periodistas no forman gremio ni congregación. Casi todo el que quiere escribe en los periódicos, sea ó no sea lo que escribe leído y aplaudido. Si no es leído, la sátira es tardía é inútil, sobrepuesta al desdén del público; y si es leído y aplaudido, y sin embargo lo escrito es malo y aun detestable, el público que lee y aplaude será el ignorante y el tonto, y contra él y contra el singular autor que tan injustamente ha ganado los aplausos, puede y aun debe el crítico lanzar con furor los dardos de su sátira. Lo que yo no comprendo es que los lance contra los periodistas en conjunto. En España en el día de hoy, es más inmotivado que en otros

países y en otras épocas este encono antiperio-
dístico. ¿Quién si vale algo y si ha logrado alguna celebridad como escritor no ha sido ó no
es periodista en España? Balmes, Donoso Cortés, **Pidal, Cuadrado, Pacheco, Pastor Díaz.**
Cánovas y muchísimos más, que son ó pasan
por ser hombres eminentes en nuestra tierra,
han sido ó son periodistas.

Todavía es menos razonable la acusación
lanzada por el señor Siboni, así contra los periodistas como contra los que han alcanzado
celebridad con el favor y auxilio de los periódicos, de que atajan el paso á los que vienen
cargados de estudio y ricos de ingenio por el
camino recto que los debiera llevar al templo
de la fama. A mi ver sucede todo lo contrario,
y yo no lo censuro sino que lo alabo. Cuantos
escribimos en los periódicos, y para los periódicos, salvo raras y avinagradas excepciones,
andamos siempre buscando lo glorificable para
tener el gusto de glorificarlo. El *bombo* es el instrumento que más nos complacemos en tocar.
Yo le toco hasta para el señor Siboni, que me
acusa de inmoralísimo y de viejo chocho, con
ocasión de mi última novela, aunque todo ello
acompañado de mil generosas alabanzas de que
yo no soy digno y que le agradezco de corazón.
Esto prueba que todos, incluso el señor Siboni,
tocamos el bombo. Y así, el que no llega á ser
glorioso y magnificado por sus escritos, créame
el señor Siboni, es porque al público no le cae
en gracia ó por que el público no le entiende,

de lo cual no tiene la menor culpa el *katipunan* literario, con que el señor Siboni sueña en su elegante librito, titulado *Plaza partida.*

Cuenta que yo no sostengo que la fama sea justa siempre y que distribuya con equidad los laureles. Lo que sostengo es que no depende del *katipunan* la injusticia de la fama: depende de otras mil causas, que sería prolijo señalar.

Algunas de estas causas están además tan á la vista que sería inútil señalarlas. Así, por ejemplo, no se puede exigir del público que compre, lea ú oiga, entienda y dé el mismo aplauso y nombradía al autor de un libro de metafísica, de matemáticas ó de otras materias que pocas personas entienden, que al que escribe un sainete, una comedia ó una novelita que entienden todos. Nada más natural que la fama de que goza entre el vulgo el Sr. López Silva, que compone diálogos y cuentos y refiere lances de majos y de chulas de Madrid; y nada más natural también que el completo desconocimiento de la merecida y apenas lograda gloria y hasta del nombre del padre Juan José Urraburu, de la Compañía de Jesús, quien está publicando en Valladolid unas *Instituciones de Filosofía,* todas en latín, de las cuales han salido ya cuatro tomos, de letra muy menuda y apretada, y de más de mil páginas cada uno.

El padre Urraburu, no ha tratado hasta ahora sino de lógica, ontología, cosmología y psicología general. Y como es de suponer (y por qué no) que escriba y publique aun su psicología particular, su teodicea, su moral ó ética, y acaso su estética, su filosofía de la historia, su filosofía del derecho, etc., etcétera, lícito es presumir que sus instituciones completas, constarán de ocho ó diez tomos si no se extienden hasta formar una docena, sencilla y no de fraile. Repito pues, que, si bien el Padre Urraburu es persona de muchísimo mayor mérito que López Silva, no se puede ni se debe exigir que el público en general lo reconozca y se entere del caso.

Más fácil es que adquieran fama, aunque nunca tan dilatada como los autores de obrillas de entretenimiento, los sabios *romancistas*, que escriben en castellano, y sobre todo, si combinan la erudición con la amenidad y discurren sobre puntos más al alcance de la generalidad de los hombres.

Modelo de este género es el señor D. Emilio Cotarelo y Morí, cuyos eruditísimos libros, á par de enseñar mucho, son de tan amena lectura, y á menudo tan alegres y regocijados, como la más linda y bien trazada novela, llena de peripecias y de varios lances de amor y fortuna. Dentro de poco es de esperar que salga á luz el precioso libro del señor Cotarelo sobre D. Tomás de Iriarte, libro premiado por la Real Academia Española, y en el cual se traza y describe con gran fidelidad y gracia todo el movimiento literario y toda la vida intelectual de España en el siglo pasado.

Como pienso dar más extensa noticia de este libro cuando aparezca impreso, me reservo también para hablar entonces de otros libros del señor Cotarelo, recientemente publicados y muy divertidos. Tales son las vidas y milagros de las célebres comediantas María Ladvenant y María del Rosario Fernández, vulgarmente llamada la *Tirana.*

Antes de publicar estos dos libros, y antes de escribir el ya citado que premió la Academia y que saldrá pronto á luz, el señor Cotarelo era conocido y estimado de cierto público erudito por algunas otras apreciables producciones: á saber, por su biografía y crítica de *El Conde de Villamediana,* y por sus estudios sobre Tirso de Molina y D. Enrique de Villena.

En el número de estos escritores, eruditos y amenos á la vez, pongo yo con gusto y sin rencor de mi parte, al presbítero D. José M. Sbarbi, gran conocedor de nuestro idioma y asiduo cultivador del *folk-lore* castellano, sobre todo en lo tocante á refranes.

Con el título de *Ambigú literario,* el señor Sbarbi acaba de dar á la estampa una abundante colección de variados y entretenidos artículos empezando por un *plato de garrafales,* donde pone á mi pobre *Pepita Jiménez* como chupa de dómine y cual no digan dueñas; pero esto no obsta para que yo reconozca que el señor Sbarbi tiene razón con frecuencia y que he incurrido en descuidos y faltas de que procu-

raré enmendarme. Y como *un plato de garra-*
fales se publicó por vez primera muchos años
há y no ha impedido que *Pepita Jiménez* se lea
y se compre, yo más que enojado estoy agradecido al señor Sbarbi y confieso que está mucho
más á caballo que yo sobre la gramática. Su
colección de artículos y otras obrillas sueltas
que forman un total de cincuenta, prueban
además que el señor Sbarbi tiene un estilo
agradable en extremo, emplea un lenguaje
muy castizo y correcto y sabe enseñar de-
leitando.

Voy á terminar esta carta que peca ya de
prolija, como dicen los revisteros de salones,
con una nota triste, más triste que la que dí ó
puse en mi última pasada carta.

Ha muerto mi excelente y antiguo amigo
D. Francisco Javier Simonet, á quien yo conocía y trataba, desde hace medio siglo, cuando él y yo, así como también D. Antonio Cánovas del Castillo, ya acudíamos á charlar, ya
á ver y á estudiar libros raros, ya á regalarnos
con suculentos almuerzos y comidas muy á la
española en casa del célebre D. Serafín Estébanez Calderón, tío del ilustre hombre de Estado, que es hoy Presidente del Consejo de
Ministros. Cánovas y yo, cada cual á su modo
nos aficionamos mucho á las letras castizas
bajo la dirección de *el Solitario*; pero ambos
nos sustrajimos á su férula de arabista. Quien
no se sustrajo y aprendió bien el idioma ará-
bigo fué nuestro amigo Simonet, que acaba de

morir en Madrid, siendo catedrático del mencionado idioma en la Universidad de Granada.
Como fruto de su ingenio, de sus conocimientos en lenguas semíticas y de su extenso saber en no pocas materias, Simonet deja escritos y publicados varios libros importantes y curiosos como son: *Las leyendas históricas orientales*, impresas en Madrid en 1858; *El Glosario de voces ibéricas y latinas usadas entre los mozárabes*, trabajo de exquisita erudición premiado por la Real Academia Española y publicado en 1888; y por último, *Influencia del elemento indígena en la cultura de los moros del reino de Granada*, precioso librito impreso en Tánger eu 1895.

El señor Simonet, impulsado sin duda por la fuerza de la verdad histórica y asimismo por el vehemente fervor de su fe cristiana, propende á rebajar la originalidad, el valer y los servicios prestados á la civización del mundo por la ciencia y por las letras muslímicas.

Deja también el señor Simonet, otra importantísima obra inédita que premió la Real Academia de la Historia, bastantes años ha, y que no se comprende por qué dicha Real Academia no ha publicado todavía. Es esta obra histórico crítica, y trata de la condición, leyes y costumbres de los muzárabes ó sea de los españoles que permanecieron fieles á la religión de Cristo, bajo el poder y durante la dominación de los muslimes en España.

X

Zarauz 2 de Septiembre de 1897.

Escribo á V. desde este pintoresco lugar de
la provincia de Guipúzcoa, á donde he llegado
poco ha, para pasar cuarenta ó cincuenta días
con mi familia á la orilla del mar Cantábrico.
Antes había yo pensado venir por aquí, pero la
horrible tragedia con que terminó la vida de
Cánovas me detuvo en Madrid, deseoso de asistir al entierro de aquel varón ilustre, con cuya
particular amistad me honraba yo hacía medio
siglo: desde 1847. Era él sobrino y era yo amigo
y como discípulo del famoso don Serafín Estébanez Calderón, á cuya casa asistíamos y donde
nos veíamos con frecuencia, así como veíamos
también al piadoso y erudito Don Francisco
Javier Simonet, muerto recientemente en Madrid y de quien he hablado varias veces en estas cartas.

En medio de los afanes y cuidados de su fecunda y activa vida política, Cánovas no ha
prescindido nunca de sus aficiones literarias,
y, como tenía gran facilidad y tiempo para todo
ha escrito bastante de amena literatura y aun
de ciertas cuestiones filosóficas, muy por cima
de los asuntos y problemas inmediatamente

prácticos que suelen preocupar á los políticos de España.

No es mi ánimo exponer y aquilatar aquí el mérito de Cánovas como literato, pensador, crítico y hasta poeta. Básteme decir que su extraordinario valer como fácil, brillante é imperioso orador y sus altas prendas de hombre de Estado han contribuído á eclipsar las otras facultades especulativas que él poseía y hasta han estorbado que las ejercite asiduamente sacando de ellas mayor abundancia de sazonados frutos. Añádase á esto que el enconado espíritu de partido y tal vez la envidia de ver á Canovas en la más elevada posición, han pervertido el criterio de muchos, juzgando á Cánovas como escritor casi siempre con severidad extremada y muy á menudo con injusticia patente y absurda.

Sin duda que él tenía un defecto, pero este defecto se ha hecho constar con sobrada acritud y se ha exagerado. Extraño parece, pero es sin embargo muy frecuente en personas como Cánovas de tan prodigiosa afluencia y energía de palabra, la cual brotaba de sus labios semejante á inexhausto venero y á raudal impetuoso, que parezcan al escribir algo enmarañadas en el estilo. Pero hay que notar que la tal maraña no suele estar en el que escribe sino en el que no sabe leer y sin embargo lee. Del mismo defecto y con menos razón todavía se acusaba á D. Antonio Alcalá Galiano, siendo en este caso más evidente aún la culpa de los lectores; porque algunos años hace escribir castizo era más raro y la generalidad de las gentes, cuando leían algo en castellano puro, se enredaban y hasta llegaban á no entenderlo, como si leyesen en griego ó en hebreo.

La culpa de Cánovas en esto del estilo, pues yo no he de negar que como escritor tenía alguna culpa, nacía del sobrado esmero, de su anhelo de perfección en la forma y de su afán de ser pulcro y atildado. Si Cánovas no hubiese corregido nunca las pruebas de imprenta y hubiese confiado esta tarea á cualquier secretario suyo, su estilo nos parecería á todos mucho más natural y espontáneo. Al corregir las pruebas, no he de negar yo que él le viciaba un poco. Aun así, la mayor parte de sus obras, y singularmente las políticas, históricas y filosóficas, se leerán siempre con agrado, hallando en ellas quien sea capaz de entenderlas, sutiles y profundos pensamientos y el sello magistral de una inteligencia alta y clarísima y de un saber nada común, adquirido por el estudio.

No he de sostener yo que fuese Cánovas muy notable poeta, pero él no pretendió serlo tampoco. Su galantería de hombre de mundo, el afecto vehemente con que solía prendarse de algunas mujeres y su constante amor á todo lo poético en la forma y en el fondo le inspiraron algunos versos, contra los cuales se han lanzado sin fundamento mil injurias. Y esto, si en absoluto es injusto, lo es mucho más cuando se consideran sin pasión las desmedidas alabanzas que se prodigan á tantas vulgaridades y prosaicas y ramplonas simplezas como en verso se componen. Ciertamente que los versos de Cánovas, aunque Cánovas careciese de estro poético, tendrían que ser mejores que no pocos de los que hoy se elogian, como obra al cabo de una persona discreta, instruída y cuyo entendimiento ve con claridad las cosas y cuyo corazón es capaz de sentir y de apasionarse con la mayor energía.

Puede que alguien me acuse de sobrado parcial de Cánovas, por las relaciones de amigo y de *condiscípulo*, que me unían á él, pero mi parcialidad favorable dista infinito de igualarse á la desfavorable parcialidad con que Cánovas ha sido tratado.

Yo, aunque separado de él en política, no olvidaré nunca la buena correspondencia y los favores que le debo literariamente y como particular amigo. Me complazco en recordar que en 1867, hice de él un breve panegírico, al contestar á su discurso de recepción cuando entró en la Real Academia Española; que él autorizó con una introducción elegante mis cinco primeras novelas, publicadas en la colección de don Mariano Catalina; que más tarde tuve el gusto de dedicarle mis *Cartas Americanas*, y que, por último, se yo que él leía y celebraba mis escritos, lo cual aunque parezca extremado candor en mí el declararlo, me lisonjeaba en extremo.

En la conversación familiar, sobre todo en-

entre damas era Cánovas amenísimo. Sus chistes y sus agudezas picantes regocijaban á todos menos al que sentía la picadura; yo le admiraba más como conversador que como orador. Y ha habido épocas en que él y yo asistíamos casi de diario á las mismas tertulias.

Con pena recuerdo ahora la única vez que hemos sido *rivales* de una rivalidad harto inocente. Fué en 1868, poco antes de estallar la revolución que lanzó de España á los Borbones. Y fué en los mismos baños de Santa Agueda. Cánovas capitaneaba una compañía para hacer charadas en acción y yo capitaneaba otra. Y no faltaron ocasiones en que al representar aquellos dramas fingidos, alguien tuviese que matar á Cánovas. ¿Quién había de pronosticar entonces, entre las personas que allí asistíamos. y cuyos retratos conservo en fotografía formando grupo, que Cánovas, veintinueve años después, había de morir de tan desastrada, aunque gloriosa muerte?

Como en estas cartas debo hablar sólo de literatura, nada diré en ellas de la importante vida política de Cánovas, de las generales muestras de dolor con que se ha lamentado su muerte, ni de la pompa fúnebre y demás manifestaciones con que se trata de honrar su memoria. Diré sólo que en dos épocas harto distintas he admirado yo á Cánovas más que nunca. Y en ambas por brillar en él dos nobilísimas cualidades, una en apariencia un tanto contraria al carácter avasallador é imperioso

que generalmente se le atribuye, y otra contraria en realidad á su condición poco sufrida y
que prueba la fuerza de voluntad que tuvo que
emplear para vencerse. Aludo primero á la generosidad previsora con que Cánovas atrajo á
sí á los revolucionarios vencidos por la restauración; movió al rey á que los llamase á palacio, á que les tendiese su mano de amigo y á
que los convidase y sentase á su mesa; y por
último contribuyó á que fuesen diputados y senadores, habilitándolos para que le hiciesen la
oposición y le sucediesen en el poder como
nuevo partido dinástico. Y aludo en segundo
lugar á la maravillosa paciencia con que, para
no comprometer á esta nación harto poco feliz y
empeñada hoy en dos largas y costosas guerras
civiles coloniales, ha sufrido el inmenso cúmulo
de impertinencias con que un poder tan despro-
porcionado con el de España, abandonada y
sola, la mortifica y ofende ahora de continuo,
cediendo á la presión de una parte de la plebe
nada magnánima y sobrado codiciosa.

No quiero ceder á la tentación de disertar
aquí, con motivo de la existencia de nihilistas
ó anarquistas, sobre la corrupción de nuestro
siglo y sobre la falta de creencias religiosas,
causa, según muchos, de secta tan abominable.
Indudablemente, la religión es un freno, pero
más que freno es consuelo para los desdichados
humildes y menesterosos. De todos modos, los
crímenes de los nihilistas parecen hoy mucho
más horribles porque se contraponen á la dul-

zura de las costumbres, porque ahora rara vez
hay tiranía, y porque para todos los hombres
están abiertos y llanos los caminos, y noble
ejemplo de ello fué el mismo Cánovas, de en-
cumbrarse desde la más obscura posición hasta
la más elevada. Y esto sin violencia, sin engaño
y sin perjuicio de persona alguna, sino por el
propio merecimiento y por el superior valer del
entendimiento y del carácter. El horror, pues,
que inspiran los crímenes de los nihilistas nace
principalmente de la carencia de motivo racional, aunque vicioso, y de la carencia también
de propósito, ya que por ninguno de esos crímenes se logrará amedrentar á los burgueses
y hacer una gran revolución, desbaratando el
orden establecido y sentando la sociedad sobre
bases nuevas, dado que los nihilistas sepan ó
crean saber cuáles son estas bases, hayan inventado un sistema y el sistema sea realizable
dentro de la condición humana. Lo absurdo y
bestial del nihilismo, es por consiguiente lo
que más nos asombra y disgusta, si se atiende
sobre todo á que creemos en el progreso y el
nihilismo le contradice y á que vivimos en una
edad de mayor humanidad y cultura que las
anteriores edades. Por lo demás no implican
irreligión ó ateísmo los atentados más feroces. Ciertamente no fueron librepensadores
los asesinos, pongamos por caso, del Almi-
rante Coligni y de los de su bando, ni los asesinos de Enrique III y Enrique IV reyes de
Francia.

Como quiera que ello sea, España es hoy entre casi todos los países de Europa, el que menos puede quejarse de la decadencia del fervor católico. Si alguien se queja con razón es del abuso que de ese fervor se hace y del extravío con que se le tuerce y se le transforma en arma de partido y en medio de satisfacer ambiciones y codicias. Apenas podemos dar crédito á los tristes rumores que circulan, pero no falta quien afirme que los carlistas conspiran y se preparan, anhelando mover nueva guerra civil y aprovechándose de los males é infortunios de su patria para medrar á costa de ellos.

Es falso todo motivo religioso que aleguen. En el día, el catolicismo está en España floreciente, triunfante y favorecido. La Iglesia ejerce extrordinario influjo y el clero tiene más activa parte en la educación de la juventud que ninguna otra clase. *El ite et docete omnes gentes* se ve ahora muy cumplido en España. Los jesuitas, los escolapios y los agustinos tienen multitud de brillantes colegios en nuestras principales ciudades y en ellos se educa lo más florido y lozano de nuestra juventud. No contentos con esto, los Padres hacen propaganda de sus ideas piadosas, y sin contar con los periódicos diarios, publican revistas muy populares y leídas. La de los jesuitas es la más popular porque no se mete en honduras y está más al alcance de los niños y de las beatas La de los agustinos es, en cambio, una publicación muy estimable y tal vez la publicación periódica de mayor mérito que en España se da hoy á la estampa.

Estimulados por tales ejemplos el abad y los canónigos del Sacro-Monte de Granada se esfuerzan por convertir en fecundo centro docente, en algo á modo de Universidad católica, el antiguo colegio que tienen, ha siglos, en su encumbrado y pintoresco retiro. La abadía, el colegio que de ella depende, y el hermoso templo y las criptas y subterráneos donde se custodian y veneran los huesos y cenizas de los primeros predicadores y mártires de la fe cristiana en nuestra península, están situados en la cima de un cerro, fértil y cubierto de árboles, y separado de los otros fértiles cerros sobre los cuales se alzan la Alhambra y el Generalife, por amenísimo y hondo valle, en cuyo centro van corriendo las frescas y cristalinas aguas del Darro. Difícil sería hallar soledad más grata y apacible en cualquiera otra parte del mundo. El Sacro-Monte dista de Granada poco menos de media legua. Desde su altura se ven las montañas, cubiertas de blanca nieve hasta en el rigor del verano, y se otean no poca porción de la antigua ciudad morisca, con su magnífica catedral y demás monumentos, los cármenes que la circundan, y la espléndida vega que se extiende más allá, en la llanura, y que limitan las graciosas colinas, donde puede decirse que las Alpujarras empiezan y donde se cuenta que dió Boabdil su famoso suspiro y oyó las agrias represiones de su adusta madre.

No puede haber lugar más acomodado que el Sacro-Monte para el retraimiento y el estudio. Allí, sin las distracciones y sin los pasatiempos y peligros de una ciudad populosa, pueden los jóvenes consagrarse á la ciencia y á las letras saliendo hábiles é idóneos para el sacerdocio. El colegio del Sacro-Monte no ha sido sólo un excelente seminario, sino que también se ha dado en él, desde antiguo, la segunda enseñanza y se han estudiado hasta hace poco, los dos primeros años de la facultad de derecho. Ultimamente se ha restablecido allí el estudio de dicha facultad, completándole todo. Los estudiantes tienen que ser internos, y hay para hospedarlos centenares de celdas, que últimamente se han aumentado.

El intento y el plan de los canónigos no se concretan á lo dicho: aspiran á más y acaso lo consigan, á pesar de la fuerte, tenaz é inexplicable oposición, que contra ellos (¿quién lo dijera?) mueve en Roma el clero granadino. Quieren los canónigos y sobre todo el celoso é inteligente abad, dotar á aquel seminario, con abundantes rentas propias que para ello tienen, de muchas cátedras de estudios superiores que completen el de la Teología que en los demás seminarios se enseña y que convierta á los que estudien en el Sacro-Monte en verdaderos doctores y en sabios apologistas del cristianismo. Desean fundar cátedras de historia del antiguo oriente, de ciencias naturales aplicadas á la defensa de la religión, de filología comparativa, de exégesis y de varios idiomas como el griego, el árabe, el hebreo y el sanscrito, proponiéndose, si para algunas de estas disciplinas no hallaren en España adecuado maestro, traerle de país extranjero. No puede negarse que el propósito es generosísimo y debe desearse que los canónigos del Sacro-Monte le consigan.

El señor abad, don José de Ramos López, ha escrito con este fin y para dar cuenta de la instalación de la facultud de derecho en su Santa Abadía y colegio, un muy curioso y erudito libro, que es el que nos mueve á escribir estos renglones, y que lleva por título *Restablecimiento de los estudios de Derecho en el insigne colegio de teólogos y juristas del Sacro-Monte de Granada.*

Como en la variedad está el gusto, ya que he hablado de los triunfos y conquistas del catolicismo, voy hablar y exponer aquí, aunque sea rápidamente, algo de la ciencia y de la religión del porvenir, que á fuerza de cavilaciones y tal vez de inspiraciones dichosas, ha inventado, en la ciudad de Méjico, un señor llamado don Jesús Ceballos Dosamantes, de cuya obra anterior sobre el perfeccionismo me holgué y me deleité yo en extremo al dar extensa cuenta en mis *Cartas Americanas.*

El nuevo libro del señor Dosamantes es aun más original y divertido. Bien puede decirse de él que si *non e vero e ben trovato.* El juicio que del libro se forme no puede, con todo, ser definitivo, porque según el mismo autor asegu-

ra, el libro tiene siete sellos, como el del Apocalipsis, y el señor Dosamantes no ha roto hasta ahora más que cuatro sellos y deja los otros
tres para romperlos más tarde. Promete, sin
embargo, que los romperá y yo no lo dudo,
porque él es capaz de todo. Cuando los rompa,
sabremos cuanto hay que saber, y sobre la ciencia, que nos será revelada, vendrá á fundarse
la religión última é invariable de la humanidad: religión amplísima, que contendrá en sí
todas las verdades que, mezcladas con errores
ó envueltas en el denso velo de símbolos, pa-
rábolas y alegorías, enseñaron ó dejaron entre-
ver Zoroastro, Moisés, Numa Popilio, Budha,
Hermes Trimegisto, Jesús y Mahoma.

Difícil es exponer aquí en breves frases el
grandioso sistema científico del religioso señor
Dosamantes y el tesoro de verdades que hace
resplandecer á nuestros ojos, después de la rup-
tura de los cuatro primeros sellos. Pero, en
fin, diremos algo aunque sea poco y lo diremos,
con grandísima pena de tener que decirlo
superficialmente, sin ahondar demasiado, y
valiéndonos de términos poco escogidos y téc-
nicos, por donde tal vez parezcan burlas las
veras con que deseamos expresarnos.

Las dos grandes antinomias que se ofrecen
á la mente humana cuando filosofa, son, en mi
sentir, primera: la coexistencia de Dios y del
mundo, sin que al parecer ó se confundan en
uno ó se contrapongan ó se limiten. Sobre esta
antinomia meditaba San Agustín cuando de-

cía: *Señor, las cosas, si son algo, es por el ser que Tú les das, y no son nada, porque no son lo que Tú eres.* La otra antinomia es sobre la existencia del mal. Desde muy antiguo la expresaba impíamente Protágoras en este dilema: *si el sumo Júpiter puede destruir el mal y no le destruye, el sumo Júpiter no es bueno, y si no le destruye por que no puede, no es todopoderoso.*

A estas dos antinomias pueden añadirse tres preguntas que abarcan toda la filosofía y que plantean todos los problemas del destino humano, preguntas que, el doctor seráfico, San Buenaventura, se hacía en esta forma: *¿quién es Dios? ¿quien soy yo? ¿como Dios y yo podremos llegar á ser una misma cosa?*

Todo esto y más lo allana el señor Dosamantes ó más bien salta por cima de ello, con brinco impetuoso, sin que ataje su camino lo que ha hecho cavilar y fatigarse quizás en balde, á tantos sabios de diversas épocas y civilizaciones.

A lo que yo entreveo el Cosmos es divino en el concepto del señor Dosamantes. Lo que se me figura que no dice á las claras es si el Cosmos es persona ó lo que es. No dice tampoco si el Cosmos es casado ó soltero. El Cosmos produce sin embargo dos parejas, una es el principio del bien y de la luz y consta de tres á modo de personas parecidas á las de la Trinidad cristiana, salvo que el Espíritu Santo (con perdón sea dicho) es hembra y esposa del Padre de cuyo matrimonio procede el Hijo, y la luz y el bien, y la vida, y todo cuanto hay ó puede haber de excelente y deleitoso.

Sobre la otra familia da menos pormenores el señor Dosamantes, pero ya se sobreentiende que hay también Padre de tinieblas, y un tenebroso Espíritu Santo hembra y una numerosa prole de males, obscuridades y errores que de dicho consorcio nacen.

Desde no sé cuándo, casi desde la eternidad, están en lucha estas dos familias, y todas las criaturas que han producido; pero nos cabe la esperanza de que la familia luminosa triunfará al fin sobre la tenebrosa, y no habrá nadie que no sea feliz y excelente sujeto.

Este maniqueismo flamante está apoyado en la física, en la química y en la astronomía, y ha sido descubierto por el señor Dosamantes, siguiendo el método experimental. No le seguiré yo con dicho método, porque sé muy poco de ciencias naturales. Me limitaré á decir que el núcleo luminoso, la eterna buena familia, el Padre y su Espíritu Santo hembra ó como queramos llamarlo, viene á ser á modo de inmenso sol central que dilata y difunde su bondad, su luz y su vida, hasta la periferia de una grandísima esfera, limitada ó circunscrita por el reino de las tinieblas, donde impera la otra eterna familia mala con todas sus malditas criaturas, con el pecado, con la ignorancia y con la muerte.

En torno del sol central giran otros soles, cada uno con su cortejo de planetas; y uno de los últimos sistemas solares es el nuestro, casi, casi, tocando ya en los límites del reino tenebroso. Somos, pues, fronterizos de dicho reino y estamos expuestos á continuas incursiones de aquellos diabólicos enemigos. Y no deben ni pueden extrañarse el sobresalto y la alarma en que tenemos siempre que vivir. Pero hago mal en decir siempre, por que los rayos de luz y de bondad que parten del foco luminoso, van cada día ganando más y ocupando y esclareciendo *miriadas* de mundos, sacando al éter de su neutralidad y de su letárgico reposo, poniendo en movimiento sus átomos y creando nebulosas y en las nebulosas otros planetas y otros soles. De aquí que muy pronto no seremos ya fronterizos del reino tenebroso, sino que nos será preciso volar mucho á través de los espacios para llegar hasta él.

Ya se entiende que si somos malos é ignorantes la materia pesada de que se forma nuestro cuerpo prevalecerá sobre la materia eléctrica, imponderable ó no sé cómo, de que se forma nuestra alma, la cual, después de nuestra muerte, valdrá para poco y vendrá á ser, encogiéndose, como una pelotilla de luz, que informará más tarde á otros seres, hasta que al fin se perfeccione. En cambio, si somos buenos, estudiosos y aplicados, nuestra alma, imitando el foco central, se dilatará en rayos y destellos, y abarcará muchas cosas y compondrá para su uso, con lo más sutil y puro del éter, un bonito cuerpo luminoso y etéreo, muy semejante al cuerpo terrenal que tuvo en sus mejores días de la tierra, pero ligerísimo, sutil y casi ubicuo.

Yo supongo que de esta suerte iremos progresando y ascendiendo cada vez más, hasta subir y plantarnos con nuestras patitas etéreas en el mismo foco luminoso de la trinidad *dosamántica*. Esto en cuanto á los destinos del individuo.

En cuanto á los destinos de nuestro planeta y de la colectividad humana que en él reside, el señor Dosamantes es más explícito todavía. El capítulo XVIII de la cuarta parte de su libro es una nueva Apocalipsis, complemento y explicación de las de San Juan, donde se nos anuncia el triunfo de la religión *dosamántica* sobre la tierra; mas no sin que precedan espantosos combates y catástrofes tremebundas. Habrá borrascas, sangrientas guerras, incendios, terremotos y multitud de volcanes en erupción. El Anticristo reinará entonces, tendrá su trono en Roma y será el último Papa. Sospecha el señor Dosamantes ó acaso lo sabe de cierto, que este último Papa será el propio Moisés *reencarnado* (porque á Moisés tiene el señor Dosamantes mucha tirria) y será también *uno de los tres espíritus de fundamental constitución tenebrosa, el que está designado con el nombre de Bestia y que por manera inconsciente llevará un nombre que lo designe y que sea equivalente al número 666, como está indicado en la Revelación.*

Desechemos, no obstante, el miedo y la tristeza, y tengamos fe, esperanza y amor. El susodicho Anticristo será pronto vencido, se fundará el reino divino sobre la tierra y logrará la bienaventuranza nuestro linaje. Todo esto se conseguirá gracias á la venida y á la encarnación del Eterno femenino, del luminoso Espíritu Santo hembra, que aparecerá en figura de mujer guapa, aunque pobre y nada bien vestida.

Después de la victoria ya se pondrá ella trajes radiantes; cuanto en la tierra existe se vestirá de gala, y todo será regocijo, paz, concordia, amor y deleite.

Quería yo hablar en esta carta de otros muchos libros, pero, después de haber dado cuenta, aunque por estilo somero, de la revelación científico-religiosa del señor Dosamantes, no hay asunto que no me parezca sin interés, mezquino y soso. Termino, pues, aquí y dejo para otra carta, que no tardaré mucho en escribir, el hablar de publicaciones de muchísima menor importancia y de casi ninguna trascendencia cuando con el libro del señor Dosamantes las comparo.

XI

San Sebastián 20 de Octubre de 1897.

Ahora que estoy casi en la frontera de Francia, cerca de un lugar como Biarritz, muy frecuentado por españoles, me paro á considerar el superficial influjo que aquella nación, adelantadísima y tan activa y fecunda en letras y artes, ejerce sobre la nuestra, que no puede negarse que relativamente está atrasada y que se halla además muy abatida en nuestros días.

La contraposición de lo antiguo hace más hondo nuestro abatimiento. Este sería menor, si no confinase con España nación tan próspera y rica, sino alguna otra de las naciones europeas que deja que desear tanto ó más que la nación española.

De todos modos, en las esferas literarias y de pensamiento especulativo, España, que está inmediatamente unida á Francia, imita poco á los franceses, salvo en trajes, en peinados y en otras modas de las damas elegautes y de los *dandíes* de la sociedad aristocrática. Entre nuestros compatriotas, esta clase y no la gente pobre ni la medio acomodada, es la que suele ir á Biarritz en verano y á menudo

á París, durante el otoño, para comprar trajes,
dijes y novedades primorosas conque se adornan las personas y las casas, luciéndose en
Madrid durante el invierno. Pero ya sea porque esta *high-life* española no gusta de leer
y de escribir ó no tiene tiempo para ello, ya
sea porque no se considera inculta ni va á
Francia para instruirse, sino para divertirse y
engalanarse, lo cierto es que contribuye poco ó
nada á la penetración y difusión del pensamiento francés entre nosotros. La literatura
contemporánea española, será más ó menos
buena y apreciable, pero sigue siendo bastante
original. Hasta cuando los que escriben depriesa, para ganar la vida, principalmente con
la literatura dramática, traducen ó *arreglan*
piezas francesas, por ser esto más fácil que in-
ventarlas, lo hacen, con tal gracia ó sin gracia,
pero tan mañosamente que no parece francés
lo que han traducido ó *arreglado*.

Algo contribuye á la persistencia de la originalidad literaria española el tratado de propiedad intelectual, al convertir el plagio en
hurto que las leyes condenan.

Como quiera que ello sea, y salvo excepciones muy raras, más que una servil y constante
imitación de la extranjera cultura, es de lamentar entre nosotros cierto aislamiento, es-
quivo y uraño que ahoga ó al menos estrecha
la cultura propia y no la deja crecer y dilatar-
se, asimilándose ajenos elementos y convir-
tiéndolos en la propia substancia.

Lo contrario noto yo que ocurre por lo común, en casi todas las repúblicas hispanoamericanas, salvo acaso en Colombia, donde siguen siendo tan castizos ó más que en España. El influjo francés penetra por allí profundamente y da muestras de sí, poniendo su sello en todas las tentativas filosóficas ó que pretenden ser filosóficas y en toda otra producción literaria en prosa ó en verso. No parece sino que muchos de los hispano-americanos que escriben se han pasado en París toda la vida, han habitado en el *quartier latin*, y con más ó menos aplicación é inteligencia han estudiado en la Sorbona y no en la remota población indiana donde nacieron. Y es de advertir asimismo que el influjo francés es tan predominante que parece exclusivo, ya que toda huella ó reminiscencia de lo inglés, alemán ó *i*taliano, aparece como tomada ó bebida en fuen*t*es francesas y rara vez en la fuente original de donde se deriva. Yo creo que las letras hispano-americanas ganarían muchísimo, si acertaran á libertarse de la obsesión y sugestión casi única del pensamiento francés, para lo cual no está bien que los escritores se aislen sino que estudien con amor y constancia las ideas y los escritos, nacidos en la antigua Metrópoli, así como también, directamente y no por medio de Francia, lo que se piensa, se imagina y se escribe en Inglaterra, Alemania, Italia y otras naciones.

Digo todo esto, porque me mueve á decirlo

un libro que acabo de recibir, titulado *Filoso-
jía ligera*. Está impreso en Arequipa. Y su
autor, Jorge Polar, es sin duda persona de clarísimo ingenio, de rara sutileza en pensamientos y discursos y de fácil lenguaje, aunque
algo afeado éste por no pequeña cantidad de
inútiles galicismos que se advierten y se la-
mentan más, en el presente caso, por no ser en
los vocablos, sino en la construcción y giro de
la frase. Esto no es decir que en los vocablos
no haya también galicismos, delatando algunos
de ellos la erudición francesa y de segunda
mano del mencionado Jorge Polar. Como no
gusto de crítica menuda, dejo de señalar aquí
los galicismos que deploro. El autor puede
decir que le acuso sin pruebas y que los tales
galicismos no existen. ¿Quién sabe, si los hay,
si serán yerros ó descuidos de impresor ó co-
piante? Así, por ejemplo, en una exclamación
ó sentencia de Virgilio, que cita el autor, y
que, constando de tres palabras, tiene tres
equivocaciones: *Sunt lackríma rerun*, donde sobra la *k*, donde en vez de la última *a* de *lacri-
ma* debe decir *œ*, y donde en vez de la *n* de
rerun debe haber una *m*; pero en fin estos son
lunares tan pequeños, que no merecen ser ad-
vertidos por nadie, ni que se acuse de ello á
nadie, y mucho menos á sujeto tan escéptico
como el señor Jorge Polar que duda de todo y
que mal podrá saber de fijo si en una palabra
sobra ó no una *k* cuando no sabe de fijo si
existe ó no existe el universo, y si las estrellas,

la inmensidad del éter, la tierra que pisamos, las flores que vemos y olemos, las plantas y los animales y hasta nuestros prójimos y prójimas con quienes nos hablamos y nos entendemos de mil maneras, son ilusión ó no lo son. Algo sospecha el señor Polar que debe haber fuera de nosotros, como causa ocasional de nuestras sensaciones y de nuestras ideas, pero en primer lugar ¿quién nos asegura que esos algos que producen la sensación se parezcan al concepto que por la sensación de ellos formamos? Las cosas en sí, nos son pues, completamente desconocidas. Conocemos sólo el retrato ó la imagen que cada una de ellas imprime en nuestro cerebro, retrato ó imagen que puede muy bien no ser fiel y que sin duda no es completo. No es completo el retrato porque la impresión que le crea en nosotros proviene sólo de los miserables cinco sentidos que tenemos; calcule, pues, el piadoso lector la infinidad de atributos y accidentes que descubriríamos en cada substaueia si en vez de cinco *tuviésemos* veinticinco ó treinta sentidos para examinarla. Y aun así, si bien pudiéramos conocer todos los atributos y accidentes de un objeto, lo que es la substancia permanecería desconocida. ¿Qué es la luz, qué es el éter, nos diríamos? Sobre todo ¿qué es la materia y qué es el espíritu? y no sabríamos qué responder: ¿Hay materia y hay espíritu ó es todo uno? ¿Y si es todo uno, de dónde proviene lo vario? Esto en cuanto á lo completo de cada idea que de las cosas formamos. En lo *tocante* á la exactitud, aún son mayores los apuros, ya que todo cuanto percibimos entra en nuestra cabeza como en un molde y se ordena y se encasilla y recibe la forma, la colocación, la sucesión y el enlace que nuestro pensar le presta. Bien puede decirse por lo tanto que nuestro pensar, allá en sus profundidades, y con *motivo* de las sensaciones que lo exterior nos causa crea un universo ideal, que acaso no se parezca nada al universo real, dado que lo haya.

Tal es en brevísimo resumen, la doctrina que expone el señor Polar en su *Filosofía ligera*, inspirándose en el famoso filósofo de Köenigberg. Manuel Kant.

El señor Polar tiene también sus escrúpulos como Kant los tuvo; se aflige de dejarnos en duda tan espantosa, casi sin Dios, casi sin universo y casi sin nada. Para remedio de mal tan grande, nos dice de refilón que existe la ley moral y hasta afirma su certidumbre, pero no me parece que saca de ella, causándonos agradable sorpresa, como un prestidigitador saca de un cubilete varios objetos que ha hecho desaparecer poco antes nada menos que el universo, á Dios y á toda su comitiva de inmortales espíritus.

Sorpresa de otro género, es la que nos causa el señor Polar, terminando su libro de *Filosofía ligera* con la descripción de una cena de artistas y poetas extravagantes, que él llama bohemios, valiéndose de una palabra francesa, que no sé por qué ha de aclimatarse en España. Los tales artistas y poetas hablan del romanticismo, ya casi desaparecido, y de las sectas literarias que sucesivamente han estado ó están de moda en París y que por consiguiente, según el señor Polar, se imponen á todo el humano linaje, el cual tiene que ser por fuerza naturalista, decadentista, simbolista, neurótico ó parnasiano; escéptico y pesimista siempre. La principal consecuencia que de todo ello parece deducir el señor Polar y que sin duda quiere que deduzcan también los que le leen, es que el mejor recurso para no ser tan pesimista ni tan desdichado, es seguir la filosofía que ha expuesto antes, no distinguir la ilusión de la realidad y considerarlo todo como una pura fantasmagoría.

En cambio, deduzco yo de la lectura del libro del señor Polar, que no sólo en América, sino en cualquiera otra parte del mundo, es hoy más difícil que nunca escribir de filosofía y ser nuevo y original sin ser muy disparatado. Deduzco también que, fuera de las poesías líricas y de algunas obras de entretenimiento que pueden escribirse en el más apartado punto de la tierra, los libros americanos que deben excitar más la curiosidad y el interés de los europeos, son los que traten de las leyes, de las costumbres, de los idiomas, tradiciones y antigüedades, de las pasadas creencias religiosas y supersticiones y de la historia en suma de los países en que dichos libros se escriben. Las mismas novelas, eseri- tas en América, serían mil veces más interesantes, si los autores se olvidasen de París y de los novelistas. parisienses y nos pintasen con fidelidad y sin artificio exótico lo que piensa, siente y dice el vulgo de sus paisanos. Casi estoy por afirmar que *Cumandá* es la novela hispano-americana que más me ha interesado hasta ahora.

También me interesa cuanto en América se escribe de historia, y aquí no puedo menos de celebrar el nuevo libro del Sr. D. Gonzalo Bulnes titulado *Últimas campañas de la independencia del Perú*, que acabo de recibir ahora. El Sr. Bulnes, diplomático chileno, tiene un estilo fácil y noble, sin pecar de redundante, pomposo y florido, estilo conveniente para la narración histórica. Dan valer á las suyas, pues no es el que cito el primer libro de historia que escribe, la afanosa y concienzuda diligencia en allegar datos y documentos fehacientes, la claridad y tino con que se vale de ellos y los ordena, y la elevada imparcialidad con que juzga y aprecia á los hombres, las cosas y los sucesos. Este nuevo libro, impreso en Santiago de Chile, en el presente año, es continuación del que, hace ya algunos, publicó el Sr. Bulnes con el título de *Historia de la expedición libertadora del Perú*.

La impresión que el contenido de este nuevo libro produce en nuestro espíritu es muy favorable, así á los que combatían por la inde-

pendencia de Sud-América, como á los valerosos y nobles jefes españoles que defendieron la
soberanía de España con poquísimos recursos
de soldados, de marina, de armas y de dinero.
Para los insurrectos fué también grande la
gloria, porque no recibieron auxilio de ninguna poderosa nación. Muy diverso fué todo
aquello de lo que hoy ocurre en Cuba, donde la
insurrección está apoyada por gente extranjera y fomentada y sostenida por ella, aunque
sin la aquiescencia, y mucho menos sin la
complicidad del gobierno de dicha gente; y
donde los jefes españoles que combaten la insurrección reciben de España inmensos recursos para combatirla. Se contraponen, pues, en
la guerra que describe el Sr. Bulnes, la grandeza de los resultados á la escasez de los medios, y en la guerra actual, la grandeza de los
medios á la escasez y lentitud de los resultados.
Pero mejor será no hacer odiosas comparaciones y tratar de menos desagradables asuntos.

De varios libros recientemente publicados
en España pudiera dar cuenta hoy, pero, á fin
de no hacer demasiado extensa esta carta, lo
dejaré para más adelante, limitándome á decir
algo sobre dos novelitas que publicó poco
tiempo ha en su *Colección Elzebir ilustrada*, el
editor Juan Gili, de Barcelona. Sobre ellas escribí y publiqué el 8 de Agosto un extenso artículo en *El Liberal,* y para no repetir los
mismos pensamientos con distintas palabras,
me permito, para terminar esta carta, repro-

ducir aquí lo más importante de lo que entonces dije.

Ambas novelitas me han divertido é interesado bastante. En mi sentir, merecen crítica
encomiástica. Ya se entiende, con todo, que
nada debe tener esta crítica de trascendental
á los futuros siglos. Sería ridículo dar á dichas
novelitas, para que llegasen á ellos, un pasaporte, que probablemente ha de estropearse y
desaparecer antes de que lleguen, llegando las
novelitas, si llegan á la posteridad, completamente indocumentadas. Lo que yo diga, pues,
sobre las citadas novelitas, va dirigido sólo á
los pocos lectores contemporáneos que me hacen algún caso, y á quienes recomiendo que las
lean y hasta que las compren, porque leyéndo-
las se divertirán tanto como yo, y porque si
las compran, las leerán como debe leerse, y no
pidiendo prestado los libros, vicio feo y torpe,
contra el que deben clamar cuantas personas
escriben y cuantas tienen la buena costumbre
de comprar libros.

La primera de las novelitas á que me refiero, es del conde de las Navas y se titula *El
procurador Yerbabuena.* Yo no me canso nunca de repetir que de un caso singular no deben
sacarse conclusiones generales, y que se expone á mil errores en su juicio quien considera
una acción fingida, novela, comedia ó cuento,
como enseñanza moral y demostración de
una tesis. El caso del procurador Yerbabuena,
la acción de la novela á que da nombre, lo que

es á mí me basta con que me interese y no quiero que me enseñe nada. Todos sabemos, y esto no es menester enseñarlo, que el valor en el hombre es tan esencial requisito para que sea estimado y respetado, como en la mujer el pudor recatado y honesto; pero si tan evidente verdad se saca de quicio, vendrá á resultar, si el asunto se toma por lo serio, algo de muy inmoral y pesimista. Es menester, por consiguiente, tomarlo por lo jocoso, como en el caso del procurador Yerbabuena, para que sea sátira picante y moderada de ciertos vicios y miserias que en la sociedad hay: vicios y miserias que en la ficción novelesca aparecen mayores que lo que son en realidad, por fortuna.

El héroe de la novela del señor conde de las Navas es, como vulgarmente se dice, mejor que el pan: cortés, afable, dulce, generoso, probo, discreto, instruído, etc.; pero viene á dar en un lugarejo, de tan desalmados habitadores, que apenas queda nadie que no se mofe de él, que no le insulte de palabra y de obra y que no le humille, á pesar de ser él nada menos que administrador del conde, rico propietario y antiguo señor del pueblo. Hasta doña Tránsito, que es la heroína de la historia; y merece serlo porque el novelista ha sabido crear en ella un interesante y noble personaje, no puede menos de menospreciar al procurador por sobra de mansedumbre, aunque reconoce todo su talento y todas sus virtudes, y nota, además, con satisfacción y deleite que está de ella fervorosamente enamorado. En suma; Yerbabuena tiene que salir de sus casillas y tiene que convertirse en Yerbamala para hacerse respetar como es justo, y hasta para que doña Tránsito se le rinda, pague su amor y le dé la mano de esposa. El procurador consigue todo esto, armándose de un garrote y deslomando á garrotazos á unos cuantos de los más alborotadores y maleantes del pueblo, con lo cual todos quedan convenidos de la probidad, del talento, de la discreción y de las demás virtudes fragantes que Yerbabuena tenía, que le valieron este apodo, y que nadie en el lugar había logrado oler hasta que el procurador les abrió los sentidos y les aguzó el olfato, sacudiéndoles el polvo primero.

Verdaderamente, el procurador hizo muy bien, y todo lector se deleita y se complace en el justo y merecido castigo que aplica por su propia mano á toda aquella canalla.

La novelita del conde de las Navas es, además, muy amena. Las costumbres de Andalucía están fiel y graciosamente pintadas. Los caracteres del procurador, de una sobrina que tiene muy pedante y muy ridícula, de la gallarda doña Tránsito y del secretario del Ayuntamiento, punto negro del cuadro, promovedor de todas las injurias que el protagonista recibe y el más castigado luego por él, son caracteres hábil y firmemente trazados y muy de acuerdo con la verdad de la vida.

Hasta la moralidad que del cuento puede

sacarse, no tirando de ella con insistente pesadez, ni llevándola muy al extremo, es moralidad sana y razonable; no sin fundamento se dice que el que es todo miel empalaga y las moscas se le comen. Conviene, no obstante, ir con pies de plomo en esto de las moralejas. Porque no fueron la honradez, la hidalgía y la bondad del procurador las que triunfaron y se impusieron. Su garrote fué el que se impuso. Y con el mismo garrote y con el mismo arranque para manejarle, el procurador, dado el medio social en que le coloca el conde, hubiera resplandecido lo mismo ó más, aun siendo más ladrón que *Caco* y más lleno de vicios que el señor Monipodio.

El tesoro de Gastón se titula la otra novelita de que quiero hablar. Es obra de la infatigable y fecunda doña Emilia Pardo Bazán. Y es, á mi ver, una de sus mejores obras. La facilidad, la gracia y la ligereza impetuosa del estilo de doña Emilia son tales, que si ella adoptara el método de escribir de los clásicos antiguos, recelo yo que lo escrito por ella había de perder gran parte de su hechizo, consistente en lo espontáneo, natural y casi impremeditado de lo que escribe.

En *El tesoro de Gastón* es tan grande este hechizo, sobre todo en los dos primeros tercios de la novela, que el crítico queda sobrecogido y prendado, y casi casi cae en la tentación, á pesar de cuanto hemos expuesto, de atribuirse la jurisdicción que no tiene: de dar á la novelita citada diploma de gloria póstuma, y de extender, para que entre triunfante en la posteridad, un pasaporte en regla. La pintura del pródigo y arruinado Gastón, y más aún la de la noble y anciana comendadora y la visita y el largo coloquio de la tía y del sobrino, son de mano maestra, por el lenguaje, por la naturalidad del diálogo y por el acierto dichoso con que lo que parece que vive y es real, se combina con algo de misterioso, que tiene visos y vislumbres de fantástico y hasta de sobrehumano.

El viaje de Gastón á Galicia en busca del tesoro cuya existencia su tía le ha revelado, la descripción del antiguo castillo de la familia del protagonista, el paisaje que desde lo alto de la torre de la *reina mora* descubre Gastón con su catalejo, y las dos mujeres tan distintas que descubre también, que entran de modo tan original en la acción y que después importan tanto en ella, todo está lleno de poesía, de gracia y de frescura. Se diría que doña Emilia se siente más inspirada cuando habla de su tierra y nos la retrata.

Todavía sigue lo poético y sigue creciendo el interés, cuando Gastón conoce de cerca á la bella viuda Antonia y se enamora de ella.

La parte cómica y los personajes algo ridículos que en la novela figuran, no merecen menor alabanza. El tunante y codicioso Sr. Lourido y su hija la cursi y coqueta señorita Flora, parecen fotografiados por hábil artista para un cinematógrafo de las almas.

En mi sentir, lo que, hacia el fin, echa á perder un poquito todas estas excelencias, es la manía de lo didáctico, algo dislocada en esta ocasión, ó como si dijéramos fuera de su sitio. La viuda Antonia sermonea á Gastón demasiado y en mi sentir sin autoridad alguna· No la tiene, por mucho que se haya enmendado después, para hablar de economía doméstica, quien ha sido cómplice y ha gozado de las despilfarradas bizarrías de su primer marido, el cual, al verse arruinado, se levantó la tapa de los sesos de un pistoletazo. Y además, el carácter poético de los amores de Gastón y Antonia y del ser de ambos, degenera, se afea y se mancha con la doblez, un tanto cuanto ruin y que nada justifica, que emplea Gastón para engañar al Sr. Laurido y servirse de él como de un instrumento para recuperar su hacienda. No está justificada la conveniencia de tal doblez. Un buen abogado, mejor que el Sr. Laurido, y sin doblez alguna, hubiera podido servir á Gastón. Y menos necesitó aún y todavía fué más feo, el engaño cruel que empleó con la señorita Flora, haciéndole concebir esperanzas de que la amaba y de que se casaría con ella.

Después de estos, en mi opinión tropiezos, cuando no caídas, la novela vuelve á levantarse, y sigue y termina lindamente su marcha. El descubrimiento del tesoro, interviniendo en él casi milagrosamente el precioso niño hijo de la viuda Antonia, interesa y tiene muy romántica novedad, á pesar de lo frecuentes que los tesoros primero ocultos y luego descubiertos, son y fueron siempre en consejas y narraciones antiguas.

En suma, las dos novelas de que acabo de dar cuenta, entiendo yo que merecen aplauso, á pesar de la priesa con que hoy escribimos y de los defectos que tienen y que es harto fácil descubrir y señalar en ellas; pero así y todo, dignas son de que el Sr. Gili llegue á vender 40.000 ejemplares de cada una, con lo cual, y perdóneseme que me meta en interioridades, podrán los autores escribir otras con mayor descanso y también con mucha mayor ganancia.

CARTAS

á

«LA NACIÓN»

EN BUENOS AIRES

I

Madrid 30 de Abril de 1899.

Sr. Director de *La Nación.*

*T*iempo ha que prometí escribir para *La Na-ción* un artículo al mes, de noticias literarias más que de crítica. Si todavía no he empezado á cumplir mi promesa, no ha sido por desidia ni menos aun por falta de asunto. Al contrario, estoy como el peregrino que se halla en una encrucijada de la que salen diferentes vías que todas le atraen y le solicitan igualmente. El peregrino no acierta á decidirse y á encaminarse por una de ellas, y suele quedarse parado.

No es poco si no mucho lo que tengo que decir, pero esto mismo es causa de que yo nada haya dicho hasta ahora.

Dicen por ahí que las gentes ó naciones de raza latina estamos en la mayor decadencia y que el predominio, la hegemonía ó el principado es, en el porvenir, cuando no ya desde ahora, para las gentes ó naciones de raza germánica. Declaro que no entiendo bien nada de esto. Lo primero que no acierto á distinguir es quiénes son los germanos y quiénes son los latinos. Los ingleses, por ejemplo, forman ó componen en el día una de las más poderosas naciones del mundo. Pero ¿por qué hemos de calificarlos de germánicos?

No hay más fundamento para llamarlos anglosajones, que para apellidar francos á los franceses y á los españoles visigodos, alanos ó suevos. Tan germánicos fueron los visigodos, como los francos, los anglos y los sajones. Hasta los propios habitantes de Italia, donde están Roma y el Lacio, pueden, en vez de ser llamados latinos, ser llamados ostrogodos, si se nos antoja, con la misma razón con que llamamos anglosajones á los ingleses.

En mi sentir, los idiomas también repugnan no poco el deslinde entre germanos y latinos. Tal vez si ajustásemos la cuenta de las palabras germánicas y de las palabras latinas que hay en el idioma inglés, resultaría doble ó triple el número de las palabras latinas.

Admitamos, no obstante, la separación que vulgarmente se hace de los pueblos de Europa y de los que proceden de ellos y viven hoy independientes en América y en otras partes del mundo, y llamémoslos latinos á los unos y germánicos á los, otros. Todavía me consuelo yo, me animo y no veo clara la decadencia. ¿Dónde está la de Italia, que ha logrado en nuestros días un anhelo de unidad que parecía inasequible y por el que pugnaba en balde desde los tiempos del rey bárbaro Teodorico? ¿Por qué ha de calificarse de decadente la nación y la raza que ha producido en nuestra edad grandes capitanes como Napoleón Bonaparte, políticos como Cavour, valientes patriotas como Garibaldi, artistas como Rossini, Canova, Tenerani y Verdi, y filósofos, sabios y poetas como Parini, Alfieri, Fóscolo, Leopardi, Balbo, Mamiani, Rossnini, Galuppi, Monti, Gioberti, Manzoni, Vera, Tosti, Secchi, Carducci y otros ciento?

La supuesta decadencia de los franceses, está, si cabe, menos justificada. Aunque por las armas hayan sido vencidos últimamente, vencedores fueron en todas partes con el primer Napoleón; con la restauración conquistaron la Argelia, y con Napoleón III triunfaron de los rusos en Crimea y de los austriacos en Lombardía. El pueblo francés sigue siendo además uno de los más industriosos y ricos de la tierra. Sus modas se imponen, su literatura se estudia, se admira y se imita por donde quiera. Y Francia, fecundísima en ingenios, da pasto espiritual á las demás naciones, que se deleitan y regalan con sus libros, aspirando á imitarlos, como corporalmente y aspirando á la elegancia y al refinamiento procuran vestirse de telas y con modistas francesas, beber los vinos de Francia y hasta condimentar y sazo-

nar sus alimentos según las invenciones y preceptos de la francesa cocina.

Infiero de lo dicho que ni en Francia ni en
Italia se nota la decadencia de la raza latina.

Parte de esta raza, lejos de caer ha surgido
recientemente á nueva vida y como resucita-
do. Hablo de los pueblos de Rumanía que han
sacudido el yugo de los turcos, que se han cons-·
tituído en nación independiente, y que lejos de
decaer adelantan y prosperan.

¿Dónde están, pues, los latinos decaídos?
Evidentemente, ó no los hay ó los decaídos somos nosotros, los hijos de España, de Portugal y de las 17 ó 18 repúblicas que fueron colonias, en más dichosos días, fundadas por
portugueses y españoles.

Yo no he de negar que nosotros los habitantes de España estamos muy abatidos y postra-
dos. Nuestras derrotas en la guerra con los Estados Unidos nos han dejado muy poco airo-
sos. Por aquí se habla mucho de regeneración.
Y lo que es yo, si la regeneración es posible,
creo que debe fundarse en algo que se parezca
á la determinación que tomó Don Quijote
cuando le venció el Caballero de la Blanca
Luna en la playa de Barcelona. Si Don Quijote quiso hacerse pastor, nosotros, sin pensar ni
remotamente en el desquite, tratando de tener
poquísimo ejército y no construyendo en medio siglo un solo buque de guerra, debemos
dedicarnos á la industria, á la agricultura y al
comercio, para volver á ser ricos, lo cual es

hoy más que nunca el fundamento y el nervio del poder militar, y lo cual inspira valor y confianza en la fuerza propia.

Entretanto, para distraernos y consolarnos, y á fin de que nuestro espíritu no se duerma ni se amodorre, y dé muestras de sí, no como espada llena de herrumbre, sino como acero acicalado, debemos dedicarnos con más afán que nunca á las ciencias, á las letras y á las artes. Para ellas ha tenido España hasta hoy más gloriosa vida de lo que vulgarmente se cree. En la civilización del linaje humano y en la recta dirección de sus altos destinos, España ha tenido hasta hoy parte más principal de la que le atribuyen las naciones del norte por la boca ó por la pluma de sus populares escritores. Y no porque los Estados Unidos hayan tenido más barcos, más fuertes corazas en ellos; mejores cañones y más certera puntería, hemos de creer que todo acabó para nosotros, hemos de ponernos á la zaga de los otros pueblos ó hemos de considerarnos como muertos y punto menos que enterrados.

Tratemos de afirmar aún que la raza española no está decadente ni va á su ruina, y llamémosla raza ibérica, á fin de comprender el Portugal y el Brasil, por más que en los mejores tiempos de Portugal, reinando Don Juan II el Perfecto y Don Manuel el Dichoso, se complacían los portugueses en llamarse españoles. Así tendremos que esta raza se extiende y domina aún sobre vastísimo territorio, forma un conjunto de veinte estados independientes y cuenta un número de almas que sin exageración puede estimarse en setenta ú ochenta millones.

Inútil y hasta peligroso sería, sin embargo, que estos pueblos, iberos, españoles, hispanoparlantes ó como queramos apellidarlos, piensen en alianzas políticas y proyecten confederaciones. Por ahora y por mucho tiempo aun en el porvenir, la paz inerme y el modesto sosiego deben ser nuestra mejor garantía y nuestro más firme escudo contra la ambición y la codicia de las grandes potencias preponderantes en el mundo. Pero desechando tan disparatados ensueños, justo y razonable es olvidar antiguos rencores y mutuas quejas y estrechar los lazos de nuestro fraternal afecto, con el trato más íntimo y frecuente y con el conocimiento y cambio de nuestras producciones, sobre todo intelectuales.

Yo reconozco y deploro que en España se lee poquísimo, y me atrevo asimismo á reconocer y á deplorar que en toda la América española se lee menos. Pero como aquí y ahí proporcionalmente se escribe mucho, recelo que se hace muy mal el comercio de libros, que en los periódicos apenas se dan noticias de los que se publican, y que esto contribuye á que nos ignoremos y á que tal vez nos menospreciemos. Y si nosotros nos menospreciamos, no debemos extrañar que en los países extranjeros nos tengan en poco.

Otro muy grave mal nace de tal desconocimiento y de tal menosprecio: la exorbitante y candorosa admiración de las obras de otras literaturas y el desatentado prurito de imitarlas, lo cual pudiera con el tiempo desazonar y desteñir la nuestra, quitándole todo color y sabor castizos y convirtiéndola en remedo soso, exótico y frío de lo francés, de lo inglés y de lo tudesco.

.Las anteriores consideraciones me inducen á estimar en mucho el oficio y empleo de dar á conocer nuestros libros por medio de los periódicos, aunque sea somera y desmañadamente. Emprendo, pues, semejante tarea, aunque desconfiado de mi aptitud para llevarla á cabo, muy convencido de que es conveniente y oportuna. Algo se escribe é inserta en los periódicos de esta península acerca de los libros de entretenimiento: sobre poesías, cuentos y novelas, y más que nada sobre el teatro. Pero sobre libros de erudición y de ciencia casi nada se dice. Tales libros se componen y se imprimen, pero bien puede afirmarse que no se publican. La generalidad de las gentes no sabe que los hay. Los libreros no los anuncian ni despliegan muy activa habilidad para divulgarlos y venderlos. Y en España, sin embargo, es notable en el día la producción y publicación de obras de este género, conocidas sólo dentro de un pequeño círculo de iniciados, y desconocidas por completo del gran público, ó dígase del vulgo.

No desistiré yo de tratar en estos artículos de novelas y de versos. Procuraré dar noticia crítica de cuanto nuevo salga á luz en amena literatura, pero he de tratar también de libros de erudición y de ciencia, empezando hoy á decir algo de ellos, aunque en cifra y resumen.

Nuestra literatura estaba como sepultada y oculta en el primer tercio del siglo presente. En España sólo sabían de ella y de su historia algunos refinados eruditos. Fuerza es confesar que hubo, durante largo tiempo, más extranjeros que españoles que se emplearan en estudiar tal asunto. Bastaría para probarlo citar los nombres de Bouterweck, Bohl de Faber, Fernando Wolf, Clarus, Sismondi, ambos Schlegel, Tieck, Dámaso Hinard, Ticknor y muchos otros.

Por dicha, desde hace cuarenta ó cincuenta años hay entre nosotros, en este punto, un verdadero renacimiento, el cual adquiere cada día mayor importancia y difunde y populariza el conocimiento de nuestras letras y de nuestro idioma.

El impresor D. Manuel Rivadeneira ha sido de los primeros y más importantes promovedores de esta obra, publicando su biblioteca, donde se pone al alcance del público gran parte de nuestros tesoros literarios, antes esparcidos y escondidos.

Bibliófilos aislados ó reunidos en sociedad, han tratado de completar esta obra. El primer marqués de Pidal ha publicado el *Cancionero*, de Baena, con una introducción muy sabia sobre nuestra cultura en los siglos XIV y XV.

Amador de los Ríos, además de su extensa historia literaria, que no va más allá de fines del siglo XV, ha dado á la estampa, ilustrándolas con noticias y observaciones, las obras del marqués de Santillana, y la magnífica *Historia General y Natural de las Indias*, de Gonzalo Fernández de Oviedo, historiador príncipe de las cosas de América.

Por iniciativa y á expensas del Ministerio de Fomento se han hecho importantísimas publicaciones, con extraordinario lujo, primor y elegancia, como las *Cartas de Indias* y la *Historia de Felipe II* de Luis Cabrera de Córdoba.

Continúan publicándose las dos grandes colecciones de documentos inéditos, una de asuntos de la metrópoli; otra de las que fueron nuestras colonias.

La Real Academia Española ha hecho una edición lujosísima de la *Cantigas* del rey don Alonso el Sabio, ilustradas con grabados y facsímiles y con una sabia disertación del marqués de Valmar. Este precioso monumento de nuestra poesía, de nuestra pintura y de nuestra música á mediados del siglo XIII, permanecía inédito, hacía ya 640 años lo menos, conservándose en varios manuscritos, entre los que descuella el del Escorial, del que principalmente se sacó la copia para la imprenta.

La Academia Española, llena de amor á las letras patrias y con una generosidad que la

honra, sigue gastando el producto de la venta
de su Gramática y de su Diccionario, en la publicación de libros monumentales que sólo pueden acarrearle gloria. Empeñada está dicha
Real Academia en la costosa y larga empresa
de hacer una edición de lujo de las obras completas de Lope de Vega. Ocho tomos en folio
van publicados ya. Los tomos llegarán á ser
treinta y cinco ó cuarenta. Creo, sin embargo,
que esta publicación llegará á su término dentro de pocos años, merced á la maravillosa actividad de D. Marcelino Menéndez y Pelayo,
encargado él solo de hacerla. Los sendos prólogos, con que va ilustrando los volúmenes todos, son un prodigio de rara y variada erudición, sin que carezcan de la amenidad conveniente para que su lectura sea grata en extremo. No hay *mito,* tradición, leyenda ó fábula,
sobre la cual se funde el argumento de un drama, que no esté estudiada desde su origen, en
su crecimiento y desarrollo y siguiéndola en
sus emigraciones y cambios. A pesar de emplearse en tan difícil y lucida tarea, el Sr. Menéndez tiene tiempo y fuerzas para continuar
la publicación de la *Antología de poetas líricos castellanos.* Siete tomos lleva ya publicados y el octavo aparecerá pronto. Bien puede
afirmarse que las introducciones de dichos tomos acabarán por formar la más bella y completa historia de nuestras letras, siendo los versos, que van en pos de las introducciones, los
documentos justificativos.

Muy largo sería seguir refiriendo aquí los más importantes trabajos de crítica que se han hecho en estos últimos años y que siguen haciéndose en España.

La Real Academia Española y la Biblioteca Nacional abriendo certámenes y ofreciendo premios, contribuyen á esto poderosamente, con el incentivo, más que del pequeño lucro, de la honra que puede ganarse y se gana.

Entre los libros premiados por la Real Academia Española, citaré: *Iriarte y su época* de D. Emilio Cotarelo, incansable investigador y ameno historiador de la cultura española, como lo prueban además del ya citado libro, sus vidas de las célebres actrices españolas María Ladvenant y la Tirana, y sus estudios sobre el Conde de Villamediana, D. Enrique de Villena y Tirso de Molina, siendo de notar que en este último estudio sobre nuestro gran dramaturgo, creador de *Don Juan Tenorio*, de *El Infanzón de Illescas*, de *D.ª María de Molina* y de *El condenado por desconfiado,* ha competido y quizás alcanzado la ventaja, una simpática y doctísima dama, D.ª Blanca de los Ríos.

Fruto de estos premios, que la Academia Española ofrece, han sido recientemente un libro que acaba de publicarse sobre el Padre José de Acosta, debido á la pluma de D. José R. Carracido, y otros dos que se están imprimiendo, uno sobre el poeta Jáuregui, por el Sr. Jordán de Urries, y otro sobre el poeta Luis Barahona de Soto por D. Francisco Rodríguez Marín, muy conocido ya en la república de las letras por sus lindas poesías, por sus trabajos *folkloristas* y por otros estimables escritos.

Los premios, concedidos por la Biblioteca Nacional, han producido obras acaso menos amenas, por ser de bibliografía, pero sin duda más importantes para el completo conocimiento de la pasada vida intelectual española. Así, por ejemplo, el *Catálogo bibliográfico y biográfico del teatro antiguo español* por D. Cayetano Alberto de la Barrera, cuya atinada diligencia causa maravilla; los *Apuntes para una biblioteca científica española del siglo* XVI, etc., por D. Felipe Picatoste, donde se demuestran de un modo irrefutable, contra todos los asertos de la malevolencia y de la ignorancia de los extranjeros, el brillantísimo estado y el libre y rico florecimiento de las ciencias naturales y exactas en España, durante el mencionado siglo; y por último, la *Bibliografía española de lenguas indígenas de América*, del conde de la Viñaza, donde se analizan, describen y juzgan multitud de gramáticas, diccionarios y otros estudios filológicos, hechos por misioneros españoles y portugueses, sobre centenares de idiomas de ese Nuevo Mundo. No contento con esto, el conde de la Viñaza ha publicado también un libro análogo sobre los idiomas del Asia y de la Oceanía; otros libros sobre Aurelio Prudencio Clemente, eminente lírico español cristiano latino; sobre Goya, sobre los

Argensolas, y por último, un complemento del diccionario de artistas españoles de Cean Bermúdez, que consta de tantos volúmenes como el citado diccionario, y que contiene la vida y la descripción de los trabajos de multitud de pintores, escultores, arquitectos, joyeros y artistas en hierro y en bronce.

Varias sociedades de bibliófilos y también bibliófilos aislados, así en Madrid como en provincias, sostienen y fomentan, aunque sólo sea en un pequeño círculo de la aristocracia del saber y de la inteligencia, esta afición fecunda á las antiguas glorias de nuestro pensamiento castizo. La sociedad de bibliófilos de Madrid ha publicado ya treinta y tres tomos, elegantemente impresos, de obras muy interesantes como, por ejemplo, *El Cancionero general* de Hernando del Castillo; el *Romancero* de Pedro de Padilla; las *Relaciones* de Pedro de Gante; la *Relación de la jornada de Pedro de Orsúa á Omagua y al Dorado;* las obras del famoso trovador Juan Rodríguez del Padrón, etc., etc. Justo es confesar que sin que le distrajese de ello su activa vida política, don Antonio Cánovas del Castillo fué, mientras vivió, alma de esta sociedad de bibliófilos.

A semejanza de dicha sociedad y emulando con ella, los Sres. Sancho Rayón y marqués de la Fuensanta del Valle, han publicado, ilustrándola con notas y comentarios, una preciosa *Colección de libros españoles raros ó curiosos*, contándose en ella, *La lozana andaluza,* novela pornográfica de Delicado; el *Cancionero* de Stuñiga, las *Andanzas* de Pedro Tafur, *El Cortesano* de Luis de Milán, algunas novelas dialogadas al modo de *La Celestina*, entre las cuales es notable y aun admirable por la gracia y el primor de su estilo, la *Comedia Serafina*, aunque merezca grave censura por su obscenidad desenfrenada. También entre estos libros raros y curiosos los hay de no poco valer para la historia de América, como *Memorias antiguas del Perú* y *Varias relaciones del Perú y Chile*.

El librero D. Fernando Fé, si bien con mucha lentitud y largas pausas, publica tiempo há otra colección de libros de bibliófilos, titulada *Libros de antaño*, impresa con el mayor esmero. Empezó esta colección con una de las joyas literarias más ricas y hermosas del Renacimiento: con *El Cortesano* del conde Baltasar Castiglione, gallardamente traducido al castellano por el famoso Boscán y con un prólogo de nuestro gran poeta Garcilaso. El señor D. Antonio María Fabié, escritor tan fácil como instruído, ilustró el libro de Castiglione y de Boscán con una introducción muy docta y discreta. La última obra de esta colección que publica D. Fernando Fé, es la vida íntima de Carlos III, del sexto conde de Fernán Núñez, su valido y amigo, con la Memoria del mismo conde sobre la expedición de Argel, ilustrado todo con notas copiosísimas y biografías de personajes, por los Sres. Morel Fatio y Paz y Mélia. Esta obra del conde de Fernán Núñez acaba de salir á luz y los periódicos diarios han dado sobre ella, más de lo que acostumbran, parecer y noticias.

La actividad en este género de trabajos eruditos se manifiesta y es fecunda en Sevilla, casi á par que en Madrid. De ello hablaremos en otro artículo por ser ya este de hoy sobrado extenso. Lo dicho en él, con todo, apenas da una vaga idea del movimiento intelectual de España en la parte crítica y erudita. De todos modos, no nos parece fuera de propósito ni que huelgue y esté de sobra, el presentar este mal trazado y rápido bosquejo del cuadro general antes de consagrarnos á dar singular noticia y á exponer nuestro juicio sobre libros recientemente publicados y sobre los que aparezcan en lo futuro.

II

Madrid, 1.º de Enero de 1900.

El mal estado de mi salud no ha consentido, muy á mi pesar, que durante mucho tiempo cumpla yo la promesa de escribir para *La Nación* una carta mensual sobre la reciente literatura española. El asunto es tan vasto, que apenas había empezado yo á tratar de él en artículo mío que insertó *La Nación* el 30 de

Abril último. Procurando ahora, ya que me
siento algo restablecido, reanudar la comenza-
da tarea, espero no faltar y escribir cada mes
una carta. No careceré de puntos que tocar aunque los toque muy ligeramente, ya que en España no dejan de publicarse libros y ya que no
pienso yo excluir de la cuenta que vaya dando
los que en varios estados ó repúblicas de la
América española vengan á publicarse y lleguen á mis manos. Rotos están los lazos políticos que estrechamente nos unían. Cada uno
de los pueblos, que desde California hasta el
Estrecho de Magallanes ha surgido en ese
gran continente merced á la expansión en mejores y más dichosos días de los hijos de nuestra península, se ha creado y tiene hoy nueva
patria. Pero, en mi sentir, por cima del amor
que esta nueva patria merece y exige hay otro
amor ó si se quiere, otro patriotismo más comprensivo y alto: el de la raza de que todos proce-
demos y de cuya identidad da testimonio y debe
ser indeleble sello la lengua castellana.

No pocas veces he recordado yo el célebre
dicho de Tomás Carlyle. Hablando de Shakespeare aseguraba este famoso crítico que si le
dieran á escoger entre la pérdida de Shakespeare y la pérdida del imperio británico en la
India, elegiría sin vacilar la pérdida del imperio, porque éste habrá de perderse tarde ó tem-
prano, mientras que el inmortal dramaturgo
seguirá siendo lazo de unión y signo de fraternidad entre cuantas gentes que llevan sangre

inglesa en las venas hay y habrá esparcidas por el mundo. Lo que dijo Carlyle de Shakespeare bien puedo yo decirlo de Tirso, de Lope ó de Cervantes, cualquiera de los cuales vale tanto ó más que el inglés, si el amor propio nacional no me engaña.

En una de las muchas zarzuelas, que en España se escriben ahora, D. Ricardo de la Vega hace decir graciosamente á un boticario:

Hoy las ciencias adelantan
que es una barbaridad.

El boticario dijo tal vez más de lo que quería decir, porque si en estos últimos tiempos han sido extraordinarios los adelantos materiales y las invenciones ingeniosas para hacer más cómoda y regalada la vida, han surgido en cambio doctrinas pseudo-filosóficas, económicas y políticas, que bien pueden calificarse de bárbaras y que puestas en moda, pueden influir é influyen de un modo harto cruel en la conducta de las naciones. La idea, por ejemplo, de la constante y creciente superioridad de unas razas humanas sobre otras, y de que se da una lucha por la vida en la que deben extinguirse más ó menos lentamente los pueblos inferiores ó decaídos á fin de que ocupen su lugar y prevalezcan é imperen los pueblos superiores, más inteligentes y briosos, y la idea de la selección por cuya virtud van elevándose y magnificándose los mencionados pueblos y pereciendo los que decaen y se hunden, hacen

que en nuestra época, aunque se hable mucho
de filantropía y de justicia, sólo se atienda á la
fuerza, se aprecie al que la tiene y el débil sea
desdeñado y vejado; se profetice su próxima
muerte como cosa segura y hasta se le niegue
el derecho de seguir viviendo.

Yo reconozco y deploro nuestra reciente lamentable derrota y como efecto de ella, tengo
que confesar y confieso también que el estado
español se halla decadente y abatido en el día.
Lo que no es fácil de explicar, en mi sentir, es
la causa ó la multitud de causas que nos han
traído á tan hondo abatimiento en comparación
del grandísimo poderío, prosperidad, fuerza y
riqueza que otras naciones han alcanzado. No
creo que hayan degenerado individualmente
los españoles, ni que sean hoy menos activos,
menos valerosos, ni menos inteligentes que en
los pasados siglos. Ni creo tampoco que la
energía de voluntad, el entendimiento y otras
buenas y altas cualidades, hayan pasado por
completo á adornar y á sublimar á otras razas
humanas y nos hayan dejado huérfanos de todas
aquellas prendas que en otro tiempo nos valieron para descollar y predominar en el mundo.

Si el mal no está en los individuos, sin duda
en el conjunto hay defectos y vicios que han
dado origen á nuestras desventuras. El mal
no puede ni debe ser incurable. Los vicios se
extirpan y los defectos se corrigen. Así piensa
hoy la mayoría de los españoles y así se habla
de regeneración por todas partes. Nos hallamos

pues, en un momento histórico de crisis y de peligro. Fácil es equivocarse y hallar remedio que sea peor que la enfermedad.

Bueno, muy bueno es no dejarse alucinar por el amor propio, hacer severo examen de conciencia, no disimular ni ocultarse los pecados y los errores Todo esto se hace aquí ahora. Somos duros y hasta crueles con nosotros mismos, en vez de pecar de engreídos y de soberbios. Pero desgraciadamente la soberbia y el engreimiento, que tal vez se extendían antes sobre toda la colectividad, no se han desvanecido, sino se han encogido, contrayéndose y encerrándose, ya en el individuo, ya en esta ó en aquella clase social á que el individuo pertenece, ya en determinada región ó comarca que el individuo llama su *patria chica*.

Tan raro modo de discurrir hace que algunos individuos imaginen que *toda* la población española se ha quedado rezagada en el camino del progreso ó se ha caído en un barranco que en el camino había, mientras que ellos siguen delanteros, dándose la mano con los alemanes, con los ingleses y con los demás livianos de esta recua nacional y progresiva. Tan raro modo de discurrir cuando es una clase social quien le tiene, da origen á la manía de la *masa neutra*, á la idea de que todos los políticos son pícaros ó tontos, y de que no bien gobierne la *masa neutra*, quedaremos regenerados, lo cual pudiera tener algunos visos de razón si los políticos que han gobernado hasta ahora la España ó en el día la gobiernan, debiesen su encumbramiento al capricho de un príncipe, al antojo de una favorita, á la recomendación oculta de un confesor regio ó á cualquiera intriga palaciega; pero como en España no hay hombre político que en el día no se levante aupado y sostenido por un gran partido que le elige por jefe y con el aplauso de la muchedumbre que celebra y admira su elocuencia, su saber y sus demás poco comunes dotes de entendimiento y de carácter, fuerza es convenir en que los tales políticos han de ser lo mejor y lo más egregio que en la nación hay, y que si valen poco, es porque vale menos lo restante. Tan raro modo de discurrir, por último, engendra el regionalismo y da ser y consistencia á la *patria chica*; síntoma ominoso de disolución nacional que debemos esperar habrá pronto de disiparse, pero que, en las circunstancias angustiosas en que hoy nos vemos, ha dado y sigue dando triste muestra de sí en Cataluña sobre todo. Corrientes de opinión y movimiento de los espíritus son estos enteramente contrarios á la marcha que siguen hoy las sociedades. Cuando en Italia, por ejemplo, estados tan gloriosos como en las artes de la paz y de la guerra, lo fueron Génova, Florencia y Venecia, se conforman con ser y gustan de ser provincias italianas, es extraño y aflictivo que haya en Barcelona y en algunos otros puntos de Cataluña alguien que sueñe con el separatismo y que entienda que pierda y que no gana en formar parte de nuestra nación.

El síntoma, como ya he dicho, es ominoso, pero sin duda desaparecerá cuando España restaure un poco sus fuerzas. Los catalanes no se puede negar que deben la riqueza y el auge de su industria, comercio y cultura, á la laboriosidad y al talento de que están dotados, pero algo deben también á la generosa protección del resto de los españoles, que se han resignado á comprar sus manufacturas mucho más caras que hubieran podido comprarlas en otros países. Y esto durante no poco tiempo.

Otra causa aparente de divorcio entre Cataluña y el resto de España, hay aún y proviene de la misma prosperidad é importancia de Cataluña; pero nadie ni en Aragón, ni en Castilla, ni en Andalucía, se opone á que persista y á que florezca la causa á que aludimos, con tal de que deje de ser causa de divorcio, pues no hay el menor fundamento para que lo sea.

Ya se entiende que aludo aquí al brillante renacimiento de la literatura catalana en estos últimos años. Lejos de mirar nosotros este renacimiento con disgusto, recelo ó envidia, le hemos acogido con aplauso, considerando gloria nacional el poseer una literatura bilingüe y ensalzando á no pocos de los que escriben ó han escrito en catalán al igual ó por cima de los que escriben en castellano. Así, por ejemplo, no concedemos á Narciso Oller menos importancia y mérito que á nuestros más populares y célebres novelistas; á Mosen Jacinto

Verdaguer, autor de la *Atlántida*, apenas hay quien no le coloque en la más alta cima de nuestro parnaso, descollando entre los líricos y épicos castellanos de nuestros días; y del dramaturgo Angel Guimerá hemos representado en los teatros de Madrid las mejores obras traducidas al castellano, y la crítica y el público han colmado de aplausos y de laureles al poeta, sobre todo en su drama *Mar y Cielo*.

Nadie niega tampoco que la lengua catalana, lejos de ser un dialecto y menos aun una jerga vulgar ó *patois* como dicen los franceses, sea un idioma perfecto y verdaderamente literario en el que han escrito reyes heroicos como Jaime I el Conquistador, eminentes filósofos como Raimundo Lulio, y gloriosos é inspirados poetas, sobre todo en el siglo xv, durante el cual, antes del reinado de los Reyes Católicos, tal vez sea justo decidir que la poesía de Cataluña, por originalidad, elegancia y brío, era superior á la de Castilla en la misma época. Pero á pesar de todo, fuerza es convenir en que después ha prevalecido el idioma castellano, extendiéndose no sólo por toda España, sino por el Nuevo Mundo, donde no creo yo que haya república en que se hable catalán. Los mismos catalanes han contribuido con los frutos de su ingenio á la riqueza del idioma castellano y á su entronizamiento y perfección, empezando por Boscan, reformador de nuestra poesía, guía y maestro de Garcilaso, y autor de un dechado elegantísimo y limpio de castellana prosa en su traducción de *El Cortesano* del conde Baltasar Castiglione.

Si el catalán se ha descuidado mucho después y apenas se ha cultivado, durante cerca de tres siglos, será por motivos largos de explicar aquí y por los que Castilla no debe culparse. Hubo una edad en que prevaleció de tal suerte en esta Península la lengua de Castilla, que hasta los mismos portugueses se desentendían del propio idioma y se complacían en escribir en castellano, como Gil Vicente, Camoens, Jorge de Montemayor, Sa de Miranda y cien otros.

La afición á escribir de nuevo en catalán en nuestros días es, sin embargo, laudable, sobre todo si se limita á lo popular y de mero pasatiempo: á poesía lírica, á dramas y á novelas. Así lo comprenden y lo practican los más ilustres escritores catalanes, mallorquines y valencianos de la edad presente. Enriqueciendo el tesoro de nuestro patrio castellano idioma están, por ejemplo, los libros del eruditísimo y profundo crítico D. Manuel Milá y Fontanals, y los de el muy notable filósofo y publicista D. Jaime Balmes, tan encomiado, no sólo en España, sino en todas las naciones cultas, especialmente entre los católicos.

Convengamos. pues, sin condenar el uso literario de la lengua catalana, en que el castellano es el verdadero y legítimo idioma nacional de España, el idioma español por excelencia, no sólo hablado y escrito en nuestra pe-

nínsula, sino también en dieciséis ó diecisiete
repúblicas, en una inmensa extensión del
continente de América y acaso por más de sesenta millones de seres humanos.

Acaso estamos decaídos, pero no estamos
muertos cuando hay aún tanta gente que conserva y que es de esperar que conserve no poco
del ser, del carácter, del pensamiento y de la
cultura de la raza española, y que habla y escribe la lengua de Calderón y Cervantes, de
ambos Luises, del mejicano Ruiz de Alarcón
y del venezolano Andrés Bello. De que esta
lengua sigue cultivándose con feliz éxito y
amoroso esmero, en América, dan claro y hermoso testimonio muchos inspirados y elegantes poetas, entre los cuales me complazco en
contar á Mármol, Obligado, Andrade y Oyne-
la, así como prueban lo bien y profundamente
que la estudian los escritos de no pocos filólogos hispano-americanos, sobresaliendo entre
todos el prodigioso colombiano Rufino Cuervo.

La Real Academia Española, procurando
estar á la altura de la obligación que se ha impuesto de mirar por nuestro idioma, lazo de
unión entre tantas naciones y gentes, acaba de
publicar la décimatercera edición de su diccionario, aumentado con no pocos centenares
de voces, ya de aquellas que la elegancia y el
lujo de la vida moderna, los adelantamientos
é invenciones y la creciente difusión y divulgación del saber han traído del lenguaje técnico á la conversación ordinaria, ya de aque-

llas de legítima formación ó que significan objetos naturales, usos y costumbres, trajes, instrumentos, etc., y que están en uso en las diferentes repúblicas de origen español, que hay en el Nuevo Mundo.

A pesar del trabajo realizado por la Real Academia Española, no hemos de negar que tal vez se echen aún de menos no pocas palabras en su última edición del diccionario, pero debe tenerse en cuenta que la Real Academia no puede ni debe aceptar palabra alguna, sin que preceda detenido examen, á fin de conservar la pureza del idioma, y de no aceptar barbarismos inútiles para expresar ideas que tienen ya expresión castiza aunque haya caído en olvido ó en desuso.

Bien pudiera remediarse esta falta componiendo un libro que se titulase *Inventario crítico de palabras hoy en uso y no incluídas en el diccionario de la Real Academia Española.* Hasta para desechar las palabras viciosas y restablecer en su empleo la legítima palabra, pudiera servir este *Inventario.* Así, por ejemplo, la palabra *etiqueta* no está en el dieciouario con el significado que hoy se la da de *cédula, que, por lo común, se adhiere á las piezas de tela, cajas, botellas, etc.* Esto se llama en español *marbete* y en marbete está su definición muy por completo, pero la dificultad está en que si decimos hoy *marbete,* en cualquier lugar de España, casi nadie entiende lo que decimos. Lo propio puede afirmarse de bastantes otras palabras, que se han anticuado sin razón y que debieran volver al uso corriente. Sirva de muestra la palabra *butiro*, reemplazada hoy por la perifrasis *manteca de vacas*.

Como quiera que ello sea, á pesar de la falta que consignamos y que no tiene aún el mencionado inventario que la subsane, yo desecho la inmodestia colectiva de que pueda acusárseme y me atrevo á asegurar que la nueva edición del diccionario es un libro excelente y útil, así por la abundancia de vocablos como por el acierto y la claridad de las definiciones y por la exactitud y el tino de las etimologías.

Y ya que hablo de la Real Academia Española, bueno será dar aquí lo que algunos periódicos llaman ahora la *nota triste*, recordando á los más ilustres individuos de dicha Academia que de poco tiempo á esta parte nos ha arrebatado la muerte, empezando por D. Antonio Cánovas del Castillo y D. Emilio Castelar, cuyo valer y fama son tan grandes que no han menester que nosotros los encarezcamos.

Recientemente hemos perdido también á don Pedro de Madrazo, quien pertenecía á la gloriosa familia de artistas, entre los cuales se cuentan los celebrados pintores José, Federico, Luis y Raimundo. D. Pedro no se distinguió como pintor sino como muy elegante poeta, erudísimo arqueólogo, celebrado por sus bellas descripciones de nuestras antigüedades y monumentos, y como peritísimo conocedor de las obras artísticas, de lo que presta brillan-

.te testimonio su *Catálogo razonado* de nuestro espléndido Museo de Pinturas.

Igualmente han dejado sillones vacíos en la Academia, D. Vicente Barrantes, poeta, novelista y sabio investigador de la historia de Extremadura y de los idiomas, usos, y costumbres y etnografía de las islas Filipinas, donde vivió algunos años; el eminente poeta dramático D. Manuel Tamayo y Baus, para ensalzar cuya gloria basta que recordemos *El drama nuevo*, *Virginia*, *Locura de amor* y *La bola de nieve*; y D. Francisco García Ayuso, quizás el primero que se ha dedicado entre nosotros con algún fruto al cultivo y estudio de los idiomas del antiguo Oriente, como el sáuscrito y el zendo. Pruébanlo sus traducciones de *Vikramorvaçi* y de otros dramas de Kalidasa y sus obras originales sobre *Los pueblos iraneos y Zoroastro*, *La filología en su relación con el sánscrito*, *El nirvana budhista*, *Los descubrimientos geográficos modernos*, y su *Ensayo crítico de gramática comparada de los idiomas indo-europeos, sanscrit, zend, latín, griego, antiguo eslavo, lituánico, godo, antiguo alemán y armenio.*

Aunque el Sr. García Ayuso puede considerarse como el primero que entre nosotros se ha dedicado con fruto á este género de estudios, conviene consignar aquí que ha dejado quien le siga y quien, tal vez, se le adelante pronto, de lo cual da ya luminosos indicios el docto catedrático de esta Universidad Central, don José Alemany en sus excelentes traducciones del *Hitopadeza* y del trascendental coloquio entre Crisna y Arjuna, titulado *Bhagabad-gita*.

Para las vacantes que por su fallecimiento han dejado los mencionados señores, la Academia ha elegido ya sucesores muy dignos.

Cuéntase entre ellos D. Isidoro Fernández Flórez, redactor principal y propietario de *El Liberal*, popularísimo periódico; D. Emilio Ferrari, egregio poeta, como lo muestran sus lindas poesías líricas y sus bellas narraciones en verso: *Abelardo, Hipatia* y las bodas de los Reyes Católicos doña Isabel y D. Fernando; D. Emilio Cotarelo, ingenioso y erudito investigador de nuestra historia literaria, cuyo último libro sobre *Iriarte y su tiempo* fué premiado por la Academia é impreso á su costa; y D. Jacinto Octavio Picón, celebrado novelista, autor de muchos cuentos divertidos é interesantes y juicioso y entendido crítico en las artes del dibujo, de lo que dan prueba muchos artículos suyos y el libro sobre el pintor Velázquez, que publicó hace poco.

La Real Academia Española, que cuenta con algunos recursos pecuniarios, gracias á la venta de sus diccionarios y gramáticas, sigue gastando generosamente en certámenes siempre abiertos, que suelen dar por resultado excelentes trabajos de erudición, y en la publicación de libros de lujo que no se costean por la venta, pero que son como un monumento erigido á nuestros grandes ingenios. Así la

magnifica edición de las *Cantigas* de D. Alfou-
so el Sabio, y así las obras completas de Lope
de Vega, que Menéndez Pelayo ilustra con tan
sabias notas y extensas introducciones y de la
que dentro de pocos días saldrá á la luz pública el tomo X.

Los recursos de la Academia, que no se
agotan por esto, han valido también, con el
auxilio del Gobierno, que ha entrado por mitad en el gasto, para edificar el bonito palacio
que hoy la Academia ocupa. La Academia
procura también conservar y estrechar los lazos de unión que con las repúblicas hispano-
americanas nos ligan y seguir en correspon-
deneia con las academias que en no pocas de
dichas repúblicas se han establecido.

Con la de Méjico se trata ahora de reanudar
activas relaciones, para lo cual ha alentado á
esta Academia la asistencia en algunas de sus
juntas del insigne prelado D. Ignacio Montes
de Oca, Obispo de San Luis de Potosí, notable
orador y escritor y gran helenista y latino, traductor en verso de Píndaro y de los bucólicos
griegos. En estos últimos días el Sr. Montes
de Oca se ha hecho más simpático, amado y
estimado de los españoles, por el bello diseur-
so que pronunció en el Congreso católico de
Burgos, contraponiéndose al furor de los ul-
tramontanos que, excitados por nuestros recientes infortunios y haciendo de la religión
arma de sus pasiones políticas, condenaban el
liberalismo. Asimismo ha merecido bien de la

patria española, y de las naciones que en América proceden de España, la inspirada y elegante oración latina, en estilo ciceroniano, digno de los buenos humanistas del siglo de León X, que el Sr. Montes de Oca leyó poco ha en presencia de Su Santidad en el Vaticano, refiriendo y celebrando los servicios que al catolicismo, á la civilización y al progreso del linaje humano, han prestado en América obispos, sacerdotes y misioneros de nuestra raza. La oración latina del Sr. D. Ignacio Montes de Oca, circula impresa con general aplauso de los entendidos.

Aunque voy extendiéndome demasiado en este artículo, y aunque conviene dejar para otros el tratar otros puntos, no quiero terminar sin decir algo sobre el *Homenaje á Menéndez y Pelayo, en el año vigésimo de su profesorado,* importante obra publicada en el próximo pasado mes de Septiembre. En ella he tenido la honra de escribir la introducción, haciendo el justo elogio de la persona á quien la obra se dedica. Esta obra consta de dos gruesos volúmenes en cuarto mayor de cerca de mil páginas cada uno, y contiene cincuenta y siete trabajos de los principales eruditos y filólogos españoles, sobre cosas científicas, políticas y literarias de nuestra nación, así como también diversos escritos de sabios extranjeros, aficionados á nuestras letras y entendidos en nuestra historia, que han querido rendir al ilustre y fecundo polígrafo y docto profesor, director hoy de nuestra Biblioteca Nacional, el tributo de su admiración y cariñosa simpatía. Los sabios extranjeros, ingleses, portugueses, franceses, alemanes é italianos que han contribuído al *Homenaje* con sus artículos, son: Alfredo Morel-Fatio, Jaime Fitzmaurice-Kelly, Emilio Hübner, Eduardo Böhmer, Benedicto Croce, Ernesto Merimée, Carolina Michaelis de Vasconcellos, Arturo Farinelli, F. de Haan, Alfonso Miola, Pío Rajna, Federico Wulff, Mario Schiff y Antonio Restori.

De cada uno de los escritores, nacionales ó extranjeros, hay en el *Homenaje* una disertación ó estudio sobre puntos de historia política, científica ó literaria de nuestra patria, lo cual hace muy variada, instructiva y amena la lectura del *Homenaje*.

III

Madrid 24 de Enero de 1901.

Por el correo, en paquete certificado, recibí pocos días há, un cuaderno impreso en Santiago de Chile, cuyo título es *Carta de par en par.* Tengo casi por seguro que su autor, D. Fidelis P. del Solar, es quien me remite dicha carta. Se trata en ella de lexicografía castellana, dando muestras quien la escribe de estar muy ver-

sado en el asunto; pero no poco de la doctrina
expuesta en la carta me parece tan errónea y hallo tan acerba la censura que dirige su autor á
la Real Academia Española, que considero conveniente hacer algunas observaciones en favor
de la mencionada corporación é impugnar asimismo los principales asertos del Sr. D. Fidelis.

Yo creo que si no se hubiese inventado la escritura y fijándola en letras no se hubiese detenido, como dice el poeta

La palabra veloz que antes huía,

los idiomas hubieran tenido vida muy efímera
y se hubieran multiplicado mucho más, según
las regiones que habitasen las gentes que los
hablaran. La palabra, cuando no se fija y expresa en signos visibles y se transmite sólo por
tradición oral, ó sea pronunciándola, se altera
con facilidad y prontitud. Sin escritos en que
quedase permanentemente grabado, todo idioma se desharía en multitud de dialectos, llegando á no entenderse los hombres de unas
comarcas con los de otras, aunque fuesen de la
misma raza y aunque tuviesen común origen.
La escritura, pues, da permanencia vital á los
idiomas.

Suponiendo que tuvo un solo inventor, Quintana dijo con razón, en su alabanza:

Sin tí se devoraban
Los siglos á los siglos, y á la tumba
De un olvido eternal yertos bajaban.

Tu fuiste: el pensamiento
Miró ensanchar la limitada esfera
Que en su infancia fatal le contenía.
Tendió las alas, y arribó á la altura
De do escuchar la edad que antes viviera
Y hablar ya pudo con la edad futura.

Claro está, pues, que uno de los más importantes fines del idioma escrito es impedir la instabilidad, atajando el movimiento rápido con que el idioma hablado suele trocarse y corromperse. Lo que se escribe, por consiguiente, y para que dicho fin se logre, conviene que sea norma y regla de lo que se pronuncia y no lo que se pronuncia de lo que se escribe, como quiere el Sr. D. Fidelis y no pocos de sus compatriotas que han adoptado una escritura puramente fonética. Si escritura semejante se hubiese empleado, por ejemplo, en el idioma griego, ¿hubiera persistido dicho idioma, como persiste aún, desde hace cerca de tres mil años? Apenas hay palabra en la lengua que en el día se habla en Atenas, que no esté en los prosistas y poetas de muchos siglos antes de la era cristiana. Esta longevidad prodigiosa, que implica la longevidad de la nación ó de la raza y que contribuye á mantenerla, ¿hubiera podido lograrse con una ortografía dependiente en todo de la pronunciación? ¿Al difundirse por el mundo el idioma de Homero, de Platón y de Demóstenes, ya por distantes colonias, ya por las conquistas de Alejandro, ya con el poderío de los emperadores de Oriente, se hubiera con-

servado la unidad del idioma, desde la Bactriana hasta Rosas, Sagundo y Marsella, si la
ortografía se hubiera sujetado en cada punto á
los caprichos de la pronunciación sin poner
diques. á sus mudanzas? ¿Qué progreso ni qué
libertad puede haber en que al cabo de poco
tiempo no nos entendamos?

Concretándonos ahora á determinados puntos de la doctrina ó de las censuras antiacadé-
micas del Sr. D. Fidelis, diremos que, si bien
no se empeña en suprimir la *h*, propende á que
se suprima, y censura á la Academia porque la
suprime en ciertos casos sometiéndose al uso,
y en otros casos la pone donde no debiera estar
por razón de etimología. La suprime, v. gr., en
Enrique y en Elena, y la pone en *huevo*. Pero
en los citados nombres propios el uso la ha suprimido hace siglos, así en la pronunciación
como en la escritura y la Academia ha tenido
que someterse al uso, mientras que en *huevo*
pone una *h* que no hay en *oval, ovario y ovalo,*
porque antes de las vocales *ue* todos ó casi todos los que hablan la lengua castellana ponen
una aspiración gutural que no puede menos
de marcarse en la ortografía. Así los vocablos
*hueste, huérfano, huesa, huésped, huevo, hueco,
huerta,* etc., suenan como *güeste, güérfano,
güesa, güesped, guero, gueco, güerta.*

Si suprimiésemos la *h* suprimiríamos el signo ó la huella del origen latino de muchas palabras y se desatarían ó encubrirían al menos
los lazos de parentesco de la lengua castellana

con otras lenguas neolatinas. Si el italiano ha suprimido la *h,* esto no es razón para que nosotros la suprimamos, como no es razón tampoco para que restablezcamos la *f* en multitud de vocablos que en italiano la conservan como en *hierro, hacer, hijo, hermoso, higo, herir, hado, hada, hablar* é *hilo.* La *h* además, aun suponiendo que en el día es muda en todos los países donde el castellano se habla, no ha sido muda siempre, sino que se pronunciaba y se aspiraba cuando el castellano estaba ya formado en el siglo de oro de nuestra literatura. Garcilaso y fray Luis de León hacían sin duda sonar la *h* en

¿Su dulce habla en cuya oreja suena?

y en

Con la hermosa Cava en la ribera.

Las baches de habla y hermosa debían de sonar como *j* porque de otra suerte el hiato sería insufrible y los versos citados no serían versos.

Por otra parte la *h* ni aun en el día es completamente muda en todas las regiones y provincias donde el castellano se habla. En toda Andalucía, por ejemplo, la *h* sigue aspirándose.

El Sr. D. Fidelis clama con harta injusticia contra la *x.* Porque alguien abuse de esta letra y la ponga donde no debe, no ha de seguirse que no se ponga *x* en ninguna parte sino siempre *s,* sin considerar que el cambio de estas letras puede dar á una palabra distinto y hasta contrario sentido, como *expiar* y *espiar*, *exotérico* y *esotérico,* y *extática* y *estática.*

Injusto me parece tambien acusar á los puristas de inconsecuencia porque unas veces escriban *ji, je* y otras *gi, ge.* Usese enhorabuena la *j* en no pocos vocablos que en otros tiempos se escribieron con *g,* pero, en mi sentir, habría no sé qué bárbara fealdad en escribir *jeografía, jeólogo, teolojía, etimolojía, lójica, silojismo, jestión* y *jerente,* y no pocos otros vocablos, donde un invencible obstáculo etimológico ataja la introducción de la *j.*

El Sr. D. Fidelis trata severamente á la Academia, ya porque incluye en su diccionario palabras que no debieran estar en él, ya porque no ha admitido otras palabras, hispanoamericanas sobre todo. Yo creo que en la décima tercia edición del diccionario, que el Sr. D. Fidelis no conoce todavía, la Academia le complace, aceptando é incluyendo no pocos vocablos que están en uso en América. La Academia está dispuesta también á aceptar otros vocablos en las futuras ediciones, con tal de que dichos vocablos estén autorizados por el uso de personas cultas, no impliquen corrupción del buen lenguaje ó sean necesarios ó convenientes para designar y significar un objeto que no tenga hasta ahora nombre adecuado en castellano. Así por ejemplo, yo no dudo de que la palabra *jacarandá,* que probablemente procede del guaraní ó de algún otro idioma indígena sudamericano, que ha entrado hace tiempo en la lengua portuguesa y que se usa, según afirma el Sr. D. Fidelis, por las personas que hablan castellano en la América del Sur, será aceptada é incluída con gusto por la Academia para designar una madera muy empleada en ebanistería que hasta hoy carece en nuestra península de nombre adecuado.

La Academia no pretende ser infalible y no dudo yo que reconocerá en cierto modo como justificada una doble acusación del Sr. D. Fidelis; mas para defenderse de dicha acusación tiene á mi ver sobrada disculpa. La acusación es la de que hay en el diccionario no pocas palabras que no debieran estar en él, mientras que de las que debieran estar faltan muchas. A esto puede contestarse que si el diccionario se considera como el tesoro de las palabras usadas por los autores de autoridad y crédito, y de aquellas palabras indispensables ó muy convenientes para expresar nuestras ideas, en el diccionario sobran no pocas; pero si el diccionario ha de contener las palabras todas hoy en uso en la conversación, en la tribuna, en el foro, en las representaciones dramáticas, y en libros, periódicos y revistas, en el diccionario no se puede negar que faltan muchas palabras. Como su inclusión en el diccionario parece implicar su aceptación, la Academia no las incluye. De aquí que muchos españoles dentro de algunos años y los extranjeros desde ahora, tal vez no comprendan ni les sirva el diccionario para comprender multitud de palabras y frases del castellano hablado en el día. A fin de no inficionar el idioma y de evitar ó remediar el mencionado inconveniente, tal vez sería útil la composición y publicación de un inventario crítico de palabras usadas, ó sospechosas ó reconocidamente malas y feas. Si sólo porque se usan y sin examen escrupuloso se aceptan todas las palabras, el idioma se ensucia y no se limpia y en vez de enriquecerse se afea.

Traigamos aquí algunos casos particulares para contestar al Sr. D. Fidelis.

La Academia incluye en su diccionario no pocas palabras de germanía. Pero ¿cómo no incluirlas si se hallan en Cervantes, en Quevedo, en Lope, en Tirso, y en otros dramaturgos y novelistas de los siglos XVI y XVII? Por motivo semejante se han incluído ya ó se deben incluir voces y frases como las siguientes: *dar una lata, ser latoso, timarse, hacer una plancha,* y *tomar el pelo á alguien.* Y no sólo en comedias, sainetes, novelas y cuentos, hay vocablos de la jerga de chulos, rufianes y bandidos, sino también del extraño idioma de los gitanos. Así v. gr. *camelar* y *camelo,* cuyo noble origen se halla en el idioma de los vedas. Y así también *chachipé, churi, diquelar, jamar, tajetar, chuquel, churumbel, cocal* y otros términos de que se sirve el vulgo en Andalucía y en otras comarcas y que los escritores trasladan á los diálogos de sus obras de pasatiempo.

En cambio el Sr. D. Fidelis echa de menos

en el diccionario, palabras que no se comprende por qué han de estar en él incluídas. Es harto difícil marcar el límite entre lo científico ó técnico y lo vulgar ú ordinario. El refinamiento de la cultura, el lujo, las invenciones modernas y hasta la creciente difusion del saber, no se puede negar que traen de continuo á la lengua que hablan todos, no pocas palabras de ciencias y de artes que sólo podian figurar antes en diccionarios enciclopédicos. Pero de esto se abusa y la Academia no debiera hacerse cómplice del abuso. Cualquier sujeto desocupado ó mal ocupado, puede inventar cada día docenas de vocablos científicos y hasta ciencias nuevas. Y no por eso hemos de incluirlo todo en el diccionario.

El Sr. D. Fidelis, por ejemplo, echa de menos en el diccionario, *Burocracia, Ampelografía* y *Cenología;* pero debemos considerar que sólo con estas tres terminaciones, *cracia, grafía* y *logía,* se pueden inventar y se están inventando infinito número de palabras que ya se emplean en sentido chusco, ya muy por lo serio. ¿Hemos de aceptarlas todas? Es cierto que se dice *burocracia,* pero también se dice *mesocracia, plutocracia, ginecocracia, oclocracia, caquistocracia, pornocracia* y *pillocracia.*

Con la terminación en *grafía* se han inventado y se pueden inventar muchas más voces. Y con la terminación *logía* no sólo se inventan voces, sino ciencias completas más ó menos exactas ó inexactas. Ni es menester siquiera

buscar en el diccionario griego la palabra que
ha de anteponerse á la *logía,* pues basta to-
marla del lenguaje vulgar, aunque el vocablo
recién compuesto resulte híbrido, como sucede
en *sociología,* ciencia hoy tan de moda.

Esta traza de enriquecer el idioma valiéndose de conocidas terminaciones para componer
nuevos vocablos, no supone rara habilidad ni
grande ingenio. Los inventores abundan, por
consiguiente, y la riqueza de los idiomas puede
llegar de esta suerte hasta lo infinito. ¿Qué inagotable manantial de palabras no es, v. gr., la
terminación *ismo?* Apenas hay ya cosa, doctrina, creencia, vicio, pasión, persona y objeto,
que no tenga su *ismo* correspondiente. Del mismo modo pueden componerse y se componen
palabras con las terminaciones *ad, ud, encia,
ancia, ción,* etc. Y si se quiere ir más lejos todavía, de cada una de estas palabras se pueden sacar otras y otras, como de *independencia,
independizar.*

Extraña el Sr. D. Fidelis que no ponga el diccionario *bastillar* que significa hacer bastillas.
¿Pero no podría del mismo modo poner *vaini-
car* por hacer vainicas, *dobladillar,* por hacer
dobladillos, *calzonar* por hacer calzones, etcétera?

Es evidente que de cada sustantivo y de
cada adjetivo pueden sacarse dos ó más verbos
añadiendo *ar* ó *ficar* y anteponiendo *á* ó *en,* ó
sin anteponer nada. Si se dice *empapelar* ¿por
qué no se ha de decir *enlibrar?* Si *agrandar,*

achicar, atenuar y *abultar* ¿por qué no *asabiar, adoctar, avirtuosar* y cuanto se quiera!

De los participios pasivos ha sacado y saca nuestro idioma no pocos verbos nuevos. ¿Por qué, pues, impedir que en adelante se sigan sacando? Convengamos en que para esto no hay límite ni más regla que el buen gusto, y la necesidad ó la utilidad de expresar una nueva idea sin perífrasis y con una sola palabra. Valga para muestra el verbo *presupuestar,* cuya no inclusión en el diccionario de la Academia enojó tanto á mi ilustre amigo el Sr. D. Ricardo Palma. La verdad es que, en todo caso, aun aceptado el *presupuestar,* este verbo debería ser defectivo. No acierto á decir por qué, pero me suena pícaramente, *yo presupuesto, tu presupuestas, aquel presupuesta.* Acontece algo parecido á lo que acontece con el verbo *abolir,* que nadie se atreve á decir *yo abolo,* ni *yo abuelo.*

Por no fatigar á mis lectores no continúo defendiendo á la Academia de otras muchas acusaciones que contiene la *Carta de par en par.* Terminaré diciendo que faltan, en efecto, muchos refranes en nuestro diccionario, como faltan también muchas frases hechas, sentencias y expresiones que todos emplean en la conversación y por escrito. Lo que yo no sé decidir, es hasta qué punto debe constar todo esto en el diccionario ó en un tratado distinto, ora sea suplemento del mismo diccionario, ora libro separado. Tales frases ó sentencias no se toman sólo de la lengua castellana, sino también de otras lenguas que á menudo ignora quien emplea la sentencia ó la frase. Así, la exclamación *quantum mutatus ab illo*, el *mutatis mutandis*, y el tratar un asunto ó narrar un suceso *ab ovo*. Y no sólo del latín, sino del francés, del inglés, del italiano y del griego, toman expresiones y se valen de ellas en la conversación y en los escritos, personas que no saben más que el idioma castellano. Hasta los personajes *míticos* ó fantásticos que pueblan y animan nuestra conversación, aparecen ó son más ahora que los que hay en la *visita de los chistes* de Quevedo.

Yo entiendo, por consiguiente, que no se debe sobrecargar el diccionario con todo este peso, sino ponerlo en un tratado de *folklore*. Allí entrarían bien Ambrosio con su carabina, Bernardo con su espada, el maestro Ciruela, el gallo de Morón, Tragabalas, Tragaldabas, el pintor de Orbaneja, don Tiruleque, el abogado Peperris, el aseado de Burguillos, el padre Padilla y el enfermo de Rute, que se comía los pollos piando.

Por último, el Sr. D. Fidelis, que echa de menos tantas voces y frases en el diccionario, se queja con menos razón de que hay en el diccionario muchas frases y voces que ya no se usan y que casi nadie ó nadie entiende. Pero por lo mismo que ya que nadie ó casi nadie las entiende, importa que estén en el diccionario para que sepa su significación quien las halle

en el autor antiguo que las empleó cuando aún
no habían caído en desuso. El cuento casi inin-
teligible, que cita el Sr. D. Fidelis para zahe-
rir á la Academia, en nada la ofende. Valiéndose del mejor diccionario inglés ó francés
bien pueden con alguna paciencia, componerse
cuentos parecidos que no comprenda la mayoría de los lectores ingleses ó franceses. ¿Quién
puede jactarse, no ya de emplear, sino de saber siquiera la mitad de las palabras que han
empleado los autores todos de su propia lengua, cuando esta lengua lleva ya seis ó siete
siglos de vida literaria y es hablada por más de
sesenta millones de hombres en apartadas regiones y en una inmensa extensión de territorio? La Academia ha aceptado ya con gusto
muchas palabras americanas, que provienen
del quichua, araucano, guaraní, aimará, azteca
y otros idiomas de los indios, y está dispuesta
á aceptar más palabras del mismo género, sin
que la arredre el temor de que no las empleen
ni las sepan, los cordobeses, los sevillanos ó
los salamanquinos.

Antes de dejar la *Carta de par en par* y pasar
á otra cosa, diré sólo para contestar á los im-
properios que lanza el Sr. D. Fidelis contra la
Academia, pintándola como una reunión de
ineptos y de ignorantes, que los tales impropio-
rios caen sobre toda la nación española y no
contra los académicos, los cuales puede de-
mostrarse que han sido en el siglo presente los
más ilustres varones que por su saber y su elo-

cuencia ha habido en España. Si valen poco, es porque no vale más la nación á que pertenecen. ¿Qué le hemos de hacer? No hay más que resignarse. En España me parece difícil hallar personas menos ineptas y menos ignorantes que Balmes, el padre Ceferino González, Quintana, Nicasio Gallego, Arriaza, Vargas Ponce, Ríos Rosas, Alcalá Galiano, Pastor Díaz, Zorrilla, José Joaquín de Mora, Ventura de la Vega, Hartzenbuch, Madrazo, Pidal, Cienfuegos, Jovellanos, duques de Rivas y de Frías, Bretón de los Herreros, Martínez de la Rosa, Alberto Lista, Clemencín, Fernández Navarrete, Alarcón, Tamayo y Baus, Campomanes, Conde, Mesonero Romanos, Asenjo Barbieri, Cánovas, Castelar y otros cuantos que han pertenecido á la Academia y que en España tenemos la candidez de considerar inmortales.

Recientemente ha perdido la Academia otro individuo de su seno, que también pasaba entre nosotros por persona de gran instrucción y talento. Hablo de D. Antonio M.ª Fahié, orador y escritor diserto y fecundo de cuyas útiles tareas son abundante y sazonado fruto no pocos escritos históricos, críticos y filosóficos, sobre muy diversas materias: sobre la lógica de Hegel, sobre fray Bartolomé de las Casas, sobre D. Pedro Salaverría, y comentando é ilustrando hábil y elegantemente, libros antiguos por él reimpresos y traducidos á veces de extranjero idioma, como el admirable libro de *El cortesano*, original del conde Baltasar Castiglione, traducción de Boscán y una de las más bellas é interesantes obras literarias del Renacimiento, y como los curiosísimos viajes por España de Jorge de Einghen, del barón León de Rosmithal de Blatna, de Francisco Guicciardini y de Andrés Navajero.

Me he extendido tanto procurando contestar á la *Carta* de Don Fidelis, que á no ser interminable este artículo, apenas me queda espacio para dar cuenta aquí de libros nuevos. Otra vez lo haré ya que no puedo hacerlo hoy. Hoy mencionaré sólo el libro que acaba de publicar D. Emilio Cotarelo sobre la vida y los escritos del famoso D. Ramón de la Cruz, libro ameno que contiene muy curiosas noticias acerca de la literatura, los usos y las costumbres, los teatros, los actores y las actrices, la crítica y las guerras literarias del siglo XVIII. En este libro se aprecia y se da todo el valer que merece al ingenioso y popular autor de *Las castañeras picadas, La casa de tócame Roque, El manolo, El buñuelo* y otras composiciones dramáticas que entre tragedias, comedias, zarzuelas, loas, entremeses y sainetes, pasan de quinientas; se prueba la persistencia de la inspiración y del modo de ser castizo y propio de nuestra poesía á pesar de la invasión del gusto y de los preceptos y reglas del neoclasicismo francés y se ilustran no pocos puntos, apenas estudiados antes, sobre la música española, el arte escénico y otras manifestaciones de nuestra cultura propia y original, bajo la dinastía de los Borbones.

El Sr. Cotarelo, erudito é infatigable investigador de nuestro historia literaria y artística, no descansa en sus trabajos, y es de esperar que pronto, despues de habernos dado á conocer las vidas y los hechos de los Iriartes, de María Ladvenán, de la Tirana y de la Caramba, dé al público el libro que está componiendo sobre el famoso actor Isidoro Máiquez, que viene á ser nuestro Talma.

Es tal la afición de los españoles al teatro, que, lo que mejor se conserva y menos decae en España, aun en medio de las circunstancias más tristes, es la literatura dramática. Trece teatros tenemos ahora abiertos en Madrid y dando funciones casi diarias, á pesar de que el Teatro Español ó del Príncipe está cerrado y de que la compañía de Fernando Díaz de Mendoza y de María Guerrero anda por esas Américas y probablemente habrá llegado ya á la capital de la república mejicana. Es cierto que los buenos dramas no abundan, á pesar de que D. José de Echegaray sigue siempre escribiendo sin que se agote su fértil vena y hasta creo que acaba de componer una obra y que la ha enviado á María Guerrero para que en Méjico la estrene.

Pérdida hasta hoy no compensada ha tenido el teatro español con la temprana muerte de Feliú y Codina, aplaudidísimo é inspirado autor de *María del Carmen* y de *Dolores*. Tal

vez hoy no podamos ni debamos jactarnos de
que sea muy rica entre nosotros la cosecha de
dramas serios y originales. Las traducciones y
arreglos del francés abastecen la escena y
atraen y agradan al público, y esto no sólo en
castellano, sino también en las lenguas italiana y francesa. A menudo vienen aquí compa-
ñías de Francia y de Italia. Poco ha estuvo con
la suya la muy celebrada Mariani; después
hemos tenido á Sarah Bernhardt; y por último
ha representado aquí con grande aplauso, la de-
senvuelta y graciosa Réjane, que aún permanece en esta villa y corte.

Entretanto, lo que no se agota y florece
siempre, con muy marcado carácter popular
y castizo, es la zarzuela y el sainete, cuyos
maestros compositores, poetas, actores y actrices, no desmerecen de lo mejor que hubo en
otras edades. D. Ramón de la Cruz tiene algunos sucesores en Javier de Burgos, Vital Aza,
Ramos Carrión y Ricardo de la Vega, y sin
duda la Pino, la Valverde, y la Loreto Prado
no valen menos que la Raboso, la Tirana y la
Caramba.

Siguen escribiéndose muchas novelas. Pérez
Galdós es inagotable. Han aparecido varios fla-
mantes novelistas de mérito, entre los que
descuella en Málaga Arturo Reyes. El argentino D. Carlos M.ª Ocantos, que vive y es muy
estimado y querido entre nosotros como secretario de la legación de su república, no cesa
de escribir y de publicar muy interesantes na-

rraciones, donde describe con singular viveza,
amenidad y tino la vida de su país, la fertilidad
y riqueza de sus ciudades y campos y los caracteres, pasiones, lances y aventuras de los hombres que los habitan.

El Sr. Ocantos acaba de publicar la novela
titulada *Pequeñas miserias*, que es la novena
de la colección, y ya se anuncia que pronto
publicará la décima, cuyo título es *D. Perfecto*. Para no hacer interminable este artículo,
dejaré para otro el dar, como es justo, detenida cuenta de las últimas novelas del Sr. Ocantos y de emitir sobre ellas mi juicio.

IV

Madrid 4 de Abril de 1900.

El más primitivo y el menos artificioso de
todos los géneros literarios, el cuento en prosa,
está muy de moda en el día y se cultiva por todas partes con esmero y buen éxito. Natural es
que no se muestre estéril ni ocioso en esta labor, un pueblo como el nuestro, donde desde
muy antiguo se han escrito y publicado cuentos preciosos que han servido de modelo á los
de otras naciones de Europa, como los del *Conde Lucanor*, por ejemplo.

Entre los que escriben ahora cuentos en Es-

paña descuellan, á mi ver, D. Jacinto Octavio
Picón, D.ª Emilia Pardo Bazán, D. Armando
Palacio Valdés y el joven malagueño D. Arturo Reyes.

De este último, conocido y muy celebrado
ya por sus versos, por *Cartucherita* y otras novelas, apareció, hará dos semanas, en las columnas de *El Imparcial*, un cuento titulado
Donde las dan las toman, cuadro de costumbres
andaluzas, fiel, animado y perfecto, cuya
acción despierta el más simpático interés, cuyo estilo se distingue por su sencillez elegante
y graciosa, y cuyos personajes, admirablemente dibujados con leves rasgos, hablan de suerte
que pudiera decirse que el autor del cuento ha
recogido en un fonógrafo sus conversaciones.

Hace también muy poco que D. Armando
Palacio Valdés, en una colección de tomitos,
que está publicando el Sr. Rodríguez Serra, ha
dado al público dos lindísimos cuentos, que
lejos de desdecir, me parece que superan el
mérito de las novelas que han hecho á su autor
tan leído y tan famoso, no sólo en España, sino
por toda Europa. Los dos cuentos que cito y
que me atrevo á recomendar á las personas de
gusto, se titulan *¡Solo!* y *El pájaro en la nieve*.
El estilo del narrador, más que por el primor
y atildamiento, merece grandes elogios por su
naturalidad afluente y espontánea y lo que da
mayor valer á ambos cuentos, es el admirable
espíritu de observación que resplandece en
ellos, así al bosquejar rápidamente la natura-

leza exterior, como al descubrir y retratar sin
afectación y con rara maestría, los afectos y las
pasiones de sus personajes.

En *¡Solo!* imaginamos ver como por prodigio el sentir y el pensar de un niño de tres
años, y en *El pájaro en la nieve,* sin que se
note el esfuerzo del análisis psicológico, se describe la vida íntima del alma de un pobre ciego, víctima de la adversa fortuna, y consolado
y sostenido por su fe religiosa, por la resigna-
da ternura de su corazón y por sus esperanzas
celestiales. Profunda aunque dulce melancolía
se siente al leer las últimas páginas de este
bien inspirado cuento, donde la soñada visión
de mil venturas alegra en la profundidad de la
mente la agonía del pobre ciego que muere de
frío y de hambre, abandonado en medio de la
calle en una terrible noche de invierno. No
creo imitación, pero sí coincidencia, el parecido de este cuento con el hermoso drama de
Hauptmann, titulado *Hannele* y que con tanto
aplauso se representa en los teatros de Alemania. En mi sentir, no obstante, el cuento español es menos desconsolador y menos sombrío.
que el drama alemán. En el drama, tal vez
contra la intención del autor, se advierte algo
de hondamente triste y descreído.

Las ideas y creencias religiosas aprendidas
en el catecismo, las historias vulgares de princesas y de hadas, el naciente amor hacia un
hombre y el natural deseo de vestirse, comer,
hospedarse y abrigarse de un modo regalado,

todo se baraja y se combina para dar ser á la visión que tiene la muchacha Hannele en su agonía, visión que sale fuera del alma de la agonizante, que toma cuerpo y que se figura y representa en la escena por virtud de la más hábil maquinaria.

El espectador que asiste al drama recibe una impresión harto aflictiva: entiende que el autor quiere inculcarle que todas aquellas cosas ideales que pueden consolarnos en nuestros mayores infortunios, son vaga fantasmagoría sin realidad ni consistencia: Por el contrario, en el cuento de Armando Palacio Valdés, no acertaré yo á explicar cómo, ó bien mi explicación sería larga, pero es el caso que no desvanece las esperanzas ultramundanas la grata visión que tiene el ciego al morir, sino que es más bien una prenda, un anticipo en el mundo, aunque sea en sueño fantástico de lo que en realidad ha de lograrse en el cielo, resultando más bella y pura la visión por fundarse en el amor fraternal y candoroso, noblemente sentido y constantemente conservado en el alma, á pesar de desengaños y desventuras.

La afición á los cuentos movió, hará algo más de un mes, á los redactores de *El Liberal* á abrir un certamen ofreciendo premio y accésit á quienes escribieran los dos mejores cuentos. Para decidirlo, se nombró un jurado compuesto de D. Isidoro Fernández Flórez, de D. José de Echegaray y de quien escribe este artículo.

No fué breve ni fácil nuestra tarea. A pesar

de la premura del tiempo, se presentaron para
el certamen nada menos que 667 cuentos, que
hubo que leer y examinar. Mi opinión franca
y sincera, así como la de mis dos compañeros,
es que no pocos de los cuentos eran estimables y
que más de veinte no carecían de mérito. El
que nos pareció mejor, el que fué premiado y
salió impreso en *El Liberal,* lleva por título
Las tres cosas del tío Juan y está escrito por
el Sr. D. José Nogales y Nogales, antiguo y
poco conocido periodista, retirado ahora en un
lugar de la provincia de Huelva. Su cuento
tiene toda la traza de haber sido tomado de la
boca del vulgo campesino, lo cual en mi entender, no rebaja el mérito del cuento, sino que le
realza. Muchas son las especies de cuentos,
pero acaso sea la que más deba estimarse la
que se funda en algo imaginado por el pueblo,
como poesía épica difusa, y donde un singular
poeta ó prosista no hace más que labrar y abri-
llantar lo imaginado, como diestro joyero labra, pule y engarza un diamante en oro. Esto
ha logrado hacer el Sr. Nogales y por eso el
público ha venido á confirmar con sus aplausos
nuestro veredicto.

El cuento que ha obtenido el segundo premio se titula *La chucha* y es de D.ª Emilia
Pardo Bazán. Como hay bastantes personas
que, sin negar la verosimilitud de que haya
presidiarios sentimentales y novelescos sienten
más repugnancia que deleite estético en la
representación artística de tales cosas, *La chu-*

cha ha sido harto menos aplaudida, pero no puede negarse ni nadie niega el brío y la habilidad con que *La chucha* está escrita. La publicación de este cuento ha dado ocasión á un incidente curioso. Se ha dicho que la señora Pardo Bazán y el Sr. D. Vicente Blasco Ibáñez, que son muy amigos, tuvieron el capricho de presentar en el certamen sendos cuentos con los nombres de los autores trocados... Si esto fuese así, *La chucha* no sería obra de D.ª Emilia sino de su amigo, famoso ya como orador parlamentario, como periodista político y como autor de otros muy lindos cuentos y de las encomiadas novelas que llevan por título *La Barraca* y *La condenada.*

Como quiera que ello sea, ni el Sr. Blasco Ibáñez ni la Sra. Pardo Bazán han menester de *La chucha* para acrecentamiento en la merecida fama de que ambos gozan. El Sr. Blasco Ibáñez además, ha protestado en los periódicos contra la gratuita suposición del cambio de los cuentos y de que *La chucha* fuera creación de su ingenio.

Entre las demás narraciones no premiadas, hay una que llamó poderosamente la atención del jurado y que le tuvo suspenso con la duda de que tal vez merecía el premio tanto ó más que ninguna otra: pero el jurado se retrajo de darle por lo espeluznante, tremendo y escabroso de la narración á que me refiero, y cuyo título, en perfecta consonancia con el asunto, es *Satanás.*

La fe religiosa es en el día, en la misma
España, menos firme que en los pasados siglos
y menos resistente á toda prueba. De aquí que
pueda calificarse de irreligioso ó de anticleri-
cal lo que no lo es en realidad ni en el propósito de quien escribe. Y de aquí también, así
como de cierta *pudibundez* un tanto cuanto
hipócrita que priva ahora, que la gente se es-
candalice de sucesos fingidos, no más pecami-
nosos que verdaderos y frecuentes sucesos que
salen á luz en las revistas de tribunales. Algo
semejante hay en el argumento de *Satanás,* al
argumento de una antigua y piadosa leyenda
que en vez de escandalizar edifica y sobre la
cual escribió, en el siglo XVI, un poema épico
el capitán Cristóbal de Virués, y han compuesto en nuestros días Zorrilla *La Azucena Sil-
vestre* y una ópera un muy celebrado maestro.
Ya se entiende que me refiero á la *santa historia* del ermitaño Garín y de la fundación de
Monserrat. El fraile pecador del cuento *Satanás,* no comete tan horrendo pecado como el
ermitaño Garín, porque seduce á la doncella
pero no la asesina. Sin duda, la leyenda del
ermitaño Garin es más consoladora, ya que el
ermitaño hace larga y dura penitencia y es al
fin perdonado en la tierra y en el cielo. La
princesa, su víctima, resucita, para que todo
termine bien y nada se nos deje que desear. En
la narracion de *Satanás,* el desenlace no es
dichoso, sino trágico y endiablado. El fraile
seductor ó se suicida ó es arrebatado por el

demonio, ya que esto, como sin duda conviene, queda esfumado é indeciso. Como quiera que ello sea, el cuento de *Satanás* está escrito con enérgica concisión de estilo, con mucha riqueza de color y con el envidiable poder de dar vida á los personajes y de grabar hondamente en la memoria de los lectores la figura y el carácter de ellos. Los lances sobrenaturales del cuento, la aparición y los conjuros de la bruja saludadora y la rotura del espejo mágico, todo vagamente referido, producen el terror estético que el incrédulo pensamiento de los hombres del día es capaz de sentir.

El cuento de *Satanás* digno, en mi opinión, de tanto elogio, es obra de D. Ramón del Valle Inclán, escritor joven todavía y según parece, de éstos que llaman modernistas, cuyo arte de escribir no repruebo yo cuando se ejerce con moderación y con tino y cuando quien le ejerce tiene talento. Pero si el tal modernismo se exagera, pronto degenera en rebuscado amaneramiento y hasta puede caer en afectación algo ridícula.

En verso, sobre todo, es el tal arte de escribir un gongorismo á la moda ó culteranismo de nuevo cuño. Claro está que, así como Góngora era poeta hasta en los momentos de sus mayores extravíos, así puede ser y es poeta un modernista de nuestros tiempos, aunque yo preferiría que no fuese tan modernista y le tendría por mejor poeta si no lo fuese. Ganas me dan de decirle lo que decía Maese Pedro al chico que explicaba el retablo: «Muchacho no te encumbres, que toda afectación es mala.»

Traigo lo anteriormente dicho á propósito de un tomo de poesías obra del colombiano don Guillermo Valencia, del cual tomo, impreso en Bogotá el año pasado, acabo de recibir un ejemplar, que me envía su autor desde París, donde está ahora como secretario de la legación de su república. Innegable es el ingenio del Sr. Valencia y bien patente se ve en sus versos el sello de nada comunes facultades poéticas: profundidad y viveza de imaginación, virtud creadora de la fantasía y rica y abundante vena de frases y giros con la destreza que conviene para dar ser al lenguaje poético en rimas y metros sonoros.

No negaré yo que en el día hay dos escollos en que tropiezan frecuentemente los poetas jóvenes. Es uno de ellos la adoptación de las frases hechas, harto repetidas y manoseadas ya y que nos traen á la mente, sin gracia y sin aroma, como flor marchita ó como manjar fiambre, manido ó soso, lo substancial, primoroso é inesperado que los antiguos poetas dijeron. Otro escollo proviene de la rara aptitud que para versificar poseen muchos, porque miden bien los versos, hallan sin esfuerzo los consonantes, y prescindiendo de la dicción poética escriben versos por estilo más humilde y arrastrado que la prosa más vil y más sin aliño. Ambos escollos deben evitarse, pero debe evitarse también al huir de ellos, la caída en otro escollo no menos malo: en el de la flamante afectación culterana.

No creo yo que la forma poética esté llamada á desaparecer, como sostuvieron algunos jóvenes literatos en el Ateneo de Madrid, pocos años hace. Pero sí creo que la forma poética es difícil y que no debemos abusar de ella ni tratar de dársela á todo. Quizá sería lo mejor no decir en verso, sino aquello que en prosa no puede decirse. Aunque no haya asuntos exclusivamente propios de la prosa y otros exclusivamente propios del verso, y aunque tal vez el asunto sea el mismo, el modo de pensar y de sentir y de expresar lo sentido y lo pensado, deben ser en el poeta y en el prosista harto distintos. No por eso, sin embargo, esta bien dar en lo extravagante, en lo enmarañado y obscuro, á fin de no caer en lo prosaico, trivial y palabrero.

El tomo de poesías del Sr. D. Guillermo Valencia, me mueve á reconocer y á confesar que dicho señor es poeta, pero que lo será más indudable y efectivamente, cuando prescinda de los rebuscados primores del modernismo y sin incurrir en lo desmayado y prosaico, sea natural y sencillo, como lo es mi amigo y compatriota suyo D. Antonio Gómez Restrepo.

Más apurado y perplejo que para juzgar los versos del Sr. Valencia, me veo yo para juzgar los de otro, al menos para mí, flamante poeta, llamado D. Eduardo Marquina, de quien tengo á la vista un tomo de Odas, publicado en Barcelona en el presente año de 1900.

Si por la brillantez, vigor y viveza del estilo y de las imágenes hemos de estimar y de tasar el valor de un poeta, imposible es negar que le tiene extraordinario el señor Marquina. Sus ideas y sentimientos y la manera que emplea para expresarlos son, además, muy nuevos y originales. Yo, al menos, no atino á descubrir las fuentes de países extraños en que ha bebido, ni las determinadas doctrinas y especulaciones, políticas y filosóficas, que le han entusiasmado, ni los poetas franceses, alemanes ó de otros países que procure imitar, dado que algo imite. Sólo es innegable que el Sr. Marquina se siente inspirado y se deja arrebatar por una de las corrientes más impetuosas y violentas del pensamiento humano en nuestros días: corriente extraviada sin duda y que puede llevar á quien se lanza en ella hasta el extremo de la locura. La locura en verso, con todo, no escandaliza ni asusta como la locura en prosa. Tal vez contagia mucho menos: tal vez no tiene malos resultados en la práctica ó tal vez los tiene buenos por contradicción y por algo á modo de terror que el frenesí del poeta puede infundirnos. De todos modos, el poeta es harto menos responsable que el prosista de las doctrinas que sostiene. No se le pide cuenta de lo que dice en sus versos de la misma suerte que se pide cuenta á un filósofo ó á un político de las disertaciones que hay en sus libros

ó de los discursos que pronuncia en los clubs ó
en los congresos. Horacio, apoyándose en una
sentencia de Demócrito, excluye del Parnaso
á cuantos están en su cabal juicio. Y entendido
esto con las limitaciones y explicaciones que
debe entenderse no carece de fundamento.
Hasta los sujetos más piadosos, pongamos por
caso, leen con deleite, admiran y encomian á
Leopardi, á pesar de su espantoso pesimismo, que llega á implicar la negación de Dios
ó que le define *el feo poder que oculto impera
para daño de todas las criaturas*. Ya se entiende que el crítico juicioso y el creyente no toman por guía y por maestro al poeta que pronuncia blasfemias tan horribles, sino que lo
toman por víctima de su alucinación poderosa,
y por lastimoso ejemplo de una enfermedad
de las almas que puede y debe servirnos de
aviso y de escarmiento saludable. Entendidas
así las cosas, bien podemos, sin el menor escrúpulo de conciencia, celebrar las poesías del
Sr. Marquina como celebramos las de Leopardi. Y tanto más cuanto que el Sr. Marquina
dista no poco de ser pesimista y ateo. Al contrario, y según lo que yo acierto á columbrar
entre las visiones, figuras y símbolos de sus
ensueños, el Sr. Marquina es optimista en definitiva y espera y predice una renovación, no
ya de la faz de la tierra y del linaje humano,
sino de todo el universo, que se hermoseará y
mejorará pronto por pasmoso estilo, porque,
según el Sr. Marquina *los tiempos se acercan*.

Sus *Odas* son misteriosamente proféticas como
el *Prometeo encadenado* de Esquilo, y, si es lícito comparar lo meramente humano con lo
que proviene de inspiración divina, como las
visiones de Ezequiel ó como la Apocalipsis del
Aguila de Patmos.

Difícil es distinguir lo que en las odas del
Sr. Marquina es meramente alegórico, de lo
que debe entenderse en ellas al pie de la letra
y ateniéndose al estricto sentido. No seré yo,
pues, quien declare qué clase de nueva religión ó de irreligión es la que el señor Marquina
anuncia y predica: ya me parece un cristianismo ultra-democrático, en el que no hay reyes, ni
papas, ni obispos, ni sacerdotes, porque todos
lo somos; ya me parece un panteísmo materialista y regocijado. Habrá una conflagración de
amor que incendiará el mundo, pero no se per-
cibe bien cómo ha de ser este incendio, y si ar-
derán de veras ó sólo alegóricamente los templos, los palacios y las ciudades. Lo que sí se ve
sin confusión, en los animados cuadros que nos
presenta el Sr. Marquina, es que todo vendrá
á parar en que la humanidad, sana, robusta y
alegre, se entregará á los deportes más amenos
y gozará de la vida en idilio perpetuo y enorme, en bacanal alegre y en inocente y estrepi-
tosa orgía. La gran fiesta se realizará en medio
del campo, sobre la fresca hierba, á la sombra
de los pinos de que gusta mucho el poeta, y
en las cumbres de las montañas, donde se eri-
girán los nuevos altares y serán los templos,

que tendrán por cúpula el cielo y por lámparas el sol, las estrellas y la luna.

A la verdad, yo no me conformo, ni por amor al arte me conformaría aunque no fuese cristiano, con que se derriben las iglesias, sin excluir San ¡Pedro de Roma y las catedrales de Toledo y de Burgos, entre cuyos escombros bañados por el sol y oreados por el libre viento, saltarán las cabras, retozarán los chivos, balarán las ovejas, mujirán las vacas, y encaramándose sobre un altar será venerada la que esté más gorda y se halle en estado interesante. Todo este cuadro y otra multitud de ellos que hay en las *Odas,* á no interpretarse muy libre y simbólicamente, tienen trazas de ditirambo y de estupendo delirio; pero, con todo eso son indisputables el arte y el talento con que el poeta traza tales cuadros y logra impresionarnos. Lo que tampoco me atreveré yo á señalar, es el límite hasta donde llega candorosamente la imaginación del Sr. Marquina y lo que más allá de ese límite crea la misma imaginación no sólo picada por el estro sino corriendo sin freno, espoleada por el prurito de conseguir una originalidad inaudita.

Pocos meses antes de publicar las *Odas,* el Sr. Marquina, en colaboración con otro vate, llamado D. Luis de Zulueta, había publicado un poema en forma dramática, cuyo título es *Jesús y el diablo.* O sea porque el Sr. Marquina, no estuviese aún tan enardecido y poseído de su numen como lo estuvo más tarde, ó sea porque el Sr. Zulueta, que iba con él montado en el Pegaso, tiraba de las riendas á la cabalgadura, en vez de excitaria hiriéndole las ijadas con los acicates, lo cierto es que en este poema de forma dramática hay muchísima menos extravagancia, no se nota tan desaforada heterodoxia, y no por eso se dejan de hallar bellezas poéticas de no corto precio. En suma, tanto el poema como las *Odas* son dignos de atención y merecen leerse y celebrarse con restricciones y en cierta medida, á pesar de los graves defectos que hemos indicado.

Sin lucha ni contradicción entre el desbordamiento de la fantasía, la piedad y el juicio sano, sin equilibrios peligrosos y difíciles, y sin acicalar el espíritu enredándole en enmarañadas sutilezas, bien puedo elogiar aquí y elogio con gusto otro nuevo tomo de versos, cuyo título es *Líricas,* impreso en Palma, en 1899, y debido á la pluma del presbítero mallorquín D. Miguel Costa. Me aseguran que este poeta ha sido más fecundo y es más de admirar escribiendo en su propio dialecto que escribiendo en castellano. La gente de las islas Baleares le pondera hasta el punto de colocarle más alto que á Mosén Jacinto Verdaguer y á D. Mariano Aguiló, que pasan por ser los dos mejores líricos catalanes contemporáneos.

No decido yo sobre esto porque sólo he leído los versos de D. Miguel Costa escritos en castellano. De éstos afirmo que son hermosos y

elegantísimos, ricos de inspiración entusiasta
y llenos de fervor religioso.

El Sr. Costa ha pasado en Roma cinco años,
ha seguido allí sus estudios y allí se ha hecho
sacerdote. Profundo y sincero sentimiento católico y puro amor á la tersura y nitidez de las
antiguas formas clásicas avaloran sus poesías,
donde, en las formas, cuando no en el sentido,
se nota el influjo de Manzoni, de Josné Carducci y de otros poetas italianos del día. Alta
alabanza merecen muchas de sus composiciones, pero tal vez la más original de todas es la
tilulada *El pino de Formentor*. Yo, sin embargo, encuentro menos subjetivas, de más amplio
y general interés y de más humano á la vez
que de más religioso espíritu, las composiciones *En las catacumbas de Roma* y *Adiós á
Italia*.

La sobrada extensión que ha tomado esta
carta no me permite examinar detenidamente,
y como yo quisiera, las hermosas poesías del
Sr. D. Miguel Costa, cuya lectura recomiendo,
valga lo que valga mi recomendación y sin
autoridad para hacerla.

El Sr. D. Marcelino Menéndez y Pelayo,
acaba de publicar el tomo X de las obras completas de Lope de Vega, que da á la estampa
la Real Academia Española y que serán,
cuando terminen, magnífico monumento le-
vantado á la gloria del Fénix de los ingenios.
La introducción con que el Sr. Menéndez ilustra este tomo, se presta á muy importantes con-

sideraciones críticas, porque trata de las comedias y los dramas que se fundan en leyendas históricas del siglo xv, cuando los reyes, apoyados en la teocracia y aliados con la plebe, humillan la arrogancia y enfrenan la anárquica licencia y la tiranía de los magnates, prestando unidad briosa á Portugal, á Aragón y á Castilla, y preparando los altos destinos y la hegemonía que los pueblos de esta península ejercieron luego sobre los otros pueblos del mundo.

El trabajo del Sr. Menéndez es, en mi sentir, tan ingenioso como ameno y bien merece que tratemos de él con mayor vagar y reposo por lo cual lo dejaremos para otro artículo ó carta, terminando por hoy.

V

Madrid 8 de Mayo de 1900.

Yo soy, sin poder remediarlo, harto inclinado á ver el pro y el contra de toda cuestión y á no afirmar ni negar sin hacer distingos. Aprobé, no obstante, sin vacilar un momento, la determinación generosa que la Real Academia Española tomó hace ya más de diez años, de hacer una edición monumental de las obras completas del Fénix de los ingenios,

Lope Félix de Vega Carpio. Grande, prolija y costosa era la empresa.

En mi sentir fué siempre indudable la honra que ganaría la Academia de llevarla á cabo. En dos puntos no atinó bien mi previsión, yendo en uno la realidad más allá de la esperanza y quedando la esperanza en otro más burlada y rezagada de lo que yo creía. El punto en que se ha logrado más de lo que yo esperé, es en la rapidez con que la edición se va haciendo, gracias á la portentosa actividad de D. Marcelino Menéndez y Pelayo y á lo fácil y expedito que es para toda labor literaria. Diez tomos de Lope van publicados ya. Yo no dudo de que en adelante podrán publicarse cinco cada dos años, de donde infiero que aunque falten aún treinta tomos, llegando la edición á constar de cuarenta, dentro de doce años quedará la edición terminada, si D. Marcelino nos vive, como es de presumir, al verle lleno de salud y de energía de espíritu y en lo mejor de su edad todavía.

En lo que yo me equivoqué, saliendo defraudadas mis esperanzas, fué en el éxito de librería que iba á obtener tan grandioso monumento literario. Pocos ejemplares previ yo que iban á venderse, pero no tan pocos como se venden, gastando la Academia mucho y económicamente en balde, aunque no se arredra por eso y aunque permanece firme en su propósito hasta que del todo le realice.

¿En qué consisten el corto favor y la escasa

resonancia que obtienen del público español las obras completas de Lope? Consisten, á mi ver, no ya sólo en que en España y en los demás países donde se habla nuestra lengua se leen y se compran pocos libros, sino también en que nuestra casta es menos propensa que otras á la veneración y al entusiasmo que no proceden del propio examen y convencimiento, sino de autoridad magistral y extraña.

No olvidaré nunca, aunque ya hace tiempo de esto, que, acercándome yo por acaso en cierta tertulia á un corro de señoritas jóvenes, oí que trataban de explicar las diferencias que hay entre protestantes y católicos. Cada cual dijo su parecer, pero ninguno me cayó más en gracia por hallarle atinado en el fondo, aunque en la forma candorosamente impío y blasfemo, que el de la señorita más joven. La más importante diferencia, dijo, consiste en que las católicas no debemos leer la Biblia como no esté *expurgada* y en que los protestantes la leen sin *expurgar*. En la frase de aquella bachillera teóloga, si la interpretamos atinada y benignamente, hay no poco de verdad. En una casta tan irrespetuosa como la nuestra, sometido al libre examen de cualquier individuo por ignorante que sea, lo escrito hará dos mil ó tres mil años, en remotos países, en lenguajes de muy distinta índole, por muy diverso estilo del estilo de hoy y describiendo costumbres, leyes, usos, estado social y político y casos tan diferentes de los del día, la exégesis no podría menos de ser absurda: cada interpretación sería un cúmulo de disparates y redundaría al fin en desdoro y menosprecio de lo interpretado.

Si de lo sagrado pasamos á lo profano, donde el respeto se impone menos ó no se impone, ni tiene nada de obligatorio la completa divulgación de cuanto escribió un autor por muy eminente que fuese, suele entre nosotros redundar en su daño, sobre todo cuando varían algo el lenguaje, las modas y la dirección que siguen el pensar y el sentir de los hombres; cuando, valiéndonos de términos más en uso á lo presente, tenemos ó imaginamos tener ideales nuevos. El menosprecio de los libros antiguos suele entonces ser mayor en España que en país alguno. Cierto es que Shakespeare no fué, como hoy, tan generalmente estimado y ensalzado en Inglaterra durante el siglo XVIII, cuando el gusto pseudo-clásico francés prevaleció en todas las naciones de Europa; pero los ingleses no llegaron jamás á menospreciar á su gran dramaturgo como menospreciamos en España á los nuestros, tildándolos de bárbaros, de absurdos y de faltos de arte y de juicio. Al sobrevenir la reacción, las alabanzas dadas en Inglaterra á Shakespeare, rayaron en delirante apoteosis. Y siendo tan grande el poder de la nación que alababa, y glorioso hijo suyo el así alabado, la idolatría de Shakespeare se hizo contagiosa, y en todas partes fué preconizado aquel poeta,

genio maravilloso, primera aparición del *su-
perhombre* sobre la tierra en que vivimos.

Harto menos entusiastas los españoles, tar-
damos mucho en devolver á nuestro teatro antiguo la gloria de que le habíamos despojado
y nunca se la devolvimos con tan entusiasta
largueza ni con espontaneidad, ni iniciativa
propia. Fuerza es confesarlo; los críticos alemanes nos enseñaron á celebrar y á aplaudir el
mérito de nuestros autores dramáticos. Ambos
Schlegel, Tieck, Böhl de Faber, Bouterwek,
Fernando Wolf, Grillparzer y el conde Adolfo Federico de Schack, bien puede afirmarse
que se nos han adelantado en reconocer el valer de nuestros más castizos ingenios, animán-
donos á celebrarlos, depuesto el temor de in-
fringir arbitrarios preceptos.

Todavía los españoles, harto abatidos polí-
ticamente, apenas nos atrevemos á encomiar
nuestras cosas con entusiasmo, sobre todo al
compararlas con las extrañas. Yo mismo confieso que participo mucho de esta timidez y
aunque á menudo lo piense, jamás me atrevo
á decir en público, recelando que me tengan
por un monstruo de vanidad nacional, lo que
en confianza, con el debido sigilo y casi en
broma, voy á declarar aquí valga por lo que
valga. Hermoso y profundo me parece, pongamos por caso, el lago de Ginebra; pero el
lago se queda tamañito si lo comparo con la
vasta amplitud y con la insondable profundidad del mar Océano. Así algunas veces, y Dios

me perdone mi orgulloso españolismo, si es
que incurro en error, Lope me parece el mar y
Shakespeare me parece el lago, hallando yo en
cantidad y en calidad mayor que Shakespeare
á Lope. En uno y otro suele haber desorden,
chocarrerías, faltas de arte, anacronismos,
afectado estilo culterano ó *eufuista* y otros defectos no menores. Uno y otro dormitan también á veces, como dormitaba el propio Homero. Pero la diferencia está en que los ingleses disimulan ó no quieren ver las faltas de su
gran poeta, ya que no las truequen en perfecciones, y nosotros notamos las faltas del nuestro cuando no las exageramos. Y está además
la diferencia en que el lector ó el espectador
inglés, desvelado ó reprimido por el respeto,
no se aburre ni bosteza, ni silba, cuando Shakespeare duerme ó se extravía, mientras que
nosotros bostezamos, nos aburrimos y hasta
silbamos sin el menor respeto las comedias de
Lope que nos desagradan, escritas á escape,
sin inspiración y sin reflexión; aquellas de que
el mismo declara

> Y más de cien*t*o en horas vein*t*icua*t*ro
> Pasaron de las musas al *t*ea*t*ro.

La milagrosa fecundidad de Lope ha puesto
en drama todo lo *dramatizable*: historias y leyendas, sagradas y profanas de la edad antigua, y tradiciones, sucesos novelescos, hazañas y crímenes de nuestro propio país, conser-
vados en nobiliarios y crónicas y divulgados

en romances y cantares. Puede afirmarse que
Lope ha escrito en drama y en verso una muy
poética historia de España. El tomo X, que
apareció poco ha, llega al punto culminante y
más lleno de interés de dicha historia, según
lo demuestra el elocuente, magnífico y erudito
prólogo del Sr. Menéndez, que se dilata sobre
167 páginas del infolio y cuya lectura, lejos de
fatigar, pasma y deleita.

Los reyes, apoyados y sostenidos por la plebe, combaten contra los revoltosos y soberbios
magnates, los vencen y los humillan, propenden á fundar sobre sólido cimiento la unidad
de la nación, en cierto modo crean la patria,
infundiéndola bríos muy altos y preparan su
hegemonía sobre las demás naciones y su expansión triunfante y vencedora por el mundo
que en gran parte descubre y á cuyo extremo
oriental llega también con sus naves.

La historia de este período está profundamente sentida y vigorosamente expresada en
los dramas de Lope. Los caracteres de sus
personajes tienen el aspecto y color de la época, sin que deje de resplandecer en ellos la
verdad humana. Los asuntos ó argumentos
de los dramas están hábilmente elegidos, trazados con arte pasmoso y realizados con feliz acierto. Entre los dramas que el tomo X
contiene, pueden contarse cuatro ó cinco
obras maestras compiten con lo mejor que en
otras lenguas y países se ha escrito para el
teatro.

Acaso sea *Peribáñez y el Comendador de Ocaña*, el mejor de estos dramas. *García del Castañar*, drama más conocido y celebrado, es imitación de Lope por Rojas, imitación más ordenada y artística, pero harto menos espontánea y briosa. Lope no limita por respeto al Rey el propósito de vengar una afrenta, ni hace que Peribáñez sea un caballero principal que vive encubierto. Peribáñez no es más que un villano, pero tan celoso de su honra y tan poco sufrido de cuanto pueda deslustrarla, como el hidalgo más linajudo y soberbio. El espíritu democrático anima todas las escenas del bellísimo drama de Lope. El idilio amoroso entre los dos consortes Peribáñez y Casilda está, á mi ver, sentido con más vehemencia y expresado con mayor sencillez y naturalidad campesina, que los mejores y más aplaudidos versos del mismo género en el drama de Rojas. La transición del idilio á la tragedia aumenta el terror trágico sin causar la menor disonancia.

En *Los novios de Hornachuelos* Lope compite con otra obra maestra, que algunos atribuyen á Tirso, pero que es suya también: con *El Infanzón de Illescas*, maravilloso drama que sirvió de modelo á su tan aplaudida y representada imitación de Moreto, cuyo título es: *Rey valiente y justiciero y rico hombre de Alcalá*. Hay en *Los novios de Hornachuelos* dos singuralidades que prestan á la obra grata novedad y notable carácter. Es una el episodio de los tales novios, lleno de chiste y gracejo y bien enlazado con la acción trágica. Es la otra singularidad la de ser el Rey que se opone al insolente magnate á quien llamaban *el lobo de Extremadura*, un príncipe enfermizo y débil de cuerpo, Enrique III el Doliente, pero de alma llena de grandes pensamientos y de no menores bríos y propósitos, personaje que Lope retrata con esmerado tino y en quien admira el espectador ó el lector al hábil político que se adelanta á su época, que prepara la obra de los Reyes Católicos Isabel y Fernando, y que adelantándose también á los príncipes portugueses en abrir caminos á la expansión civilizadora de Iberia, hasta los últimos términos de la tierra, envía á Tamerlán la embajada de Ruy González de Clavijo.

No menos dignos de encomio por el hondo sentido histórico y por la representación de los caracteres, ricos de verdad humana, son los dramas de Lope, cuyo protagonista es aquel gran Rey de Portugal, don Juan II, á quien apellidaron sus contemporáneos el *Príncipe perfecto*. Y efectivamente, no alcanzó nunca tanta perfección en su género el que soñó y trazó Nicolás Machiavelli. Muy temeroso de Dios y muy cumplidor de sus deberes, según decían los cronistas de su tiempo, devuelve á su padre la corona y el cetro que ya su padre le había cedido, y no consiente en ser Rey hasta después de la muerte de Alfonso V. Mucho empeño tenían algunos de sus audaces cor-

tesanos de disputarse con Cristóbal Colón, que
era soberbio y poco sufrido y que acababa de
llegar á Lisboa, muy lleno de orgullo por el
buen éxito de su primer viaje. Contrariaba este
buen éxito todos los planes de Portugal perse-
guidos, con tenacidad y ahinco, durante sesenta ó setenta años, desde que el infante don Enrique fundó la escuela de navegación en el
Promontorio Sacro. Enviados por el Rey, via-
jeros portugueses habían explorado ya las regiones del extremo Oriente, yendo á ellas por
tierra. Juan de Covilhan había recorrido la
India y había penetrado en Avexin, privando
con el Preste Juan y toda su corte. Bartolomé
Díaz había llegado al extremo Sur de Africa, casi vencido á Adamastor, y trocado el
nombre del Cabo de las Tormentas en el de
Buena Esperanza; pero las naves portuguesas
no habían surcado aún el Océano Indico, ni
habían aportado á Calicut, cuando Colón llegó
á Lisboa, persuadido de que, navegando hacia
el Occidente, había aportado á la extremidad
oriental de las tierras, á donde, navegando
hacia el Oriente, se proponían llegar los portugueses. La tentación de dar muerte al atrevido genovés era harto endiablada, pero muy
propia de aquella edad feroz y poco escrupulosa en que la llamada razón de Estado excusaba
los crímenes. Don Juan II, no obstante, rechazó
zó con indignación el plan que le propusieron
y dejó vivo y libre á Colón volver á Castilla,
no poco obsequiado por él con honores y mer-

cedes. Tales rasgos de longanimidad, así como
el cariño y el entusiasmo con que el *Príncipe
perfecto* alentaba, encomiaba, amaba y recom-
pensaba á cuantos por algo se distinguían en
las artes de la paz y de la guerra, no se oponían
en manera alguna á que fuese duro y tremendo
en sus castigos, persiguiendo á los que conspi-
raban con*t*ra él hasta en los reinos extraños
donde se refugiaban y donde enviaba emisa-
rios para matarlos, matándolos él á puñaladas
y con su propia mano cuando los tenía cerca.
Así mató á su cuñado el duque de Viseo.

En tres dramas de Lope, desordenados los
tres, pero los tres admirablemente escritos y
llenos de bellezas de primer orden, figura como
protagonista don Juan II, si bien más de
acuerdo con la historia en los dos dramas en
que don Juan aparece como dechado de príncipes, que en la terrible tragedia, cuya doble
acción es el suplicio del duque de Braganza y
el asesinato del de Viseo, por su propio cuñado
el Rey. Lope no quiere hacer culpados de traición
á los duques y supone engañado al Rey por
calumnias de sus cortesanos, lo cual es falso é
inverosímil y está en desacuerdo con la condición natural de don Juan II, ladino, perspicaz
y que no se dejaba engañar por nadie. En los
dos dramas de Lope, tilulados *El Príncipe
perfecto*, primera y segunda parte, brilla el
Rey por su valentía, por su justicia, por su
destreza en las armas, por su discreción y por
sus sabias sen*t*encias y hasta por el vigor de su

brazo, que de una sola cuchillada cortaba siete hachas, pero en *El duque de Viseo*, Lope más bien agrava que atenúa la crueldad del Rey, haciendo inocentes á sus víctimas. De todos modos, no deja de estar bien representado, en el conjunto de los tres dramas, aquel monarca, de quien dice el mismo Sr. Menéndez y Pelayo: «fué por el talento político, por el vigor indomable de la voluntad, por la astucia serena, por las grandes cosas que emprendió y ejecutó, uno de los mayores príncipes del Renacimiento. Luchó á brazo partido con el poder de la Nobleza, que había sido omnipotente durante el reinado de su predecesor Alfonso V, la venció, abatió y humilló por fuerza y maña; levantó sobre sus ruinas el prestigio de la monarquía, aliada con el pueblo; reconstruyó un reino desquiciado; cerró definitivamente la Edad Media en Portugal, y abrió las puertas al período espléndido de su historia. Como todos los Reyes que en aquellos tiempos llamaban *justicieros*, no distinguió la justicia de la venganza, ni retrocedió ante el asesinato político, ni fué escrupuloso en la elección de medios, triunfando á veces con tan malas artes como Luis XI de Francia, cuya obra política tiene mucha semejanza con la suya».

Otros muy egregios y célebres personajes del siglo xv saca Lope á relucir sobre la escena en esta su espléndida galería de crónicas dramáticas. Macías el enamorado, el infeliz príncipe de Viana, su poco piadoso padre, don

Álvaro de Luna y los príncipes doña Isabel y
don Fernando en sus novelescos amores que
tuvieron por término la unión de Aragón y
Castilla.

Las antiguas crónicas, las memorias y documentos y los romances y canciones en que se
fundan los sucesos históricos ó legendarios que
dan asunto á cada drama, están eruditamente
estudiados por el Sr. Menéndez. Está asimismo apreciado el valor poético de cada una de
estas crónicas dramáticas, en mi sentir con una
imparcialidad que llega á extremarse por lo
severa. La mina de poesía es tan abundante,
que sin duda no teme el Sr. Menéndez, al desechar mucho como escoria, que disminuya demasiado la asombrosa cantidad de oro puro.

En el tomo X que me voy deteniendo en describir mucho más de lo que en este artículo
conviene, hay por último, dos dramas que son
también de los mejores y más celebrados de
Lope y que no quiero ni debo dejar de citar:
vivos retratos son ambos de las enérgicas y
fieras costumbres del siglo xv y de aquellos
bríos y de aquella vitalidad robusta que se
despilfarraba en luchas anárquicas y que com-
binada y bien dirigida más tarde por los Reyes
Católicos, dió á España, durante más de un
siglo, la hegemonía sobre todas las naciones
del mundo. Los dramas á que me refiero son:
El caballero de Olmedo y Fuente Ovejuna, cuadros ambos de hondo terror trágico y de estu-
penda venganza. *Fuente Ovejuna*, sobre todo,

tiene altas proporciones épicas por ser todo un pueblo el héroe de la acción. Los insultos, las rapiñas, las violencias contra el honor y recato de las mujeres, y otras mil atrocidades, en suma, del comendador mayor de Calatrava, Hernán Gómez de Guzmán, y de su gente de armas, acaban con la paciencia y con el sufrimiento de los villanos, que se levantan en tumulto contra quien así los tiraniza, entran con furia en el castillo donde el tirano se defiende, matan á sus satélites, le matan á él, le arrojan por una ventana y le arrastran y despedazan con espantosa y triunfante alegría.

El juez que viene más tarde á castigar el crimen halla imposible el castigo. Cada habitante de Fuente Ovejuna, hasta las mujeres y los niños, se han convertido en héroes ó en asombrosos mártires. La cuerda, el potro, las torturas más crueles no arrancan á ninguno la confesión de quién ha sido cabeza y director del motín y de la muerte del Comendador y de los suyos. Los Reyes Católicos tienen pues, que perdonar á los amotinados, que libres del señorío de la orden religiosa, se hacen realengos.

El análisis que hace el Sr. Menéndez de este drama y las merecidas alabanzas que le consagra, son tan elocuentes y tan dignos de su objeto, que me impide decir algo que no me parezca en su comparación pálido y frío. No cabe tampoco citar en este artículo, sin darle extensión desmesurada, cuanto el Sr. Menéndez dice.

Baste que tomemos de él estas frases: «El genio, otras veces tan dulce y apacible de nuestro poeta, se ha identificado maravillosamente con las pasiones rudas, selváticas y feroces de aquellas muchedumbres; y ha resultado un drama lleno de bárbara y sublime poesía, sin énfasis, ni retórica, ni artificios escénicos; un drama que es la realidad misma brutal y palpitante, pero magnificada y engrandecida por el genio histórico del poeta, á quien bastaría esta obra, sin otras muchas, para ser contado entre los más grandes del mundo.»

Para terminar y con ocasión del arreglo que de este drama hizo posteriormente el estimable poeta don Cristóbal de Monroy, mitigando sus crudezas, el Sr. Menéndez añade:

«Monroy era poeta de mérito, entre los de segundo orden. Pero la obra de Lope no necesitaba ser refundida ni morigerada. Tal como está puede desafiar impávida, las tormentas de la crítica y el fallo de las edades.»

No me pesa de haberme detenido tanto en dar cuenta del tomo X de las Obras Completas del Fénix de los ingenios. Harto merece ser conocido y encomiado el hermoso monumento literario que la Academia Española le dedica.

Lo que yo siento es, que por haberme extendido tanto tratando de Lope y de su comentador ilustre, he tenido que dejarme en el tintero lo muchísimo que tenía que decir sobre gran cantidad de libros recientes, que tengo cerca

de mí amontonados. En otra carta ó artículo
hablaré de ellos, haciendo aquí punto por hoy
para que no sea interminable este escrito.

VI

Madrid 27 de agosto de 1900.

El siglo xix va llegando á su fin en medio
de tan extraordinarios acontecimientos, y se
despide de nosotros con estrépito tan grande,
que no ha de estrañar V. que distraiga yo mi
atención de nuestros asuntos literarios, que
involuntariamente los desdeñe un poco, como
faltos de interés y de trascendencia, y que mi
desidia y mi quebrantada salud hayan encon-
trado así, ya que no motivo, pretexto para dejar de escribir durante algún tiempo la carta
mensual prometida á su popular y acreditado
periódico.

Reflexionando bien, no obstante creo que no
conviene dejarse vencer por el abatimiento y
dar á las cosas propias menos importancia aún
de la que tienen. No siempre ha de estar ten-
dido el arco, ni ha de atenderse sólo á las guerras heroicas como la del Transvaal contra los
ingleses, ni á los terribles movimientos revolucionarios en el extremo Oriente, que tal vez

nos amenazan con mayores guerras y trastornos.

Paulo minora canamus. Vencida y despojada de los últimos restos de su magnífico imperio colonial, que ha conservado al fin cerca de cuatro siglos y de cuya desmembración han nacido florecientes repúblicas, consoladora y fundada esperanza de nuestra lengua y raza, España se retrae modestamente y trata con paz y sosiego de recobrar las fuerzas perdidas y la confianza en su destino.

Algún interés tiene esto todavía, así para los españoles como para aquellos que de los españoles proceden. Tal consideración me anima á continuar escribiendo noticias literarias de por aquí y á continuar esperando que no ha de faltar en América quien guste de leerlas, hallando que, no sólo caben sino que deben entrar, para que la pintura sea fiel y completa, en el cuadro general de los acontecimientos humanos que van desenvolviéndose y apareciendo en el día.

No me incumbe á mí tratar de política pero algunos puntos de ella tengo á veces que tocar al vuelo, porque se encadena todo.

Algo preocupados estuvimos por acá últimamente recelando que la tranquilidad pública, tan indispensable hoy para el restablecimiento de España, hubiera podido turbarse. Los recelos, por dicha, entiendo yo que ya deben tenerse por disipados.

La Unión Nacional, partido político nuevo

que presumía de no querer ser partido político
nos amenazaba casi con una revolución, y lo
que es por lo pronto se diría que se ha desvanecido como una sombra. Y no ciertamente
porque sus dos jefes principales careciesen de
mérito. De D. Basilio Paraíso, dice la gente
que es hombre práctico, resuelto y activo. Y
no hay quien no celebre á D. Joaquín Costa
por su pasmosa erudición y extraña originalidad de pensamientos. Ambos pedían econo-
mías y todos las deseamos. Y el método que
habían adoptado para imponerse, asustar y
hasta derribar el gobierno, no podía ser más
simpático á la mayoría de los seres humanos.
Resistirse al pago de los tributos es cosa que
atrae y seduce á cualquiera. El antiguo y castizo refrán lo reza muy á las claras diciendo:
«cobra y no pagues, que somos mortales». Yo
creo, pues, que el «fiasco» que la Unión Nacional ha hecho consiste en haberse llamado clase productora, como si los demás españoles
nada produjesen. Natural es que se haya tomado como broma, más ó menos pesada, la
exclusiva producción de dicha clase. Tal vez
convenga que por medio del proteccionismo
se fomente, crezca y cunda la producción de
tejidos de lana, algodón, hilo y seda y de
otros objetos de industria; pero, la diferencia
entre el precio que todo ello nos costaría com-
prando en cualquier parte y el precio que nos
cuesta comprado en España á causa de la
protección, importa una suma considerable de

que la nación se desprende por el gusto de tener mucha industria, resultando de ahí que
semejantes industriales pierden autoridad para
clamar contra los empleados públicos asalariados por el Estado, ya que en resumidas cuentas ellos también son empleados públicos que
reciben en forma de salario ó paga todo aquello
que para protegerlos tienen por fuerza que pagarles de más los consumidores.

. Como quiera que ello sea, nuestros indusriales y comerciantes no han llegado á convencer á nadie de que cuesten menos á la nación,
de que la sirvan mejor, de que valgan más que
cualquiera òtra clase, y de que nuestra regeneración, dado que necesitemos regenerarnos,
ha de provenir de que ellos cobren como protegidos y pagen como si produjeran sin protección y como nos favoreciesen vendiéndonos sus
productos harto más caros de lo que valen.

En fin, yo tengo por seguro que el antedicho
razonamiento, entrando más ó memos confusamente en todas las cabezas, ha dado al traste con los planes de la Unión Nacional.

El haber dejado de escribir estas cartas durante no poco tiempo, me obliga ahora á dar
cuenta, aunque sea rápidamente, de cosas
atrasadas.

La traslación de los restos mortales de cuatro españoles ilustres que yacían sepultados en
tierra francesa, motivó, á mediados del último
mes de mayo, una festividad nacional y literaria que no dejó de tener alguna importancia.

Eu la Real Academia Española hubo solemne junta pública, autorizada con la asistencia del rey y de la reina regente y animada por la concurrencia de gran número de personas distinguidas. Quien escribe esta carta tuvo la honra de escribir el discurso que se leyó en la referida junta en elogio de los cuatro mencionados varones, á saber: de Goya, de Meléndez Valdés, de D. Leandro Fernández de Moratín y de Donoso Cortés, marqués de Valdegamas. El discurso propendía á demostrar la vitalidad persistente del espíritu castizo y del pensamiento propio en el desenvolvimiento intelectual de España, con cuya decadencia política, ó sea en la acción y en los recursos y medios con que contamos para valer como potencia, no coincide por dicha la decadencia de la mente y de sus manifestaciones en letras y en artes.

El influjo de la literatura francesa no ha sido tan avasallador á fines del siglo pasado y á principios del presente como tal vez lo es ahora, y bien podemos jactarnos de que hubo en nuestra historia literaria un período original brillantísimo y fecundo, desde mediados del siglo xviii hasta que en los primeros catorce años del presente siglo terminó la gloriosa guerra de la Independencia. Nuestra poesía lírica sobre todo, floreció como nunca en dicha época. Salvo lo creado anteriormente por el misticismo y en general por la inspiración religiosa, todo á mi ver es inferior á lo que es-

cribieron entonces nuestros poetas, así de la
escuela salmantina como de la sevillana; á la
primorosa elegancia de Moratín, D. Leandro;
á la vigorosa fantasía de Moratín, D. Nicolás;
á la briosa y austera energía de las sátiras de
Jovellanos, y sobre todo al patriotismo ardiente y al amor entusiasta de la libertad y del
progreso que avaloran los versos de Quintana
y de Nicasio Gallego, versos incomparables si
se exceptúan los de Andrés Chenier ó no escritos aún ó desconocidos todavía, y sin antecedentes á no buscarlos muy remotos en los
versos de Simónides y de Tirteo. Casi puede
afirmarse que Quintana y Gallego desenterra-
ron en verdad la antigua y patriótica lira
griega, tendieron y templaron sus cuerdas vi-
brantes y sonoras y les prestaron al pulsarlas
inaudita é inmortal resonancia.

Aunque para mí es clara y evidente la prueba de todo esto, aún cabe discusión, porque
en literatura no hay cosa sobre la que no pueda discutirse. Lo completamente indiscutible,
lo que entra materialmente por los ojos y lo
que nadie niega, es el valer del gran pintor
D. Francisco Goya y Lucientes. Acrisolado
quedó su mérito y fué completo su triunfo y
unánime el aplauso, no por virtud de discursos ó razonamientos críticos, sino por la espléndida exposición que se hizo en aquellos
días de sus cuadros en tres grandes salones
del ministerio de Fomento. Acaso más de la
mitad de la rica y fecundísima obra del gran

pintor estuvo allí reunida, procedente del Palacio real, de la Academia de San Fernando, de varias iglesias y de casas particulares de magnates y personas ricas. Todos, españoles y extranjeros, al visitar aquellos salones y al admirar las joyas que en ellos resplandecían declaraban sin vacilación que el artista aragonés, muerto en nuestro siglo, era tan original y estaba tan alto como los tres primeros pintores de nuestra edad de oro: Velázquez, Murillo y Ribera.

Coincidió con la fiesta de los cuatro ilustres españoles repatriados, otra fiesta modestísima, pero lisonjera por significar la persistencia del genio español en el teatro y la fecundidad constante de nuestra Talía. El libro del señor Cotarelo sobre D. Ramón de la Cruz ha contribuído no poco á acrecentar la fama de aquel infatigable dramaturgo, el más fértil de todos, después de Lope, como lo demuestran cerca de seiscientas obras dramáticas que dejó escritas.

Celebradísimo era siempre D. Ramón de la Cruz, así por que no pocas obras suyas nunca envejecen, siguen representándose y deleintan al público aunque las sepa de memoria, como *La casa de tócame Roque, Las castañeras picadas, El Manolo y el Buñuelo*, así por que puede afirmarse que D. Ramón formó escuela, notándose su influjo inspirador en no pocos graciosos sainetes, zarzuelas y comedias del día, como los de Ricardo de la Vega, Ramos

Carrión, Vital Aza, Javier de Burgos, Miguel Echegaray y los hermanos Quintero.

El erudito, ameno y bien compuesto libro del Sr. Cotarelo ha venido, sin embargo, á acrecentar y aquilatar la fama póstuma de D. Ramón. El ayuntamiento de Madrid guarda en sus archivos bastantes obras inéditas suyas que tal vez dé á la estampa. Y por lo pronto ha querido honrar y ha honrado la memoria del ilustre sainetero poniendo, en la casa de la calle de Alcalá, donde él vivió, una lápida que lo recuerde. Tal es la fiesta modestísima á que yo había aludido.

En el pasado mes de Junio ha habido otras dos notables juntas públicas en la Real Academia Española: una para la recepción del ya mencionado D. Emilio Cotarelo, y otra para la recepción de D. Jacinto Octavio Picón, entendido crítico de obras de arte, según lo demuestran su *Historia de la caricatura* y su libro sobre Velázquez, y autor ingenioso de cuentos y de novelas, entre las cuales se distingue *El enemigo*, admirable y bien trazada figura del clérigo fanático que toma las armas, enciende la guerra civil y combate fiera y obstinadamente por los antiguos y teocráticos ideales de la intolerancia religiosa.

El discurso de recepción del Sr. Cotarelo fué tan erudito como todos los suyos. Trató de las imitaciones que, así en España como en otros países, se han hecho del Quijote. Tal asunto es curioso pero harto poco lucido, por-

que bien puede decirse que las imitaciones
del Quijote han sido deplorables todas, sin
excluir acaso la del sabio filólogo, profundo
conocedor de nuestro idioma y agudísimo ingenio, D. Juan Montalvo, el ecuatoriano. En
mi sentir, el exquisito refinamiento de la cultura y el hondo y originalísimo espíritu de
D. Juan Montalvo le perjudicaron y le extra-
viaron moviéndole á ir por caminos que él
creía no trillados nunca. Con este prurito de
singularizarse hubo de coincidir su empeño,
no ya de imitar, sino de completar la obra de
los dos escritores más geniales é inspirados
que en los siglos XVI y XVII hubo en Francia y en España. Se diría que Montalvo se
empeñó en renovar en su alma el pensamiento del Sr. de Montaigne y de Miguel de Cervantes, y de discurrir y escribir como ambos
hubieran escrito en el siglo XIX. De aquí
*Los siete tratados y Capítulos que se le olvida-
ron á Cervantes, ensayo de imitación de un libro inimitable.* En verdad, yo no sé qué pensar
ni qué decir sobre estas obras de Montalvo,
rarísimas ambas, ó sea todo lo contrario de
vulgares. Dejo en suspenso mi juicio. No quiero que se me compare á la mona, que mordió
la nuez verde, y no llegó á gustar lo dulce y
sabroso del fruto interior, enojada por la
amargura de la cáscara. ¿Quién sabe las filosofías, lo hondo, sutil y trascendente de los
pensamientos y la esencia alambicada de ele-
vadísimos conceptos que de *Los siete tratados*

pueden sacarse? Lo mismo me inclino yo á decir de los *Capítulos que se le olvidaron á Cervantes.* ¿Qué tropel de ideas, qué extrañas cavilaciones ó meditaciones metafísicas, morales y sociales, no se esconden acaso en este segundo libro? La ciencia además, la inmensa lectura de Montalvo se ve patente y rebosa en cada página. Lo único que yo por ahora me atrevo á afirmar, aunque con cierta timidez, es que Montalvo, lejos de parecerse, es todo lo contrario de Montaigne y de Cervantes.

Nada más natural ni más sencillo que los dos antiguos escritores. Corre el estilo de ellos como las hondas frescas y claras de apacible arroyo cristalino, mientras que el estilo de Montalvo parece la refinada quintaesencia de todo su saber propio y adquirido, pasado luego por alquitara.

Confieso que sólo trato aquí de Montalvo, con ocasión del discurso del Sr. Cotarelo sobre las imitacionos del Quijote. Y me importa repetir que suspendo mi juicio, porque sobre el valer de tan extrañas producciones no se puede hablar de pasada y sin muy detenido examen.

Al Sr. Cotarelo contestó D. Alejandro Pidal con un discurso elocuentísimo y entusiasta como todos los suyos, lleno de merecidas alabanzas al mencionado Sr. Cotarelo, uno de los más infatigables investigadores y narradores de nuestra historia literaria, entre cuantos forman escuela y séquito, bajo el influjo y dirección del reconocido maestro D. Marcelino. Menéndez y Pelayo.

La Junta de la Academia en que fué recibido el Sr. Picón estuvo más concurrida y animada, así por ser Picón escritor más popular y generalmente conocido, como por haberse anunciado que iba á ser, como en efecto fué su discurso, el elogio del famoso orador y tribuno, D. Emilio Castelar, en cuyo sillón venía el nuevo académico á sentarse.

No defraudó Picón las esperanzas que el público tenía. Su elogio de Castelar fué juicioso y moderado, resplandeciendo más por esa misma moderación el valer innegable de quien llegó á ser en España jefe del estado y nos salvó de la anarquía, reconociendo sus errores federales y abjurando de ellos, sacrificando su popularidad en aras de su generoso patriotismo y preparando la restauración y consintiendo á despecho suyo en la muerte de la república, á fin de sacar á salvo los principios todos de la democracia, que difundió y por los que combatió con honrada é infatigable persistencia durante toda su vida.

En la Real Academia de la Historia hubo también una recepción solemne en el último día del mes de Junio. Tomó asiento, en el sillón que había dejado vacante el marqués de Hoyos, el laborioso y entendido escritor don Francisco Fernández de Bethencourt, con razón celebrado por sus interesantes trabajos heráldicos y genealógicos. Se había dado á conocer, primero por su *Nobiliario y Blasón de Canarias*. su patria. Ya en Madrid, desde 1880 á 1891, publicó su *Anuario de la nobleza de España* que consta de once tomos, en los cuales, desechadas las antiguas mentirosas lisonjas y apoyándose en documentos fehacientes, buscados con rara diligencia y estudiados con sana crítica, traza la historia de muchas de nuestras más ilustres familias. Y por último, remontando más su vuelo sin tomar otra dirección y persistiendo siempre en sus tareas favoritas, el Sr. Bethencourt ha publicado dos tomos de su magnífica *Historia genealógica y Heráldica de la monarquía española, Casa Real y grandes de España.* Así ha logrado no poco crédito con el público y el favor y la amistad de la alta sociedad española, sin que nunca la adulación haya torcido su recto criterio y procurando compartir la gloria y seguir las huellas del famoso D. Luis de Salazar y Castro, sabio restaurador en España de este linaje de estudios sobre blasón y nobleza; estudios tan cultivados hoy en Alemania, en Inglaterra y en otras naciones de Europa, como descuidados entre nosotros, desde fines del siglo XVII hasta el día.

Al referido D. Luis de Salazar y Castro, que floreció en dicha época y que fué nuestro gran genealogista y heraldista, ha consagrado el Sr. Bethencourt su hermoso discurso de recepción elegantemente escrito y rico en curiosas y no vulgares noticias y en muy atinadas consideraciones.

Contestó al novel y todavía joven académico el Sr. D. Francisco R. de Uhagón, el cual acierta á darle las alabanzas que merece en un discurso breve y discreto, donde hace resaltar también la importancia de la geneaiogía y del blasón, como ciencias no menos auxiliares de la historia, que la arqueología en general, ó que el conocimiento de los usos, costumbres, leyes é idiomas.

Pocos días antes de la recepción del señor Bethencourt en la Real Academia de la Historia, hubo otra recepción en la misma Real Academia, que si bien fué menos sonada, no quiero ni debo yo pasar en silencio. El recibido entonces en aquella docta corporación fué el joven marqués de Monsalud, ilustre titulado, cuyos merecimientos son principalmente debidos á su afición inteligente á la epigrafía y á sus atinados y útiles estudios arqueológicos. La epigrafía, ciencia auxiliar de la historia, ha sido desde muy antiguo cultivada con acierto y con fruto en nuestra España, riquísima en inscripciones, vestigios y documentos de las varias lenguas, razas y civilizaciones que han pasado por nuestro suelo y que en él han florecido. Las que más abundan son las inscripciones en latín. El sabio alemán Emilio Hübner en su *Corpus inscriptionum* ha reunido en un tomo las balladas en España que llegan á 5.132. Algunos años después, el mismo

Emilio Hübner publicó en un apéndice, sobre el considerable número de inscripciones ya mencionado, otras 300 inscripciones más.

Esta clase de estudios había florecido en España desde muy antiguo, señalándose en ella Juan Gil de Zamora, maestro del rey don Sancho el Bravo, y posteriormente, entre muchos otros, Florián de Ocampo, D. Diego de Covarrubias, Ambrosio de Morales y el célebre D. Antonio Agustín.

Con el renacimiento de las letras en el reinado de Carlos III, este ramo de la ciencia histórica volvió á cultivarse con no menor empeño y tino, distinguiéndose en su estudio los padres Flores y Risco, Pérez Bayer, el marqués de Valdeflores, Villanueva, Pons y otros. En nuestra edad fué celebrado como notable epigrafista D. Aureliano Fernández Guerra, y y hoy descuella entre todos el padre Fidel Fita, de la Compañía de Jesús, que contestó al discurso del marqués de Monsalud con otro muy erudito y discreto. Así en el discurso del marqués como en el del padre, se propende á probar, y no dudo yo que se prueba, la utilidad grandísima de la ciencia epigráfica para aclarar ó rehacer la geografía antigua y el conocimiento de leyes, usos y vida social de nuestros antepasados.

El marqués de Monsalud se ha consagrado muy particularmente al estudio de este ramo del saber humano en lo que toca á la región donde sus estados radican y donde posee un antiquísimo castillo que da nombre á su título. El castillo de Monsalud sostiene aún sus muros en la elevada cumbre de un cerro no lejos de Mérida. Se dice que estos muros son anteriores en muchos años á la era cristiana, y que los aljibes del castillo, cimientos y otras construcciones subterráneas tienen mucha mayor antigüedad, obra acaso de celtas ó de iberos primitivos antes de la venida á España de fenicios, cartagineses, griegos y romanos. No es de extrañar, por consiguiente, que el poseedor de tan rara antigualla haya venido á ser arqueólogo como por derecho hereditario y propio.

Prolijo sería mencionar aquí los descubrimientos que por medio de la epigrafía van haciéndose en la historia de Extremadura, patria gloriosa de los más grandes conquistadores y descubridores de América, como Cortés, Pizarro, Núñez de Balboa y Hernando de Soto, y patria también del novel académico y de su antecesor D. Vicente Barrautes, cuyo merecido elogio hace el marqués en su discurso.

Y no sería menos prolijo indicar aquí lo mucho que se averigua sobre sucesivas épocas y razas con el estudio de las inscripciones, que las hay romanas, visigóticas, grecobizantinas, hebraicas y arábigas. Acaso las hay también de casi prehistóricas ó protohistóricas edades, redactadas en alfabetos é idiomas desconocidos.

Yo, si he de hablar con franqueza, sé poquísimo de todo esto, y si algo me atrevo á de-

cir es por el anhelo, que á la vez me estimula
y me disculpa, de encomiar al marqués de
Monsalud y al padre Fidel Fita, y es, además,
por el invencible atractivo que tiene para mí
todo lo arcano, muy velado y apenas entrevis-
to hasta hoy. Así, por ejemplo, me ha cautivado y me cautiva siempre el misterioso enig-
ma de las Cuevas de los Letreros, de que nos
habla D. Manuel Góngora y Martínez en sus
Antigüedades prehistóricas de Andalucía. ¿Qué
diantre de escritura es la de aquellos garra-
patos, indeleblemente grabados con buril poderoso en los enormes peñascos de aquellas
cuevas? ¿A qué idioma pertenecen las palabras
que por medio de aquella escritura se expre-
san y persisten?

Como yo no soy docto y paciente investigador, he soltado á menudo la rienda á mi fantasía para que vuele á donde más le plazca, y
así he llegado á suponer que los letreros de las
tales Cuevas son inscripciones en el antiquísimo idioma de los turdetanos: tal vez son los
poemas y leyes en verso que dichos turdetanos
poseían, según Strabon y otros autores, desde
hacía ya seis ó siete mil años: desde antes de
que gente de Tiro, fugitiva de las huestes de
Josné y de los rubios filisteos, que invadieron
en la misma época la tierra de promisión, vi-
niera á fundar á Cádiz y otras colonias feni-
cias. Probable es que nuestros sabios interpre-
ten la mencionada escritura como ya sabios de
otros países interpretaron los jeroglíficos egip-

cios y las leyendas cuneiformes, resucitando los idiomas á que servían de signos.

Para mí tiene muy alta y feliz trascendencia lo que por vía de digresión aquí expongo ó supongo. De esta suerte, si cunde la manía del regionalismo y en Cataluña se empeñan todos en escribir en catalán, y en Galicia en gallego, y en mallorquín en Mallorca, y si por ese nuevo mundo se desata la gente á escribir en quichua, en guaraní ó en los idiomas de los chibchas y de los aztecas, los andaluces no seríamos menos ni nos quedaríamos atrás y tendríamos para nuestro peculiar uso un idioma venerando y autóctono hasta donde la creencia en la unidad del humano linaje consiente la *autoctonía*.

Pero baste ya de las digresiones á que me dejé arrebatar por los discursos del marqués de Monsalud y del padre Fidel Fita.

Desde que escribí mi última carta para *La Nación* hasta el dia de hoy, ha habido en España un verdadero diluvio de publicaciones. Mi deseo es dar alguna noticia de las más importantes; pero si acometiese yo tal empresa en esta carta, esta carta sería desmesuradamente larga y sin duda cansada de leer. Me permitiré, pues, terminar aquí esta carta y escribir y enviar á usted otra nueva dentro de muy pocos días, donde me lisonjeo de que lo ameno é interesante de los asuntos compensará de sobra la falta de mi habilidad y de mi ingenio.

VII

Madrid 30 de Septiembre de 1900.

Entre los muchos libros que recientemente se han publicado en España hay bastantes que merecen singular mención y detenido examen; pero, no siendo posible que yo dé cuenta de todos ellos, me contentaré con designar el asunto y señalar el mérito de los que más importantes me parecen.

Empiezo pues, por el titulado *Don Cristóbal de Moura, primer marqués de Castel Rodrigo,* libro cuyo valer es muy grande si se considera que no ha cumplido aún 24 años su laborioso y discreto autor, D. Alfonso Danvila, y que ha reunido y ordenado en su trabajo cuanto puede saberse sobre el famoso diplomático cuya vida escribe, sobre los sucesos en que tomó parte y sobre los personajes de aquella época en que la historia de España, entonces tan preponderante, puede afirmarse que era la historia del mudo.

Fué D. Cristóbal de Moura un hidalgo portugués, que á la edad de catorce años entró como menino al servicio de la princesa doña Juana, hermana de Felipe II y mujer de un

príncipe portugués del mismo nombre de ella.
Fué doña Juana madre de aquel soberano, que
por haber muerto sin sucesión directa don
Juan III, le sucedió en el trono y fué el entusiasta rey D. Sebastián, que en la funesta empresa de Africa perdió en' Alcázarquivir una
gran batalla y la vida, pereciendo allí la flor de
la nobleza lusitana y eclipsándose la gloria de
aquella monarquía que el astuto, ambicioso
y enérgico D. Juan II y D. Manuel el Dichoso, habían elevado tan alto.

Los hijos del glorioso Maestre de Avis, los
infantes D. Pedro, que peregrinó por tan remotos países en busca del Preste Juan, D. Fernando, Regulo portugués, poética y hermosamente popularizado por Calderón en *El príncipe constante*, y D. Enrique, inmortal fundador de la escuela de navegación en el Promontorio Sacro, habían abierto desde el primer
tercio del siglo xv la senda refulgente por
donde se levantó Portugal á ser durante más
de un siglo la primera de las naciónes de Europa, circunnavegando el Africa, llegando á
las últimas regiones del Extremo Oriente,
venciendo á turcos, indios, árabes y persas,
conquistando á Ormuz y á Goa, extendiéndose
más allá de Ceylán por las islas del Mar del
Sur, el Japón y la China, y echando los fun-
damentos del vasto imperio que agrandado
poseen hoy los ingleses y del que los holandeses
también tienen parte. Todo esto, merced á la
fanática ó heroica imprudencia de D. Sebas-

tián, hubo de menoscabarse y deslustrarse, quedando Portugual vencido y desangrado, segada la flor de su belicosa nobleza por las cimitarras agareuas, y sin más príncipe de la casa de Avis que pudiera subir al trono y empuñar el cetro que el viejo, enfermizo y débil cardenal D. Enrique.

El destino lo dispuso así allanando el camino al rey D. Felipe II para realizar el acontecimiento más trascendente y fausto de nuestra historia: la unión de todos los pueblos y regiones de esta península bajo el mismo cetro y bajo la misma bandera: unión que por desgracia duró sólo sesenta años.

D. Cristóbal de Moura, que había servido fiel y hábilmente á la princesa D.ª Jnana, cuya confianza y afecto se había ganado, también supo ganar después el afecto y la confianza del rey Felipe, siendo el instrumento más eficaz de que se valió este rey para la unión de Portugal y de Castilla, en la que hizo más D. Cristóbal que el duque de Alba y que Sancho de Avila con el ejército que mandaban, suavizando con su cortesía, flexibilidad y blandura las asperezas de lo que pudo á muchos parecer conquista, aunque sólo fuese reivindicación de un derecho legítimo con algo de violencia para sofocar la rebelión del bastardo D. Antonio, prior de Crato.

Al contar circunstanciadamente todo esto no puede menos de confesarse que el libro del Sr. Danvila resulta más sobrado que falto. Por

notable que sea la figura de D. Cristóbal, queda á menudo relegada á tercero ó á cuarto término por la de otros muy eminentes personajes que en la narración intervienen: por Carlos V, el rey D. Felipe, la misma D.ª Juana,
extraordinaria princesa, la reina D.ª Catalina
y los reyes D. Juan III, D. Sebastián y el cardenal D. Enrique, cuyos hechos y vidas no puede menos de contarnos el autor del libro de
que vamos hablando.

De todos modos y á pesar del inevitable
defecto que acabamos de notar, el libro del señor Danvila entretiene y enseña cuanto sobre
la unión ibérica puede saberse: cuenta además
la horrible y larga enfermedad y la muerte
del rey Prudente, á quien asistió D. Cristóbal,
su mayor valido, con tan maravillosa devoción
y paciencia; y extendiéndose después por el
reinado de Felipe III, traza los primeros años
de la historia de Portugal, unido ya á Castilla,
durante los cuales, el discreto y conciliador
D. Cristóbal fué virrey en Lisboa.

En suma, el libro del Sr. Danvila es tan
instructivo como ameno, y no tiene otro defecto que el ineludible de no ser una biografía ó de
ser una biografía incrustada, como un pequeño
diamante en un muy grueso cerco de oro, en la
historia general de toda nuestra península, con
no poco de lo restante del mundo desde los
años de 1538 á los de 1613, en que murió el héroe ó protagonista del libro.

Otra obra, no menos voluminosa y erudita,

aunque muy amena y un tanto cuanto de broma, porque su raro asunto no puede tratarse completamente por lo serio, se debe á la pluma y á la incansable diligencia del conde de las Navas, jefe de la magnífica biblioteca particular de S. M. el Rey, donde tantos primores y curiosidades se custodian, y conocido autor de varios trabajos críticos y bibliográficos y de ingeniosos cuentos y novelas, entre las cuales sobresalen *La chavala* y *El procurador Yerbabuena.*

El libro nuevo del conde se titula *El espectáculo más nacional*; dice cuanto hay que decir sobre las corridas de toros, y es un tomo en cuarto, hermosamente impreso y de 590 páginas, sin contar las del prólogo, escrito por D. Luis Carmena y Millán, el hombre más curtido en todo lo tocante á las artes del toreo que en nuestra tierra existe hoy.

Bien puede afirmarse que el libro del conde de las Navas es una enciclopedia de tauromaquia que nada deja por explicar de este arte y de esta diversión, y de sus vicisitudes, progresos y decadencias desde los tiempos más remotos hasta nuestros días. Vidas, costumbres y hazañas de famosos toreros; noticias sobre los personajes ilustres que han toreado, como Hernan Cortés, Pizarro y el propio Carlos V; bulas pontificias, ya contrarias, ya favorables á los toros; enumeración y descripción de las fiestas reales toreras que ha habido en España, desde las que se hicieron en León en 1144 con ocasión de las bodas de D.ª Urraca, hija de Alfonso VII, con el rey de Navarra D. García, hasta las que se realizaron en honor de Alfonso XII, padre de nuestro actual soberano.

Imposible me sería en el breve espacio de que puedo disponer, indicar, aunque fuese en resumen, la multitud de cosas que el libro contiene, sin que deje por eso dè ser muy divertida su lectura.

Claro está que el libro, acaso con más ironía que formalidad, defiende y ensalza las tales corridas, hoy más en moda que nunca, pues apenas hay población de mediana importancia que no tenga circo taurino, aunque carezca de edificio conveniente para la escuela pública y primaria.

Esta afición desmedida á los toros, de la que se va contagiando un poco el mediodía de Francia, ha despertado entre nosotros espíritu de contradicción. Jovellanos y Vargas Ponce, tan acérrimos contrarios del toreo, no han carecido de dignos y fervorosos sucesores. El marqués de San Carlos ha hablado mucho contra los toros en el Senado, y D. Luis Vidart ha publicado contra ellos folletos muy elocuentes.

En el día de hoy, con motivo de la construcción de una plaza ó circo en la ciudad de Barcelona, el Dr. Morgades, obispo de aquella diócesis, ha manifestado su repugnancia hacia tan sangriento espectáculo, y se ve secundado en sus propósitos y miras por una asociación

antitaurina que en la capital del principado.
acaba de formarse.

El libro del conde de las Navas tiene, pues,
grande interés de actualidad: dilucida la que
podemos llamar cuestión palpitante, con sobra
de razónes.

Exponiendo aquí las mías, en los términos
más concisos que yo pueda, diré que hay di-
versiones en todos los países no menos bárbaras y sangrientas que las corridas de toros ó
no menos expuestas á que pierdan la vida los
que nos divierten. Baste citar á los domadores
de fieras, muchos ejercicios gimnásticos, el
pugilato y la lucha, las riñas de gallos, etc.,
etcétera. La brutalidad de algunos de estos espectáculos no disculpa la que puede haber y
la que sin duda hay en el toreo. Para hacerla
patente, ocurre, no sé por qué, en estos últimos
años, la frecuente cogida de los diestros, que
reciben heridas horribles á la vista del público ó hallan la muerte entre las astas de la fiera.

A pesar de todo, yo no me atrevo á condenar en absoluto el toreo; es un *sport*, como dicen los ingleses, ó un deporte como podemos
decir en castellano, donde muestran los hombres el valor, la serenidad y la destreza. En
este deporte hay peligro para el hombre, pero
también lo hay en cualquiera otro, sin excluir
el de los *jockeys* en las carreras de caballos. Y
en cuanto á la crueldad ejercida en los animales, no es mayor que la que se ejerce en la caza,
en el tiro de pichón, y hasta enseñando á va-

rios animales habilidades raras, sin duda á fuerza de castigarlos y de atormentarlos.

Convengo, no obstante, en que las corridas de toros, tales como son hoy en España, nece-sitan reforma, ya que no se supriman. Las suertes del picador no tienen el menor chiste, y dan por resultado algo de soez, villano y asqueroso, que causa á la vez piedad, horror y asco, y que es indigno de un pueblo culto.

No puede sufrirse la vista de los pobres caballos, agobiados ya por la edad y por la fatiga y entregados luego al toro, que les abre el vientre con los cuernos y arroja sus entrañas y sus tripas en la arena, mientras que el caballo las pisa, forzado á marchar aún, con las ansias de la muerte, impulsado por los golpes que un rudo ganapán va sacudiéndoles por detrás con una vara.

Suprimido esto, si pudiera suprimirse, las corridas de toros perderían mucho de la ferocidad que hoy tienen; pero, en mi sentir, todavía serian mejores y hasta sin restricción dignas del mayor elogio, si fuesen como las corridas de toros en Portugal, á las que yo confieso que soy muy aficionado. Es un ejercicio ecuestre, en que el caballero y el caballo lucen su habilidad, gentileza y bizarría.

Rara vez sale herido ó contuso el caballo ó el jinete. El toro mismo no debe sufrir gran cosa por la picadura del rejoncillo, cuya frágil asta se quiebra, quedando entre las manos del caballero, al herir la punta el lomo del toro.

Yo recuerdo siempre con gusto la gran fiesta taurina que costeó un rico caballero portugués llamado Anjos, y que dió por convite en honor de Don Alfonso XII y de su augusta esposa María Cristina cuando estuvieron en Lisboa á visitar al rey Don Luis, teniendo yo en aquella ocasión la honra de ser allí el representante de España. Las columnas, muros y postes que forman y sostienen la plaza, estaban hasta el tejado completamente cubiertos de un maravilloso tapiz de verdes y lustrosas hojas y de rojas y blancas camelias, cortadas y traídas á miles de miles de los encantados verjeles de Cintra, extremo occidental de Europa, enriscado y pomposo paraíso, encomiado por Byron en inmortales versos.

La plaza, llena toda de la más distinguida concurrencia, parecía más vistosa aún, por la costumbre que allí hay, y que se extremó en aquel día, de extender y colgar en el autepecho de todos los balcones ó palcos las telas más ricas de seda, ya de Europa, ya del Japón ó de la China, bordadas de refulgentes colores con primor y esmero.

La mejor música militar animó y alegró la plaza en el principio y en los entreactos. Una cuadrilla de doce gentiles caballeros, elegantemente vestidos como el marqués de Marialva, reformador del toreo portugués en el siglo XVIII, empezaron la función, con un espléndido *carroussel*, haciendo mil graciosos escarceos, evoluciones y maniobras, con los

adiestrados y lindos caballos en que cabal-
gaban.

Los trajes á la Marialva, que responden á
los del reinado de Luis X·V en Francia, real-
zaban la cortesana gallardía de los caballeros.
Todos rejonearon después, y sucesivamente no
pocos toros, y les pusieron banderillas desde el
caballo, suerte difícil y de mucho efecto, descollando entre todos el director y costeador de
la fiesta, ó sea el ya citado Sr. Anjos.

Sostengo, pues, que fiestas por el estilo, más
tienen de cortesanas y de caballerescas que de
bárbaras y rudas. Al pensar en ellas podemos
sin escrúpulo aprobar las corridas de toros. Y
en cuanto al libro del conde de las Navas, es
ineludible su aprobación y está justificado su
aplauso por ser tan entretenido como instructivo.

Libro muy notable también, entre los recientemente dados á la estampa de España,
es *Alma castellana*, de D. J. Martínez Ruiz.
Descríbese en él el estado social, la civilización, los recursos económicos, los usos y costumbres y hasta la vida íntima de nuestro pueblo durante dos siglos: desde 1600 á 1800. Es
un cuadro del modo de ser y del pensamiento
castellanos bajo el antiguo régimen, ó dígase
la monarquía absoluta.

Con no escasa lectura y con diligencia y tino
en buscar y elegir las fuentes, divulga el autor por ameno estilo muy interesantes noticias, haciendo notar la contraposición entre

los dos distintos períodos que su obra describe: uno de decadencia, que llega á su más lastimoso extremo al terminar el siglo xvii y la dinastía austriaca, y que se prolonga luego, en lucha con un nuevo espíritu, hasta bien entrado el siglo xviii; y otro, desde la mitad de este último siglo, bien puede decirse que hasta el año de 1810, en que se convocaron las cortes de Cádiz, se proclamó la soberanía del pueblo y empezó para España una nueva era.

El Sr. Martínez Ruiz es digno de elogio por la manera amena y clara con que pone al alcance del vulgo cosas mejor y más radicalmente conocidas por los doctos, si bien para su conocimiento, que él facilita, se requiriría el estudio de no pocas obras de más peso.

No pretende el Sr. Martínez Ruiz probar nada, sino contar solo. En mi sentir, sin embargo, se nota en su libro cierta inclinación pesimista, harto marcada en el día en no pocos historiadores. A la verdad, el linaje humano, en todos los países y en todas las épocas (y no puede exceptuarse sino incluirse en esta triste condición la gente de nuestra patria y singularmente en el siglo xvii) deja mucho que desear y tiene no poco que censurar y que deplorar por todos los lados por donde se le mire; pero yo creo, y sentiré que mi optimismo me engañe, que hoy propenden los escritores á poner de realce lo malo, lamentándolo y condenándolo sin hacer valer en compensación lo que hubo de bueno y de glorioso.

Escudriñando las causas con intención malé-
vola, aunque inconsciente, mirando las cosas
con las ideas y prejuicios del día y pintándolas
con severidad y crudeza, apenas hay momento
ni caso histórico que no resulte deplorable, ni
alma de pueblo alguno que no apareza enferma,
corrompida y viciada, ni movimiento político,
ni cultura, ni organismo social que estén libres
de faltas enormes, y que no lleven en sí el germen deletéreo de la postración y de la ruina.
El Sr. Martínez Ruiz quiere ser imparcial, y
sin duda lo es, aunque de un modo incompleto.
Sin duda, es más imparcial, por ejemplo, que
Enrique Taine, en sus *Orígenes de la Francia
contemporánea*, donde tan mal parada y tan
ruin aparece la gran revolución de fines del
siglo pasado; es más imparcial que Oliveira
Martins en su *Historia de Portugal* y en otros
libros suyos no menos pesimistas; y es más
imparcial que Eugenio Sellés, en su obra acu-
sadora de maldades y vilezas, que se titula *La
política de capa y espada:* A mí, con todo, la
imparcialidad no me basta. Quisiera yo más
amor, más entusiasmo, al contraponer á los
errores, á las maldades y á las miserias, los
aciertos, la grandeza de pensamientos, las virtudes, los rasgos heroicos, y cuanto se hizo por
los españoles en bien del progreso del linaje humano, de la general cultura y del engrandeci-
miento de la misma patria, así en el siglo XVII,
á pesar del fanatismo, de la inquisición, de
los hidalgos hambrientos ·y holgazanes y de

la vida picaresca, como en el reinado de Carlos III á pesar del absolutismo y á pesar del influjo transpirenáico, que fué mucho menor de lo que generalmente se cree, como en la obra misma del Sr. Martínez Ruiz se ve á las claras.

En resolución, *El alma castellana* es un libro que instruye y divierte á la vez: es espejo donde podemos ver nuestra imagen, sin odiosa caricatura, aunque también sin la brillantez y la nobleza que mostró en no pocos trances y ocasiones.

En libros de este género, escritos por españoles, exigiría yo menos encomios y menos apologías, si no pensara en lo mal que hemos sido tratados y en las feroces diatribas lanzadas contra nosotros en libros extranjeros, entre los cuales se extreman en insultarnos y en denigrarnos la *Historia de la civilización de Inglaterra* del inglés Buckel, y la *Historia del desenvolvimiento intelectual de Europa*, y los *Conflictos entre la ciencia y la religión*, del angloamericano Draper.

Ya dije en mi carta anterior que nuestra actividad literaria ha sido grande en estos últimos meses, que hay un verdadero diluvio de libros nuevos y que, no ya para dar cuenta detenida, sino para mentar y calificar los más notables, necesito yo escribir más cartas de las convenidas en compensación de mi largo sileucio.

Dejaré de hablar aquí, por ser el asunto

harto enojoso, de las muchas publicaciones inspiradas por nuestra lastimosa derrota y por la total pérdida de nuestro poder colonial.

Muy celebradas son algunas de estas publicaciones, donde se deplora nuestro infortunio y se procura su remedio ó sea la regeneración, idea y palabra que cansan y disgustan ya de puro repetidas. La regeneración, si la necesitamos y si es posible, no ha de obtenerse, en mi sentir, sino con provechoso retraimiento, con paz profunda, cumpliendo bien con todos nuestros compromisos, pagando hasta con generosidad todas nuestras deudas y desenvolviendo la riqueza pública y las inagotables fuerzas productivas de España por virtud de nuestro ingenio y de nuestro trabajo. Mientras esto no se logre, conviene conformarnos, con tener poco ejército y menos marina, confiando en qué la rapacidad internacional, hoy tan en moda, no ha de llegar al extremo de despojar de otras posesiones y sin el menor pretexto, á un pueblo juicioso y pacífico, aunque poco preparado para luchar contra naciones poderosísimas.

A pesar de lo dicho, citaré aquí los títulos de los dos ó tres de estos libros que podemos llamar *elegiacos* y *terapéuticos* y que más han llamado la atención general. Tales son *Del desastre nacional y sus causas,* por D. Damián Isern; *La moral de la derrota*, por D. Luis Morote, y *El problema nacional; hechos, causas, remedios*, por D. Ricardo Macías Picavea.

Tocando ahora puntos menos dolorosos y

aflictivos, diré que en España se ha desarro-
llado de algún tiempo á esta parte la afición,
que aplaudo, de publicar *bibliotecas* ó colecciones de libros, baratos y relativamente bien impresos, para poner al alcance de todo el mundo
cuantos son los conocimientos humanos.

. Quien más ha prosperado en semejante empresa ha sido hasta hoy el Sr. D. Luis Nava-
rro con su *Biblioteca clásica.*

Esta biblioteca consta ya de más de doscien-
tos volúmenes, que contienen obras de los más
ilustres autores españoles, de casi todos los
autores griegos y latinos en las mejores traducciones castellanas que poseemos, y de muchos
autores franceses, ingleses, portugueses, italianos y alemanes, no sin esmero traducidos.

Otra publicación más popular aún, por ser
más barata (á 50 céntimos de peseta tomo), se
debe al cuidado de D. Joaquín Pí y Margall,
artista de mérito que grabó al contorno y publicó años ha las obras completas de Flaxman,
y que es hermano del notable escritor, tribuno
y hombre de estado republicano D. Francisco.
La publicación del Sr. Pí y Margall se compone de gran número de volúmenes y lleva por
título *Biblioteca Universal.*

Otra, poco numerosa hasta hoy y que no
puede menos de interesar en ese Nuevo Mundo, es la *Colección de libros raros y curiosos
que tratan de América.* Hasta ahora sólo van
publicados de esta colección diez y nueve tomos. Los cuatro últimos han aparecido en el

presente año de 1900, y contienen la excelente historia del padre Antonio Ruiz de Montoya, escrita por su compañero y amigo el padre Francisco Jarque. Este libro, que era rarísimo, no puede menos de interesar á las personas ilustradas de la América del Sur, porque el glorioso misionero, cuyos hechos y virtudes refiere, fué peruano, benéfico apóstol del Paraguay, amigo y defensor de los indios y muy conocedor de la geografía, historia é idiomas primitivos de esos países, como lo demuestran su *Arte y tesoro de la lengua guaraní* y otros escritos suyos no menos estimados. Ya la misma historia que el padre Ruiz Montoya compuso sobre las misiones del Paraguay, traducida en guaraní por otro padre jesuíta, fué publicada en Río de Janeiro en 1879, con versión portuguesa, con notas y con un estudio gramatical sobre la lengua guaraní, compuesto por el Sr. Almeida Nogueira. Pero esto, lejos de disminuir el interés y la importancia de la vida del padre Montoya, escrita por el padre Jarque, no puede menos de aumentarlos.

También hemos querido imitar por aquí, si bien con corta ventura, y quedándonos muy por bajo, ciertas colecciones de libros pequeñuelos, ilustrados, con bonitas láminas y viñetas que se publican en Francia, como por ejemplo la *Petite collection Guillaume.* Una de estas colecciones españolas tiene por editor al señor Calonge, y en ella se han publicado, entre otras obrillas, tres cuentos míos ó novelas cor-

tas: *La Buena fama, El Hechicero* y *Las salamandras azules.*

Los Sres. Gili de Barcelona publican también otra colección por el estilo, aunque sus
grabados son mejores. En esta colección, que
consta ya de más de 20 tomos, se han publicado cuentos, novelas y poesías de D.ª Emilia
Pardo Bazán, de Ramos Carrión, de Narciso
Oller, de Vital Aza y de otros. Uno de los
últimos tomos es la novelita titulada *Los señores de Hermida,* obra póstuma de Juan Ochoa,
muerto poco ha, de edad de 35 años, y cuya
reputación de escritor era ya tan grande como
justa.

Entre los ingenios asturianos en cuyo número cuentan Campoamor y Armando Palacio
Valdés, resplandecía ya la figura de Juan
Ochoa, cuyo mérito celebran y ensalzan, en el
volumen de que ahora doy cuenta, Leopoldo
Alas (*Clarín*), en un muy sentido y discreto
prólogo, y en un interesante artículo biográfico D. Rafael Altamira.

Otras colecciones de libritos muy pequeños
y baratos, á 3 reales y á 2 reales tomo, están
saliendo ahora en Madrid. De una de ellas
creo es editor D. Carlos de Batlle, joven novelista también que ha publicado este año una
novela corta, interesante y bien escrita, cuyo
título es *Fray Gabriel.*

Otra colección que lleva el título, poco feliz
por híbrido y de concordancia vizcaína, de *Biblioteca mignon,* tiene por editor á D. B. Ro-

dríguez Serra, y ha dado ya á la estampa diversas obrillas de los Sres. *Clarín*, Pereda, Bonafoux, Ortega Munilla, Picón y otros.

El Sr. D. B. Rodríguez Serra ha empezado también á publicar otra colección ó biblioteca de filosofía y sociología; pero esto es ya demasiado serio y merece carta ó artículo aparte.

La carta de hoy es ya muy extensa, y además he dejado de hablar y tengo que hablar de no pocos otros libros nuevos, así españoles como hispano-americanos, que he recibido últimamente y que forman un montón enorme que estimula mi curiosidad y aterra mi desidia.

VIII

Madrid 10 de Octubre de 1900.

Dije al terminar mi última carta, que el Sr. D. B. Rodríguez Serra, ha empezado á publicar en tomitos bien impresos y baratos (unos á dos pesetas y á tres pesetas otros), una biblioteca de filosofía y de lo que llaman ahora sociología, vocablo híbrido que me repugna aunque diste yo mucho de negar la verdad y la utilidad de la ciencia que con el mencionado vocablo se designa.

Con sinceridad y vehemencia deseo yo que tenga buen éxito la empresa del señor Rodrí-

guez Serra, pero dudo de ello por varias razones.

En España hace ya mucho tiempo que tenemos muy descuidados los estudios filosóficos
y que aprendemos lo poco que sabemos de su
historia, en libros franceses, ingleses y alemanes, cuyos autores arreglan las cosas á su gusto y manera y para completa satisfacción de
sus respectivas vanidades nacionales. Todo lo
han descubierto, lo han pensado y lo han inventado ellos, de suerte que la pobre España
antes de que acabasen de despojarla de su dominio territorial, había sido ya despojada de
cuanto poseyó ó pudo poseer en las elevadas y
luminosas regiones del pensamiento humano.

Algunas protestas y reclamaciones contra
despojo tan cruel se han hecho recientemente.
A mi ver, los que con más brío y copia de documentos han protestado, han sido los señores
D. Gumersindo Laverde Ruiz, D. Nicomedes
Martín Mateos, D. Francisco de Paula Canalejas, el padre Ceferino González y recientemente D. Marcelino Menéndez y Pelayo.

Se citan los nombres y se pondera el mérito
de multitud de filósofos españoles, que han
florecido desde la época del Renacimiento en
adelante; pero como la mayor parte de ellos y
los de más valer escribieron en latín, sus teo-
rías y sistemas se han divulgado poco, y si los
españoles no los tenemos muy en cuenta, en
menos cuenta los tienen aún los extranjeros.
Así es que de **Vallés**, Victoria, Domingo de

Soto, Melchor Cano, Francisco Suárez, doctor eximio, Ginés Sepúlveda, el escéptico Sánchez y no pocos otros, la generalidad de la gente conoce á lo más los nombres y tal vez los títulos de algunas obras suyas. Aun así, más pasan los tales por teólogos y por jurisconsultos que por filósofos y sociólogos como se dice ahora.

Persuadidos ó casi persuadidos nosotros, en nuestro deplorable abatimiento, de que toda luz intelectual nos viene de fuera, estudiamos los libros extranjeros y descuidamos los propios. Cuanto se escribe de filosofía ó de ciencias sociales en España y más que en España en la América española, no suele tener más sello, carácter ó signo de que su autor es un hombre de nuestra casta, que el estar escrita su obra en castellano, aunque á menudo plagada de galicismos en la dicción. Y lo que es en el pensamiento, no digamos nada. Yo admiro á veces el mucho saber, los variados conocimientos, el entusiasmo poético, la rara elocuencia, la sutileza dialéctica y el primor artístico del estilo en algunas obras modernas escritas en nuestro idioma. Citaré como ejemplo el tratadito que lleva por título *Ariel*, cuyo autor es D. José Enrique Rodó, residente en Montevideo. La intención de este tratadito no puede ser más sana ni más noble. El Sr. Rodó combate el estrecho y exclusivo utilitarismo y propende á inculcar en la mente y en el corazón de la juventud de su patria, ideales más altos y más dignos del espíritu, ideales que

son los que hacen persistentes la gloria y el
influjo de los pueblos y de su cultura, dilatan-
do su imperio en las almas, muchos siglos después de la caída y disolución de los estados y
repúblicas que dichos pueblos fundaron. Tan
bien está todo esto, que lo aplaudimos muy de
veras y nos pesa de no haber dado antes al señor Rodó las grandes alabanzas que su libro
merece. Pero yo no puedo negarlo: en su libro
hay algo que me apesadumbra: el olvido de la
antigua madre patria, de la casta y de la civilización de que procede la América que se empeñan en llamar latina.

No culpo yo sólo al Sr. Rodó; reconozco la
esterilidad de pensadores que en España tenemos desde hace dos ó tres siglos: pero sin cul-
par al Sr. Rodó, puedo yo lamentar la absoluta
carencia de lo castizo y propio que en su disertación se nota: cierta vaguedad en los ideales
que para la juventud de su patria desea y que
no se ven ni se columbran en nada de cuanto
dice. El único ideal que recomienda, consiste
en el amor de un ideal indeterminado: en que
no pensemos sólo en hacer dinero y en el
bienestar material; en que no midamos con el
mismo rasero á todos los seres humanos nive-
lándolos democráticamente, y en que aprecie-
mos y honremos á los sabios, á los poetas y á
los artistas y no sólo á los que inventan la máquina de coser, pongamos por caso, ó cualquiera otra útil maquinaria. Lo que dice el señor Rodó sobre los Estados Unidos frisa ya en

injusta severidad contra el supuesto utilitarismo de los hombres de aquella gran república.
No veo yo que Chaning y Emerson se hayan
llevado al sepulcro todas las sublimes aspiraciones de por allá. Hombres hay en el seno de
la gran república que las conciben hoy no menos altas y espirituales. Yo lo reconozco y lo
confieso, aunque pudiera como español estar
ofendido, ver lo malo y no ver ó no querer ver
lo bueno.

De todos modos y en contraposición al utilitarismo de la gran república ¿á qué quiere el
Sr. Rodó que aspiren los americanos latinos,
ya que así se empeñan en llamarse por no llamarse ibéricos ó españoles? Elocuentísimo,
discreto y espiritual es cuanto dice el Sr. Rodó.
Cierto es además que, mirando como debemos
mirar al porvenir, difícil es hallar en lo pasado de nuestra raza ideal ó germen de ideal que
nos satisfaga y contente y que baste á servirnos de guía. Pero el admirable estilista Ernesto Renán, que en nada cree, y otros pensadores franceses y alemanes que están muy
por bajo de Ernesto Renán, como Quinet,
Taine y Guyau, y los que se volvieron locos
como Augusto Comte y Nietzsche, á quienes
el Sr. Rodó cita á menudo, ¿son acaso muy á
propósito para apóstoles de esos nuevos ideales
que el Sr. Rodó quiere que los jóvenes amen?
¿Con qué empecatados profetas y santos padres
va el Sr. Rodó á fundar la nueva iglesia de la
América latina? La verdad es que, todos esos

autores en cuya lectura el Sr. Rodó está muy versado, son divertidos ó interesantes y lo que es á mí me entretienen y me deleitan; pero tengo por cierto que de todas sus doctrinas, contradictorias y disparatadas casi siempre, hasta en un autor solo, que él mismo se contradice, no se saca jugo para el más mezquino ideal, aunque las destile en su alambique y las estruje en prensas el cerebro más poderoso.

Como quiera que sea, me complazco en entender que la vanidad de la predicación del Sr. Rodó no implica carencia de mérito en quien predica. Nada más bonito, más agradable de leer, más rico en imágenes y figuras poéticas, en nobles sentimientos y en consoladoras esperanzas que el *Ariel* del escritor mencionado.

Volvamos ya á la biblioteca filosófica del Sr. Serra que habíamos perdido de vista.

La posesión de la verdad metafísica debe traer consigo gran suma de bienaventuranza, pero á falta de esa verdad y aún suponiéndola inasequible, es un consuelo y una encantadora diversión el esfuerzo gimnástico que para alcanzar dicha verdad hace la mente del filósofo. En este sentido, yo aplaudo la publicación del trabajo de Schopenhauer, cuyo título es *Sobre la voluntad en la naturaleza* que ya la biblioteca del Sr. Serra ha traducido y publicado. Lo que importa es precaverse contra la seducción y no dejarse encantusar por ningún disparate, considerándole, porque se le ha ocurrido á un extranjero, como el *non plus ultra* de la humana sabiduría. Precavidos, pues, podemos y debemos hallar muy bien la traducción y publicación, no ya sólo de las obras de Schopenhauer, sino también de las de Stirner, Nietzsche, y demás autores que para dicha biblioteca ya se anuncian. Todo ello es bueno tomado á beneficio de inventario. Y no se me acuse de pensar mal de algunos autores. El mismo Schopenhauer, me induce á ello con su ejemplo. A Kant le pone por las nubes, pero á no pocos filósofos, á quienes siempre hemos creído ó nos han enseñado á que creamos maravillosos, los maltrata él sin el menor respeto y con el más fiero desenfado. Para Schopenhauer todos los profesores de filosofía en Alemania disimulan la verdad y enseñan la mentira por miedo de perder la posición y el salario. Leibnitz no vale un pito, Fichte es un *macaco*, y el gran Hegel á quienes estábamos ya acostumbrados á mirar como el Aristóteles novísimo, carece á los ojos de Schopenhauer, de todo mérito é importancia.

En cambio (raro capricho, al que no queremos ceder por más que nos lisonjee), el jesuíta español Baltasar Gracián es un filósofo de primera magnitud, según Schopenahuer. Confiando en este aserto y con una y muy erudita y discreta introducción del Sr. Arturo Farinelli, ha publicado la biblioteca del Sr. Serra dos obritas del mencionado Gracián: *El héroe* y *El discreto*.

Justo es ponderar aquí el talento y el saber del dicho Sr. Arturo Farinelli, profesor en Insbruck, capital del *Tirol*, y tan conocedor del idioma y del saber de España, como de los de Alemania y de los de Italia, su patria. Pero ni Schopenhauer, ni Farinelli, me convencen. Baltasar Gracián es el conceptista y el culterano más tremendo y más extravagante que ha existido nunca, pero yo no atino á descubrir su filosofía. Agudísimo ingenio muestra sin duda en sus extravíos y en sus enrevesadas sentencias; pero si ponemos en claro la substancia que en ellas hay, sacándola del pasmoso envoltorio con que la encubre, sólo se ven ó lugares comunes, dichos ya y redichos doscientas mil veces, ó reglas de conducta para la vida práctica, fundadas por cierto en observación perspicaz y atinada, por donde no puede negarse que Baltasar Gracián, si no fué un metafísico, fué muy hábil *hombre de mundo*, al menos teóricamente. Y todavía, escribiendo en prosa, Gracián expresa con su rebuscado estilo muy juiciosas razones; pero escribiendo en verso, son ya tan ridículos y tan pueriles sus retruécanos, juegos de palabras y delirantes primores de estilo, que, á mi ver, le desacreditan y le privan de toda autoridad para filosofar sobre nada. *El Criticón, El Oráculo*, el tratado de *La agudeza y arte de ingenio*, las dos obritas publicadas por el Sr. Serra y hasta las *Meditaciones para antes y después de la comunión*, son un conjunto de sutilísimos, enma-

rañados y alambicados discreteos, pero donde todavía hay algo de recto inicio y de elevación de pensamiento en el fondo. En las *Selvas
del año,* que es el poema de Gracián, no veo yo
ni creo que pueda ver nadie sino el más estupendo frenesí del mal gusto. El *Polifemo* y las
Soledades de Góngora, son composiciones poéticas claras y sencillas, comparadas con las
Selvas del año ó poema de las estaciones. Imposible parece que acierte á filosofar en prosa
y que en prosa diga algo que pueda tomarse en
serio quien en verso nos presenta al sol como
picador ó caballero en plaza, que torea y rejo-
nea al toro celeste, aplaudiendo sus *suertes* las
estrellas, que son las damas que miran la *corrida* desde los palcos ó balcones. El sol se
convierte luego en gallo,

> Con *talones* de pluma
> Y con cresta de fuego,

y las estrellas convertidas en gallinas, son pre-
sididas por el sol,

> Entre los pollos del Tindario huevo,

Lo cual significa que el sol llega al signo de
los gemelos.

> Pues la gran Leda por *traición* divina
> Si empolló clueca, concibió gallina.

Por cualquiera parte que se lea en las *Selvas
del año*, se hallan no menores ridiculeces que
las ya citadas. ¿Cómo, pues, hemos de tener

por filósofo á quien las dice, aunque se empeñe Schopenhauer? El caso, al contrario, nos inclina á sospechar si nos alucinaremos nosotros con Schopenhauer, como Schopenhauer se alucina con Gracián y le tomaremos por filósofo cuando acaso no sea más que un estrafalario. ,

En resolución, debemos esperar y esperamos que la biblioteca del Sr. Serra nos enseñe en adelante más y mejor filosofía, pero, si nos no la enseña, siempre podrá divertirnos y hasta regocijarnos y por eso recomiendo yo su compra y su lectura.

Por otros motivos, recomiendo yo también y aplaudo la preciosa, correcta y elegantísima edición que de la tragicomedia *Celestina* acaba de hacer en Vigo el hábil impresor alemán Eugenio Krapf, establecido allí desde hace algún tiempo. Fuerza es confesar que el pudor y el recato no quedan muy bien parados en esta obra, aunque todavía en varias de sus imitaciones, como la *Comedia Serafina*, por ejemplo, el desvergonzado erotismo va harto más lejos y prueba que nuestros antepasados no se escandalizaban mucho y que la Inquisición no pecaba en este punto de rígida y severa. Cerca de setenta ediciones en castellano se hicieron de *La Celestina* en el siglo xvi. En francés, en inglés, en alemán, en latín y en italiano fué traducida y muy leída. Grande ha sido su influjo en el ulterior desenvolvimiento de la novela y del teatro de todas las naciones europeas. Los críticos españoles, creen que, después de *El*

Quijote, *La Celestina* es el 'mejor libro de entretenimiento que tenemos. Y entienden y aseguran los críticos extranjeros, que hasta el advenimiento de Shakespeare nadie mejor que el bachiller Fernando de Rojas ha pintado las pasiones y los caracteres humanos, ni ha hecho sentir, pensar y hablar con más verdad, brío y gracia, á sus personajes. Calixto y Melibea, la terrible vieja zurcidora de voluntades, las cortesanas Elicia y Areusa, Sempronio y Parmeno y el fanfarrón y desalmado rufián Centurio, son admirables figuras, vivas y enérgicas como las de los más inspirados dramaturgos y novelistas que han venido después.

La edición del Sr. Krapf es digna de la joya que publica. Consta de dos volúmenes y contiene además del texto, las variantes, la bibliografía, una erudita disertación del Sr. Menéndez y Pelayo, y como apéndice, el poema *Pamphilus*, escrito en la Edad media, en el 'centro de Europa y que ya contiene en germen, aunque informe y sin alma, el argumento amoroso y pornográfico que desenvolvió y animó después con tanta gracia nuestro Juan Ruiz, Arcipreste de Hita, y que el bachiller Fernando de Rojas llevó á la perfección por último.

Bien quisiera yo dar aquí alguna noticia y hasta decir mi opinión sobre muchos libros hispano-americanos que últimamente he recibido, pero me detiene el recelo de tratar de cosas más conocidas por ahí que por aquí, exponiéndome á que se me tilde de no decir nada nue-

vo, y de que mis juicios sean además poco acer-
tados. Sobreponiéndome no obstante á este recelo, hablaré en esta carta, y también en las
sucesivas, de algunos de los mencionados libros hispano-americanos. Yo podré errar en lo
que diga de ellos, pero mi imparcialidad será
grande. No me mostraré exigente y severo en
demasía, pero tampoco prodigaré las alabanzas
con el propósito de adular y de ganar voluntades. Seré, por último, muy breve siempre, porque no hay espacio para más.

El primer libro de que quiero dar cuenta
está impreso en esa ciudad de Buenos Aires y
en este mismo año. Su título, *El color y la piedra.* Su autor, D. Angel Estrada, pariente acaso de mi excelente é inolvidable amigo don
Santiago, cuyas obras literarias son tan recomendables. *El color y la piedra* es libro que no
merece menos estimación en mi sentir. Contiene muy interesantes recuerdos de viaje expre-
sados con estilo muy florido y poético. Tal vez
peque algo por exceso de lirismo, aunque nos
mueven á perdonar este exceso la mucha discreción de quien en él incurre, su cultura, su
sentimiento artístico y su acendrado buen gusto. La pintura de Sevilla es muy fiel y está
hecha con amor y vivo entusiasmo.

Muy de entusiasmar son también los *Apuntes de mi cartera,* por D. Carlos Martínez Vigil, apellido que desde luego me hace simpático á quien le lleva por ser el del sabio y vir-
tuoso actual obispo de Oviedo, cuyos escritos

tanto aplauso merecen: Confieso que yo miro siempre las máximas ó sentencias con alguna prevención. Se me figura, aunque sea sin motivo, que hay algo ó mucho de presumido en quien, sin antecedentes ni considerandos, dicta sentencias y formula pensamientos como si fuera un oráculo. Menester es para que perdonemos al sentencioso que nos diga algo de muy sutil, de muy nuevo ó de tan primoroso y elegante por la forma, que nos haga penetrar mejor en el sentido substancial de lo que ya sabemos y lo estampe en nuestra memoria con indeleble claridad y limpieza. Algunas de las mencionadas condiciones, ya que no todas, noto yo en las máximas ó sentencias del señor Martínez Vigil. Las celebro, pues, siempre por discretas, y por originales algunas veces. Puede alegarse asimismo en abono del autor, lo muy modesto y poco didáctico que se muestra, por donde queremos y debemos entender que él no considera sus pensamientos como sentencias, sino como meros apuntes, que es el nombre que les ha dado.

Cada día me maravillo más de la profundidad con que ha penetrado en los escritores hispano-americanos el espíritu de la literatura francesa novísima. En algunos apenas queda de español más que el lenguaje. Se diría, no sin dolor, que tal vez vale y se estima tan poco lo que es propio de la casta, que conviene desecharlo como un estorbo, descastándose para escribir. Y es lo peor que lo que más se imita es lo tétrico, pesimista y desesperado, y como se imita de buena fe y no se repara en la *pose* de los autores admirados y que sirven de modelo, los cuales distan no poco de ser tan tristes por naturaleza como por moda, suelen resultar las tales imitaciones lúgubres en demasía y más á propósito que para recrear, para meter el corazón en un puño al hombre más de pelo en pecho.

En la antigua literatura clásica hay todo género de ferocidades, pero como aquello sucede hace ya dos mil y quinientos ó tres mil años, cuando la gente era bárbara y estaba sumida en la idolatría, las catástrofes y los horrores no conmueven ni apesadumbran tanto como en el día de hoy, entre caballeros que se visten de frac y corbata blanca y señoras que reciben sus trajes de los más afamados *modistos* parisienses.

El destino inexorable ó una deidad maligna suele perseguir al héroe, pero hay sublime grandeza en el esfuerzo con que el héroe suele contraponer lo firme de su voluntad y su sereno y libre albedrío á los golpes de ese destino ó de esa deidad maligna, para luchar y vencer ó sucumbir noblemente en la lucha. Nefandos son los amores de Pasifae, Mirra y Fedra; espantosos los celos de Medea; horrible el caso de Orestes que da muerte á su madre; Edipo se casa sin saberlo con la suya y es antes parricida. Una religión falsa y sangrienta inspira los sacrificios humanos, y mueren degolladas las hermosas y vírgenes princesas Ifigenia y Polixena; y Aquiles, modelo de héroes, arrastra el cadáver de Héctor, atado á su carro y sacrifica con espantosa carnicería cincuenta mancebos cautivos sobre la pira en que ha de arder el cuerpo de Patroclo. Pero todo esto pasa en edad remotísima. Lo deplorable del efecto se atenúa ó se esfuma por la distancia. Y además, tenemos el consuelo de imaginar ó de creer que la civilización ha adelantado mucho y que ya es punto menos que imposible que se renueven tales diabluras.

En cambio, nos sobrecoge, nos descorazona y nos aterra cualquier tragedia casera, realizada ó que se supone realizada en el día, y contada, no á grandes rasgos, sino con sus más nimios pormenores y con abominable delectación morosa.

Digo todo esto á propósito de una novela titulada *Última esperanza*, escrita por D. Emilio Rodríguez Mendoza é impresa el año pasado de 1899, en Santiago de Chile. Me complazco en afirmar que el autor de esta novela posee las más brillantes prendas de escritor y de novelista: imaginación, sensibilidad, agudeza de ingenio y elegante facilidad de palabra. Sabe describir, posee el arte de interesar á sus lectores y acierta á conmoverlos cuando hablan ó accionan apasionadamente los personajes que pone en escena. Por esto mismo sentimos más que su libro en vez de dar un buen rato, dé un mal rato. No parece sino que el mismo demonio es la providencia que dirige los casos humanos. Y los personajes, por tan infernal providencia dirigidos, excitan hondamente nuestra piedad, pero ni merecen ni obtienen nuestra estimación, porque son débiles, é inmorales á medias, convirtiéndose la moralidad, que á modo de *solera* conservan aún en el fondo del alma, en fermento de los estragos que de la inmoralidad provienen.

Pablo, señorito rico y elegante, está tísico; pero, tísico y todo, es muy enamorado. Aunque hay millares de mujeres guapas, el empecatado enfermo se empeña en prendarse de una prima suya, Marta, que está en relaciones con su padre. ¿Porqué no se dedica Pablo á otra mujer? Marta, entre tanto, ni huye de Pablo para evitar un desaguisado, ni corresponde á su cariño con prontitud para no emberrenchinarle ni molerle por el anhelo no cumplido, y con disimulo para que el papá no se entere. Marta lo hace todo mal y con perversidad instintiva y mediana mil veces más destructora que la perversidad reflexiva y completa. Coquetea con el señorito, alimenta su pasión con esperanzas, le hace languidecer y consumirse durante bastante tiempo, y se rinde por último cuando él está ya archiaveriado. Todo ello pasa sin la menor cautela. El papá lo sabe todo y se pone furioso. También aquí la moralidad que al papá le queda, emponzoña más los efectos de su inmoralidad. El padre de Pablo está casado y Marta está casada también,

de suerte que ambos eran doblemente adúlte-
ros y debían estar curados de espanto. Pero
dista mucho de ser así. El papá se pone muy
severo y enfurruñado. Hasta piensa en arrojar
de su casa á su hijo y le echa un sermón muy
cruel. Resultado de todo ello: que Pablo, así
por la satisfacción y contento que Marta le
proporciona como por los disgustos que le da
su papá, acaba de perder lo poquito de salud
que le quedaba y se larga miserablemente
al otro mundo.

Claro está que Pablo, con la terrible enfermedad que tenía, de todos modos se hubiera
muerto; pero su muerte hubiera sido menos
desastrada y horrible, si su papá, Marta y él
hubieran sido más morales y juiciosos, ó si
hubieran sido más francamente inmorales, ya
que valían tan poco los sedimentos ó residuos
de moralidad que conservaban.

La historia de Marta, de Pablo y de su papá
pasa en Santiago de Chile, á lo que yo entiendo, porque no hay color local y lo mismo podía pasar en Paris ó en cualquiera otra parte.
El sentir y el pensar son de un cosmopolitismo incoloro. El autor lo confiesa: está inspirado *por esos malditos libros escritos en medio
de una sociedad que no es la nuestra; por esos
tomos amarillos, que traen de allá, de la corrupción de los ambientes inficionados, el micro-
bio pesimista y las palpitaciones epilépticas del
siglo agonizante.* ¿Por qué no prescinde ó se
olvida el Sr. Rodríguez Mendoza de esos tomos

amarillos, al menos cuando va á escribir, y observa y pinta la realidad de cuanto le circunda, sin dejarse *sugestionar* por Bourget ni por nadie? Con su innegable talento, sin duda produciría algo menos lastimoso y más divertido, con raíz española y con ramas, flores y frutos chilenos.

Y aquí termino por hoy, no sin dejar otros libros hispano-americanos para hacer mención de ellos en mis futuras cartas.

*Esta obra se acabó de imprimir
en el establecimiento tipográfico
de Ricardo Fé, el dia 6
de Julio del año
1901*

CPSIA information can be obtained
at www.ICGtesting.com
Printed in the USA
BVHW040546101118
532319BV00026B/673/P